本书为广西教育科学“十二五”规划2015年度广西教育科学重点研究基地
重大课题“教育体系及教学模式研究”（2015JD212）研究成果

地方应用型高校创新创业教育生态系统构建研究

罗秋雪 宋 贝 著

RESEARCH ON THE CONSTRUCTION OF
ECOSYSTEM OF INNOVATION AND
ENTREPRENEURSHIP EDUCATION OF REGIONAL APPLIED UNIVERSITIES

经济管理出版社
ECONOMY & MANAGEMENT PUBLISHING HOUSE

图书在版编目（CIP）数据

地方应用型高校创新创业教育生态系统构建研究 / 罗秋雪，宋贝著 . —北京：经济管理出版社，2020.9

ISBN 978-7-5096-7518-2

Ⅰ . ①地… Ⅱ . ①罗… ②宋… Ⅲ . ①地方高校—创业—教育研究—中国 Ⅳ . ① G647.38

中国版本图书馆 CIP 数据核字（2020）第 163696 号

组稿编辑：赵亚荣
责任编辑：赵亚荣
责任印制：黄章平
责任校对：熊兰华

出版发行：经济管理出版社
（北京市海淀区北蜂窝 8 号中雅大厦 A 座 11 层 100038）
网　　址：www.E-mp.com.cn
电　　话：（010）51915602
印　　刷：唐山昊达印刷有限公司
经　　销：新华书店
开　　本：710mm × 1000mm/16
印　　张：17
字　　数：302 千字
版　　次：2020 年 9 月第 1 版　　2020 年 9 月第 1 次印刷
书　　号：ISBN 978-7-5096-7518-2
定　　价：76.00 元

联系地址：北京阜外月坛北小街 2 号
电话：（010）68022974　邮编：100836

前　言

Preface

创新创业人才是国家竞争发展的核心要素。创新驱动已成为当前我国经济转型和社会发展的主题，而创新的本质因素是人才培养问题。经济发展方式的转变呼唤着高等教育要承担起为社会经济发展培育合格人才的责任，这场深刻变革的关键节点就是高素质应用型人才的培养。地方应用型高校是为区域社会经济发展需要服务、以应用为本的高校，面向产业行业的应用型学科设置专业，突出应用型的知识、能力和素质结构的人才培养。创新创业教育突出对学生创新能力、实践能力和创业精神的培养，其与地方应用型高校发展定位高度契合，并以校内外和区域社会为教育实践平台，成为地方应用型高校办学和发展的有效途径和支撑。地方应用型高校也为社会经济发展承担起义不容辞的责任。所以，研究地方应用型高校创新创业教育生态系统构建，为地方应用型高校探索创新创业教育发展的新路径提供了可行性和可操作性，具有较强的理论和实践意义。

本书分析了创新创业教育生态系统构建的理论依据和基本框架。从创新创业教育发展历程、趋势及创新创业教育生态系统构建的背景入手，对创新创业教育的发展脉络进行了梳理，提出构建创新创业教育生态系统既是创新创业教育的自我改革，也是创新创业教育发展的必然趋势。以生态系统理论和教育生态理论的整体性、共生性、多样性为理论基础，分析创新创业教育生态系统的概念、结构和功能。在教育生态学视野下结合蒂蒙斯创业学理论，提出创新创业教育生态系统是由创新创业教育各个要素构成的具有特定功能并能产生整体综合效应的生态系统。依据生态系统构建的基本要素，本书从地方应用型高校创新创业教育生态系统构成指标与权重、国外应用型大学美国百森商学院创新创业教育的经验与启示两个方面为生态系统构建提供参考依据。结合我国地方应用型高校创新创业教育的现状与问题、指标与权重、经验与启示，提出我国地方应用型高校创新创业教育生态系统的构建策略。

本书主要的创新点有以下两个方面：

(1) 借助生态学的理论和方法论可以从更多的层次、更深的角度去研究创新创业教育问题，构建一个完整的针对地方应用型高校创新创业教育的生态系统，对今后我国地方应用型高校创新创业教育尽快实现转型成功及我国其他类型的高校创新创业教育学科基础理论的形成与完善具有重要的意义。

(2) 地方应用型高校创新创业教育生态系统指标的三个组成部分——教育教学生态、组织机制生态和环境生态对地方应用型高校在创新创业教育方面的构建策略及实施措施指明了方向，此结论可以在一定层面上为地方应用型高校在推动自身创新创业教育发展的过程中提供一些有效借鉴。

本书得到了经济管理出版社的大力支持，在此表示由衷的感谢。

由于时间仓促，以及自身能力和水平有限，对一些问题的认识可能还不够，对地方应用型高校的创新创业教育研究不够深入，难免存在漏洞和不足，恳请各位专家和读者批评指正。

罗秋雪

2020年6月23日于广西百色

目　录

Contents

第一章

绪 论

第一节 研究背景与研究意义

一、研究背景

在人类漫长的社会教育实践中，出现了许多不同形式的教育活动，其中包括具有实践意义的创新创业教育，其旨在通过教育实践，不断激发受教育者的创新意识和创新精神，逐步增强他们的创新创业能力。作为实践教育的一种，创新创业教育的产生是为了满足社会对高质量创新创业人才的需求，而其发展过程也同样有规律可循。具体从我国来说，自李克强总理在 2014 年提出“大众创业、万众创新”以来，我国各高等院校均以此为据来设立新的办学定位，并重新规划自身的人才培养目标，来为社会培养和输送更多的创新型人才，由此掀起了我国高等院校创新创业改革的新浪潮。党中央、国务院对此次改革十分重视，比如，在 2015 年，《关于深化高等学校创新创业教育改革的实施意见》正式颁布实施，其中明确提出了此次改革的主要任务和相关的配套措施；在 2018 年全国教育工作大会上，国家主席习近平多次强调指出，我国的高等院校今后应当以国家的创新驱动发展战略为核心来不断完善自身的人才培养体系，为我国大力培养和持续输送大量的创新型人才、复合型人才及应用型人才。在此背景下，关于高等院校创新创业教育的问题也受到了社会各界人士尤其是研究学者的普遍关注。其中，部分学者在结合教育生态学、社会生态学等领域的相关理论与研究方法的基础上，针对上述问题展开了探讨分析，并提出了这样一个观点：逐步建立一个完整的、科学的创新创业教育生态系统，是促进创新创业教育健康持续发展的必由之路。但是，针对地方应用型高校这样的研究主体，究竟什么是创新创业教育生态系统，以及应当以怎样的方式来构建该生态系统等问题，在上述研究中并没有提及。鉴于此，本书将立足于生态视域，重点针对地方应用型高校创业教育的相关问题展开探讨分析，以寻求可进一步完善当前地方应用型高校创新创业教育现状的实现路径与措施。

（一）选择“创新创业教育”这一选题的原因

1. 加强生态文明建设的时代要求

一方面，从生态文明角度来说，西方文艺复兴运动的兴起，使人类在思想上和文化上真正开始摆脱以往封建主义的影响，为现代文明的建立打下了坚实基础。马克思主义指出，所谓文明，不仅包括人类在物质层面上所创造的可以改造世界的一切成果，也包括精神文明上的一切创造性的成果，而文明的进步则往往代表着生产方式的进步，即社会的进步。进入 20 世纪后，西方发达国家的工业化进程不断加快，虽然促进了经济的快速发展和社会的不断进步，但也由此使大量的自然资源被过度消耗，带来了严重的环境污染问题，全球自然生态系统开始逐步失去平衡，严重威胁到了整个人类社会的生存与健康持续发展。从 1862 年美国海洋生物学家雷切尔·卡尔逊（Rachel Carson）《寂静的春天》出版开始，到 1972 年罗马俱乐部（The Club of Rome）发布经济增长与环境相结合进行分析的第一份研究报告《增长的极限》（*The Limits to Growth*），从 1972 年 6 月在瑞典斯德哥尔摩召开的第一次国际会议到 1992 年在巴西里约热内卢举行的联合国环境与发展会议，从 1997 年在纽约举行的第十九届特别联大到 2002 年 8 月在南非约翰内斯堡召开的第一届可持续发展世界首脑会议，国际社会始终在积极探索和寻求一条可促进社会效益、经济效益及环境效益实现统一协调的健康长远发展之路。

具体到我国而言，党中央、国务院更是在国家战略层面上对生态文明建设给予了高度重视，比如，在 2012 年举行的中国共产党第十八次全国代表大会上，生态文明建设被首次提到了与经济建设、社会建设及政治建设同等的高度，突出强调了加强生态文明建设对实现伟大“中国梦”和促进整个中国社会健康长远发展的必要性及重要意义。如今，在我国不断加快推进全面建成小康社会的进程中，生态文明建设已经属于不可或缺的一部分。任何文明的形成与发展必然离不开教育的支持。在不同的历史时期，社会文明发展对人才的需求是不尽相同的，而教育的发展则是为了更好地满足不同时期不同人才的需求。我国著名的教育家叶澜曾经指出，任何教育理论的形成与发展都具有非常鲜明的时代特征，也就是说，不同时代的教育理论均是为了满足同时代的社会发展需求而逐步形成与不断完善的。在过去相当长的一段时期内，我国都是通过粗放型经济增长方式来促进社会经济发展的，由此使许多自然资源被过度消耗，加上污染物的大量排放，致使生态环境逐步失去平衡，仅仅依靠现有的资源已经无法为我国当前的社会经济发展提供更多的动力，因而，在过去的几年里，我国开始不断探索新的经济增长方式，以促进经济效益、环境效益及社会效益的同步实现。在当前我国社会经济转型发展的背景下，中西方的不同思想与文化冲突在国内社会愈演愈烈，加上我国社会对于各类高质量人才的需求也在不断增长，因此，我国高等教育应当紧密跟随我国生态文明建设的步伐，通过不断优化和完善自身人才培养体系，为社会培养和输送更多的人才，这也是我国生态文明建设这一重大战略对我国高等教育发展所提出的要求。

另一方面，在科学发展的层面上，在过去的十几年里，科技创新成了推动全球社会经济发展的最大动力，不断涌现的一系列具有革命性的科学技术加快了产业变革的速度，无论是企业经济绩效的快速增长，还是一个国家或者是地区经济发展速度的快速提升，都是在创新驱动下实现的。尤其是自 2008 年以来，很多国家为了快速实现自身经济转型成功，都无一例外地将推动本国创新发展作为其核心动力，包括中国、美国、德国及日本等在内的许多国家更是在国家战略层面上对创新驱动发展给予了高度重视。在此背景下，全球科技创新的步伐日益加快，各个国家之间在科技创新领域的竞争更是日趋激烈，通过不断增强自身创新能力来促进国家竞争力的持续稳定提升。除此以外，各个国家也都出台了一系列优惠政策来引导和鼓励本国的企业加大在新知识生产方面的投资，以通过知识溢出效应来带动国内整个创新创业的发展，由此在全球范围内掀起了创新创业发展的新高潮，企业在此过程中所创造出来的一系列企业文化和企业精神也都在教育、科技创新领域得到了广泛的应用。具体从国内来说，在 2015 年，随着《关于大力推进大众创业万众创新若干政策措施的意见》在该年 6 月的正式出台实施，我国全民创新创业活动也由此拉开了序幕，国家期望能够借此机会将社会潜在的创新与创业的潜力全部激发出来，继而为我国经济转型升级成功提供动力和支持。进入 2018 年后，我国政府为了促进国内创新创业发展质量与效率的同步提升，于同年 9 月颁布实施了《关于推动创新创业高质量发展打造“双创”升级版的意见》，在财政、税收及知识产权等多个层面对国内创新创业持续加大支持力度，极力在国内营造一个宽松、优越的创新创业新环境，最大限度地减少创新创业的投入成本，通过鼓励创业来为社会创造更多的就业岗位，推动形成线上线下结合、产学研用协同、大中小企业融合的创新创业格局。创新创业教育作为高等教育的重要组成部分，不仅意味着各高等院校要以此为据来重新设置自身的办学定位和构建新的人才培养体系，更意味着全国高等教育在创新创业驱动下实现了进一步的深化改革。由此可见，在我国社会经济面临转型升级发展的关键时期，开展创新创业活动不仅是贯彻落实国家创新驱动发展战略的必然要求，也是提升国家整体创新能力与创业层次的必由之路。

2. 推动高等教育改革的现实需求

首先，现阶段虽然我国高等教育已经初步实现了大众化发展，然而与西方发达国家相比，相当一部分高等院校在高质量创新人才培养方面依然相对落后。2018 年发布的统计数据显示，在我国每十万人口中高校学生的数量为 2658 人，由于我国的人口基数极为庞大，这也使我国成了全球高等教育规模最为庞大的国家。从这一层面而言，意味着我国大众高等教育已经初步实现。我国著名科学家钱学森曾经提出这样一个问题："国内的高等院校所培养出来的人才质量为何总是低于西方发达国家？"这就充分说明了从高等教育规模上来看，我国目前属于当之无愧的教育大国，但是从高校人才培养质量上而言，我国还需要继续努力，以达到真正成为教育强国的目的。所以，我国的高等教育还应当继续朝着精英教育的方向不断向前发展，各高等院校不能仅仅关注知识型人才与技能型人才的培养，而是要结合时代发展的需求为我国社会培养和输送大量的创新型人才和应用型人才。

其次，我国的创新创业人才培养模式仍旧需要进一步优化与完善。在过去，以科学家和学者等为代表的人才是创新的中坚力量，而在当前全民创新创业背景下，大学生、企业家及普通工薪阶层也都有可能成为创新人才的新生力量。然而，我国的高等教育现状是很多高等院校虽然培养出了大量的工商管理人才，但是由于学校仅仅关注学生技能的培养，而忽略了对学生创新创业能力的培养，导致他们积极参与创新创业活动的意识并不强烈，也鲜有专门在科技创新领域进行大胆创业的学生。由此可见，我国高等院校的人才培养模式必须进行重构，通过激发学生的创新意识和培养学生的创业能力来为我国创新创业活动的高质量发展提供人才保障。

再次，具体到成果转化层面而言，在创新创业教育生态链当中，创新与创造无疑是位于该链条最顶端位置的，因此，应用型高等院校就成为了培养和输送创新型人才的最主要场所。然而，因当前我国所构建与实施的高等院校评价与激励机制尚不完善，加上国内社会普遍不够重视创新型人才的培养，所以国内很多高校特别是地方应用型高校在创新研发方面速度相对缓慢，且质量也相对偏低。在过去的几年里，我国在资金、政策及人才等多个方面不断加大对高校科研创新的支持力度，然而，各高校创造的科研成果依然远远无法满足当前我国创新创业活动发展的需求。

最后，现阶段我国高等院校创业教育学科化发展依然有许多问题亟须解决，比如，没有形成显著的学科化特色、没有将学科研究的界限予以明确的界定，以及学科角色的定位非常模糊等。创业教育的学科化发展不仅要求重视本学科的基本理论，更要敢于综合运用多个不同学科领域的先进理论来拓展自身的学科研究视野。国外学者克罗韦尔指出，与技术的落后、资源的不足及责任感的缺失相比，传统落后的思维方式对教育发展的制约力更为明显。通过梳理现阶段所实现的创新创业教育研究成果可以发现，学者们或多或少都对其他多个不同学科领域的先进理论做了借鉴，比如伦理学、生态学及管理学等学科。其中，以生态学为例，创业教育学科化的发展就通过借鉴生态学领域的相关理论，从而形成了具有典型教育生态学特征的新的思维与新的方法，这一点在哲学领域、社会学领域等研究领域体现得最为明显。国内学者余谋昌曾经针对这一现象总结道："许多学者都开始在参考生态学领域的先进理论基础上展开了探索研究，以试图解释当前普遍存在的一些社会现象与问题。"许多西方的哲学家与思想家纷纷指出，任何一个学科领域都会针对其对应的现实领域构建一个具有显著特色的概念体系或者是假设体系，以解释该领域所发生的一些现象与问题，所以，任何单一学科领域的研究在对整个现实世界进行解释的过程中，都必须要综合运用到多个不同学科领域的理论与方法论，如此才可以对现实世界做出全面、客观的解释。由此可见，在创新创业教育领域，通过借鉴生态学领域的先进理论，将会推动创新创业教育更加快速地实现学科化发展。

3. 提高创新创业教育的现实需要

1989 年 11 月，21 世纪教育国际研讨会在北京顺利召开，标志着我国创业教育正式拉开帷幕。针对即将到来的新世纪的教育哲学进行探讨研究是此次研讨会的核心主题之一，并将培养具有事业心与开拓创新技能的人才明确地作为新世纪教育发展的核心。这就意味着，各国在新世纪教育发展过程中都必须要对学术教育、职业教育及技能培养给予高度的重视。另外，此次会议还提出了“企业教育”的理念，即各高等院校今后应当着重激发学生积极参与到创业中的意识并培养相关的创业技能。此次研讨会召开后不久，创业教育的概念也应运而生。但是，社会各界人士并没有马上对创业教育给予高度重视，相关研究成果非常罕见，也鲜有高等院校专门围绕创业教育来构建相应的人才培养体系。我国教育部于 1999 年 1 月出台了《面向 21 世纪教育振兴行动计划》(以下简称《计划》)，明确地将推动创业教育发展作为我国未来高等院校教育改革的主要任务，其中最具重要意义的就是国家鼓励各高等院校的教师和学生积极地投身到创业活动当中，以成立具有典型高新技术特征和较大发展潜力的优秀企业。其实，在《计划》出台以前，清华大学就通过实际行动将创业教育的理念应用到了其工商管理人才的培养方面。进入 2002 年后，为了推动高校创业教育的进一步全面发展，包括黑龙江大学等在内的多家国内高等院校都被教育部明确为试点院校。进入 2007 年后，《大学生职业发展与就业指导课程教学要求》的出台则进一步明确了各高等院校发展创业教育所需要向学生教授的主要课程。在 2008 年，国家将高校创业教育试点的规模进一步扩大，累计为 30 个，以全力为国家和社会培养、输送大量的创业型人才。在 2010 年时，高校创业教育指导委员会正式宣布成立，《关于大力推进高等学校创新创业教育和大学生自主创业工作的意见》也于同年正式出台实施。其后，《普通本科学校创业教育教学基本要求（试行）》及《“创业基础”教学大纲（试行）》《关于深化高等学校创新创业教育改革的实施意见》等相继于 2012 年、2015 年发布实施，以为我国高校创业教育发展指明方向。其后，随着国家教育部不断扩大高校创业教育试点规模，其数量在 2017 年时已经达到了惊人的 200 所。根据《教育部关于做好深化创新创业教育改革示范高校 2019 年度建设工作通知》，深入贯彻全国教育大会精神，贯彻落实《国务院关于推动创新创业高质量发展打造“双创”升级版的意见》和《国务院办公厅关于深化高等学校创新创业教育改革的实施意见》要求，把创新创业教育贯穿人才培养全过程，深入推进创新创业教育与思想政治教育、专业教育、体育、美育、劳动教育紧密结合，打造“五育平台”，以推动我国高校创业教育实现全面深化改革，提升高校创业教育的发展质量，明确改革的重心，全力打造创新创业教育升级版，促进全国高校创新创业教育工作实现持续稳定发展。

尽管我国政府出台了一系列指导高校创业教育发展的政策、文件及规划等，并且各高等院校也都积极参与到了创业教育改革实践当中，然而整体看来，此次改革还未取得令人满意的成效。大学生毕业即失业的现状并没有得到明显好转，国内社会普遍认为国家发展高校创业教育的目的在于增加学生的就业机会，因而无论是高校教师还是学生自身，对于创业教育并不是非常重视。当前，我国高校创业教育改革存在的问题主要包括：学术界关于创新创业教育的专项研究比较匮乏，导致理论对实践的指导作用无法发挥；政府、高等院校、企业及社会各界人士作为创业教育的主体，其所承担的职责没有划分明确，彼此之间缺乏协同合作；创新创业教育模式尚不完善；创业教育工作绩效的评价机制未能建立；各个高等院校所设置的创新创业教育目标与高校自身的其他教育目标未能实现统一，导致无法实现真正的覆盖式教育、分层次教育及差异化教育；现有的创新创业教育的政策体系仍有待进一步健全，亟须将高校创业教育的各个参与主体在实践操作过程中所遵循的程序与要求做到明确化与精准化；在课程设置方面，创新创业教育与其他常规课程存在脱节现象，边缘化的迹象比较明显等。

因为创新创业教育属于典型的应用型教育，所以，在推动创新创业教育发展的过程中，必须始终注重其时效性。但是，从我国目前创新创业教育的现状和问题来看，显然并没有很好地做到这一点。这主要是由于在过去的几年里，我国的创新创业教育发展的重心始终是如何进一步完善其各个环节，比如，大部分高校只是设置了与创新创业教育相关的课程，并通过学分奖励来引导和鼓励学生积极参与此类课程，而并没有在学术研究领域对创新创业教育理论展开大胆的创新。而政府虽然出台了一系列的政策和指导文件，但并没有立足我国创新创业教育发展的整体需求来对相关的要素进行整合与合理配置，并且各创新创业教育的参与主体也缺乏协同合作，只能被动地针对出现的问题寻求解决方案，缺乏前瞻性。因此，如何充分解决上述创新创业教育发展所呈现出来的一系列问题，促进创新创业教育真正发挥出其在推动经济转型升级发展方面的积极作用，成为当前高等教育学者和实践人士所需要关注的首要课题。

（二）选择“地方应用型高校”为研究对象的原因

1. 地方应用型高校在开展创新创业教育中具有独特优势

党的十九大报告中提出“加快建设创新型国家”，创新型人才是建设创新型国家所必需的，因此培养创新型人才成为高等院校的首要任务。近年来，发展应用型本科教育、培养本科层次的应用型人才成为许多高校的办学定位和培养目标。应用型高校相对于研究型高校，从概念范畴来说，两者属于截然不同的高校类型。无论是依据专业标准来划分，还是依据岗位标准来划分，应用型高校的人才培养模式均具有显著的自身特色，即其更注重应用性，更加强调技术的应用和专业知识的实用。应用型人才可以说是集技术技能型和工程型于一体的人才，在实践过程中，对他们所具备的创新理念及解决实际复杂问题的知识和能力的要求也更高。尤其是，地方应用型高校紧密联系并服务于地方的社会经济发展，是培养优秀创新创业型人才的摇篮。地方应用型高校共有三个特征：一是拥有专注为社会培养和输送应用型人才的办学定位；二是其理论研究和知识创造具有较强的实践指导意义；三是为地方社会经济发展提供服务。大力发展地方应用型高校不仅可以进一步丰富国内高等院校的类型，形成多种不同的办学定位与模式，同时也能促进我国高等教育真正与时代发展接轨。创新创业教育是一种深层次培养高素质人才的综合性教育，其目的在于培养满足社会发展需要的具有扎实理论知识、较强创新意识与创业能力的新型人才。基于此，为落实国家提出的创新创业战略方针，本书专门研究地方应用型高校创新创业教育生态系统的构建，对我国的人才培养、高等教育发展和产业结构优化升级意义重大。

2. 不同大学在创新创业教育生态中具备不同生态位

由于教育资源通常是依据各高校的类型来进行配置的，因此其所拥有的教育资源类型是不尽相同的，即“资源位”不同，并由此形成各自不同的生态环境，继而构成一个多元化的教育生态系统。此外，由于国家或者地区的高校教育发展是为了最大限度地满足自身独特的需求，即“需求位”不同，所以，当两国拥有的教育资源和教育需求不同时，彼此之间的创新创业教育模式也往往是不能彼此复制的。因此，对于我国而言，当前则应根据研究型大学、应用型大学等不同类型大学的特点，找准自己合适的定位和发展目标。地方应用型高校作为我国人才输出的重要基地，担负着创新创业人才培养的重担。地方应用型高校既可以是多学科综合发展的高等院校，也可以是单学科专项发展的高等院校，其专业通常都具有较强的应用属性，即与各行各业发展密切相关，通过应用型人才培养以创造科学知识和技能，并将其传授给学生，为社会培养和输送大量的应用型人才。基于此，选择地方应用型高校为研究对象的原因总结如下：一是地方应用型高校的办学定位是向社会培养和输送大量的应用型人才，同时也专注于行业应用领域的教学及学术研究，并以促进就业创业和区域经济社会发展为导向。二是地方应用型高校大学生创新创业教育是一个系统工程，既具有理论性，又具有实践性。创新创业知识体系注重系统性、全面性，创新创业实践活动强调技能操作与方法的应用。

（三）选择从生态系统的视角来开展研究的原因

1. 生态系统理论对创新创业教育研究具有适宜性

在学术研究过程中，所研究的对象如果与生态环境存在某种形式的关联，且自身已经形成了一个完整的生态系统的话，则可以借鉴生态学的理论和方法来对此展开研究。具体到创新创业教育而言，一方面，其有着自身独特的内部教育发展环境；另一方面，创新创业教育的发展也与外部其他要素实现了互动，比如高校的学术研究不仅属于促进社会科技创新发展的重要力量，同时也属于国家教育改革的关键所在，在与社会发展、国家改革等要素进行互动的过程中，创新创业教育由此形成了一个完整的、对外开放的生态系统。所以，完全可以借助生态学的相关理论和方法来对创新创业教育问题展开研究。创新创业教育生态的构建，首先要从生态学的角度对该生态系统展开全面分析，以进一步明确其概念界定、内涵、结构及其所具有的作用，在此基础上再精准认识创新创业教育生态系统的本质，为该系统在实践中的逐步构建和不断完善提供指导和方向。

2. 生态系统理论有助于解决当前理论和实践问题

在研究同一问题时，如果研究视角不同，那么由此得出的研究结论也可能存在较大差异。以往研究者很少立足生态视角来分析问题，因而其研究的对象往往是孤立的且研究思路也相对狭窄。随着生态学的兴起，基于生态视角的研究方法也得到了普遍应用，由此使研究者的视角得以大幅拓展，可以从更多层面和更深的角度来针对问题展开全面研究。具体到创新创业教育，高等院校作为参与主体，其不仅需要在科技创新层面、创业层面及知识创造层面来推动创新创业教育的全面发展，也需要处理好与企业、政府等其他参与主体之间的关系，以实现协同作用。所以，在研究创新创业教育生态问题时，更需要借助生态学的理论和方法以做到统筹兼顾。在当今社会经济转型发展的背景下，创新创业教育也处于不断的变革发展当中，所以关于创新创业教育理论与实践的研究和探索也应当具有前瞻性，并且能够将与之相关的各项要素都纳入研究范畴，以厘清创新创业教育自身内在环境各要素之间及其与外部环境各要素之间的关系，才可能在理论层面和实践层面为创新创业教育的健康持续发展提供参考。生态学的理论与方法论强调万事万物的统一性和整体性，即主张生态系统内部的各个要素之间要保持协同性、平衡性及完整性，因此，借鉴生态学的理论和方法论针对我国地方应用型高校创新创业教育展开研究，主要是立足生态系统整体来分析其中存在的问题，继而寻求一条可促进其健康持续发展的路径。过去，创新创业教育的发展属于“外驱式建设”的模式，如今，则需要逐步形成“内涵式发展”的模式，以适应时代发展需求，这既要求对创新创业教育发展的目标进行重新设置，同时也要明确各个创新创业教育参与主体之间的职责，以促进彼此之间实现协同合作，真正地从整体发展和健康持续发展的角度来重新认识创新创业教育发展的价值所在。当前，应当重点围绕高等院校创新创业教育体制机制的不断优化来推进整个高校创新创业教育改革的持续深化发展，通过全面整合各项相关的资源与要素，并实现合理配置，明确各个参与主体之间的职责与权限，积极引导和鼓励全体社会成员参与其中，最终形成全社会关心支持创新创业教育和学生创新创业的良好生态环境。

二、研究意义

（一）理论意义

第一，本书的研究可以帮助学术界关于创新创业教育研究的视野进一步扩展及其相关理论研究体系的进一步完善。本书是在参考生态学的相关理论与方法论的基础上，针对我国当前全民创新创业背景下的创新创业教育问题展开研究的，研究的视角非常独特，试图借助生态学的整体论、可持续发展论来构建一个完整的针对地方应用型高校创新创业教育的生态系统，在理论层面上对今后我国创业教育尽快实现转型成功及我国高校创业教育学科基础理论的形成与完善具有重要的意义。

第二，借助生态学的理论和方法论可以从更多的层次、更深的角度研究创新创业教育问题，并由此形成新的研究思路。在当前知识经济和生态文明建设的大背景下，高校人才培养的目标与重心也需要随之进行转变。从生态学视角对创新创业教育展开研究，则意味着创新创业教育属于一个开放性的、统一的生态系统，这就要求必须遵从生态学的整体论观点、可持续发展观点来对其展开研究，这也使本书的研究思维摆脱了传统孤立研究视野的局限，从而能够为创新创业教育发展问题的研究提供一些新的思路和方法。

第三，无论是在基础理论层面还是过程理论层面，本书都可以进一步加深对创新创业教育的理解与认知。本书对创新、创业、创新创业教育及创新创业教育生态等概念及其内涵做出了重新界定，并明确了创新创业教育生态系统的内在结构、功能及各要素之间的相互关系，由此得出的结论可进一步丰富创新创业教育的理论体系、教育生态理论体系。

（二）实践意义

第一，本书所得出的结论能够帮助我国地方应用型高校有效地解决自身在创新创业教育发展过程中所面临的问题。本书首先通过深入国内多所应用型高校展开实地调研，以进一步明确其当前创新创业教育生态系统的发展现状、存在的不足之处及其制约因素；然后通过筛选相关的评价指标来对其所创建的创新创业生态系统进行评估；最后结合我国当前创新创业教育发展的现状和需求，针对存在的问题提出相应的解决对策和措施，包括组织机制的优化、课程体系的优化、政策的制定等，以重新塑造一个完整的、可持续发展的创新创业教育生态环境。由此得出的结论可在一定层面上为地方应用型高校在推动自身创新创业教育发展的过程中提供一些有效借鉴。

第二，本书所得出的结论能够促进我国地方应用型高校教育改革的持续深化。高校创新创业教育改革实质上是对高校教育发展模式的一种转变。本书基于生态学视角来研究地方应用型高校创新创业教育的问题，旨在构建一个全新的创新创业教育生态系统,以让我国的地方应用型高校尽快摆脱以往“外驱式”发展模式的束缚，获得更多政府在创新创业教育方面政策上的支持和对我国高等教育发展有利的教育资源，在此基础上逐步建立一个对外开放、自主互生的创新创业教育生态发展机制，促进该生态系统中各要素之间的协同合作和有序健康发展，在逐步贯彻和落实我国当前所明确的创新驱动发展战略的基础上，促进我国高等教育改革的持续深化。

第三，本书所得出的结论可以为我国高校人才培养模式的重新构建提供一些新的思路和方法。现阶段，我国高校创新创业教育发展的重心在于促进其时效性的持续稳定提升，本书立足我国当前创新驱动发展战略，结合国内各个应用型高校创新创业教育发展的实际情况，对其在落实上述战略过程中所需要扮演的角色及其发展的趋势做了分析和预判，继而提出了构建地方应用型高校创新创业教育生态系统的方法，以让高校根据自身在该生态系统中的位置来重新构建相应的人才培养模式。

第二节　概念界定与理论基础

一、核心概念界定

（一）创新、创业的概念

想要明确创新创业教育的概念，首先就必须要对构成该概念的各个要素进行分析，即明确创新的概念和创业的概念，在此基础上，才能更好地界定和理解创新创业教育生态的概念及其内涵。

1. 创新

从经济学的角度来讲，广义地说，所谓创新，即一种前所未有的生产函数，比如新产品的研发、新市场的开拓及新产业的构建等都属于创新的范畴。这个内涵与狭义层面的创新概念是截然不同的，后者仅仅指的是一个全新的东西被创造出来，而前者则指的是任何具有一定经济或者是社会价值的事物被创造出来的全过程。与发明创造相比，经济学层面上的创新所具有的内涵要深刻得多。现代创新理论的缔造者熊彼特的理论在经济学领域赋予了创新以全新的内涵和价值，使这一层面上的创新彻底与传统中的创新的概念有了本质的不同。基于上述分析，本书将创新的概念界定为具有一定经济价值或者是社会价值的新产品的理念、新的思想及新的事物的提出、传播及实现的全过程，也就是说，既包括在生产力层面上所实现的创新突破，也包括在生产关系层面上所实现的变革突破。

2. 创业

我国与西方国家在国情、文化、价值观及经济形态等各个方面都不尽相同，因而彼此对于创业的理解和应用也不尽相同。在国内，所谓创业，通常意味着某一项事业的创建过程，而在西方国家，所谓创业，通常特指某一企业的创造过程，可见，西方国家更加关注创业所具有的经济价值。创业是一种识别机会、整合资源、将创意付诸实施并从中创造价值的行为（梅伟惠，2008）。本书将创业的概念界定为借助某一方式或者是组织形式来实现价值创造的过程，也就是说，财富的增长只是创业的目标之一，并非创业的全部内涵。比如，某一新的企业成立属于创业，某一个新的岗位的设立也同样属于创业，强调的是创业活动所具有的创新价值。

（二）创新创业教育的概念

通过前文分析可以发现，创业教育的概念早在20世纪末就已经被提了出来，而创新创业教育的概念则是对创业教育的内涵进行拓展以后形成的。“创业教育”属于典型的舶来词，在学术研究领域，“Enterprise Education”与“Entrepreneurship Education”这两个英文词汇均被译为“创业教育”。创业教育既有广义层面上的概念，也有狭义层面上的概念，其中前者指的是“培养最具有开创性或创新性的人”；而后者则指的是以青少年为培养对象，以创业精神和创业能力为培养内容而展开的与之相关的思想和实践教育活动，目的是让青少年学生在步入社会以后能够积极参与创业活动，强大企业家团队。创业教育更加注重培养一批能够创办新企业的优秀人才，以为社会提供更多的工作岗位，而非仅仅是培养一个合格的从业人员。国外学者蒂蒙斯认为，高校创业教育应当具有前瞻性，通过构建一个科学合理的创业人才培养体系，来为社会持续输送源源不断的人才。也就是说，创业教育是一种着眼于未来的长期教育培养模式，并且培养的应该是具有创业意识与创业能力的优秀企业家。这种看法显然是片面的，属于狭义层面的创业教育。过去，大部分人都认为我国创业教育旨在培养大量能够创办企业的优秀人才，来为社会提供更多的工作岗位。基于这一认识，我国居民的教育观念长期以来都是偏向功利化的，高等院校也侧重于培养学生的商业知识和技能，而忽略了对学生独特开创性个性的培养。

现阶段，我国所沿用的“创新创业教育”这一概念的内涵，既包括“Enterprise Education”所具有的内涵，也包括“Entrepreneurship Education”

所具有的内涵，同时，随着我国创新创业教育的不断发展，其内涵也在逐步完善当中。国内学者李家华指出，创新创业教育的目标需要从两个层面来进行理解：一是培养合格的就业人才，二是培养可独立创业的优秀人才。尤其是第二个目标，不仅需要通过创新创业教育激发学生的创新创业热情和潜能，同时也要培养他们开展独立创业活动所必需的各项技能，如团队管理能力、创新思维能力、市场营销能力等。

中国高校创新创业教育联盟则指出，创业教育和创新创业教育是存在显著区别的，传统的创业教育更加偏重于就业教育，而创新创业教育则旨在培养具有独特开创性人格的大学生，培养他们的创新创业积极性和能力，这是落实我国当前创新驱动发展战略的必然要求，是更深层次上的高等教育改革，更是为了给我国快速实现经济转型成功和不断增强国家创新能力提供必要的人才保障。

综合上述分析，本书将创新创业教育的概念界定为：将创新教育作为前提的，围绕激发大学生的创新意识所展开的，旨在不断地增强大学生创新精神和创业能力，并立足未来事业创新发展的一种全新的教育理念和教育实践。也就是说，创新创业教育必须要具有前瞻性，确保所培养的人才不仅仅能够满足当前和未来社会发展的需求，更能够促使大学生在不断突破自我的基础上，拥有改造未来社会的意识、勇气及能力。尽管创新创业教育的内涵是基于创业教育的进一步完善，然而，创新创业教育的内涵早已经远远超出了就业人员培养和创业人员培养的范畴，比创业教育的内涵要更加广泛一些。两者相比，创新创业教育更加关注的是在就学期间如何将大学生的创新创业热情唤醒，继而在就业期间能够充分利用所学到的创新创业能力来迎接各种挑战。与其他高等院校相比，地方应用型高校作为创新创业教育人才培养的场所，需要在人才培养、知识与科技创新研发两个方面实现同步协调发展，以通过创新力量来驱动创业活动的发展。

（三）创新创业教育生态的概念

创新创业教育生态系统的概念是在对创业生态系统的概念进行完善的基础上形成的，其英文名称为 Entrepreneurship Education Ecosystem，同样是从西方国家传入国内的一个概念。国外学者 Dunn（2005）以美国麻省理工学院的创业教育为研究对象展开了实证研究，结果发现，麻省理工学院已经针对创业教育的不同培养项目组建了相应的培训组织和创新培训中心，由此，她认为麻省理工学院已经初步构建了一个相对完整的创业生态系统。在研究中，她使用“Entrepreneurship Ecosystem”这一英文词汇来指代创业生态系统，但是并没有对其概念做出进一步的解释。这也是“创业生态系统”这一概念被首次提及，并且国外的学者也都在其后针对创业生态系统展开了大量研究。从理论层面而言，创新创业教育生态系统作为一个完整的系统，一方面，其内部存在多个不同的生态子系统，且彼此之间应该实现协同有序发展，即内部实现各项资源要素的平衡性；另一方面，其整个系统与外部生态系统也应该实现协同有序发展，即各个创新创业教育参与主体之间的平衡性。所谓系统，即多个不同的要素共同构成一个协调运作的整体网络；而将生态系统引入创新创业教育领域，则意味着其也应该具有与大自然生态系统同样的运作机制与规律，也就是说，其内部各个要素之间要彼此联系和互相影响，且其整个内部系统与外部生态系统之间也同样是彼此联系和互相影响的。高校创新创业教育生态系统属于整个高等教育系统的一部分，也属于整个社会生态系统的一部分，因此其必须依附一定的教育生态系统和社会生态系统而生存与发展。高校创新创业教育生态系统的子系统包括各个创新创业教育学术研发机构、创新企业及政府等主体。

所以，本书将创新创业教育生态系统的概念界定为：由高等院校、政府、企业及其他社会资源等创新创业教育的各个参与要素所共同构成的一个具有平衡性、协同性及统一性的生态系统。该生态系统具有自身独特的功能与定位，且系统内部的信息与资源是共享与合理配置的，继而通过各要素之间的协同合作发挥出整体大于部分的综合效益。

需要强调的是，创新创业生态系统与创新创业教育生态系统属于两个不同的概念，显而易见的是，后者属于前者的一部分，而前者则属于社会创新创业生态系统的子系统。具体到两者的内涵而言，由于创新创业生态系统的主要参与主体是企业，因此更加强调经济效益的实现、专利知识的保护及创新精神的培养，高等院校则居于从属地位，旨在为企业提供服务；而创新创业教育生态系统的主要参与者则是地方应用型高校，因此更加注重知识与科技的创新与传播、教育理念的更新与完善，来为社会培养和输送大量优秀的创新创业人才。

二、相关理论基础

（一）教育生态系统理论

美国学者布朗芬布伦纳在 1979 年创建生态系统理论。他指出，自然环境作为人类生存和发展的必要场所，其在心理层面上和行为层面上均会对人类产生显著的影响，但是在过去，学术界的相关研究却没有对此给予高度的重视。他进一步分析指出，人类本身就是整个生态系统的一部分，因此，其必然会与系统中的其他各项要素进行互动，并在后者的影响下成长。他依据人类与生态环境各项要素的互动频率的不同、各项要素与人类密切相关的程度的不同而将生态环境分成了四个不同级别的生态系统，其中，互动最为频繁和密切相关程度最高的是宏系统，其次是外层系统和中间系统，互动频率和相关程度最低的则是微系统。具体到社会生态系统来说，其同样是由多个不同的子系统构成的，即不仅包括具有典型人文属性的自然和社会生态环境，同时也包括规范化的生态环境。教育生态系统则是构成整个社会生态系统的一部分，并且前者的结构是独立与完善的，功能也是相对独特与完整的，正是基于上述特征，教育生态系统才得以逐步形成和保持下去，并由此决定了其与外部其他生态系统的互动频率与密切相关程度。由此可见，教育生态系统的内部独立性并没有将其与外部生态系统进行分离，而是始终保持与后者的良好互动关系，属于典型的开放型生态系统。

1. 教育生态系统环境论

所谓生态环境，即大自然中所有物种都赖以生存和发展的条件与要素的集合。具体到人类生态环境而言，不仅包括自然环境与社会环境，同时也包括规范环境。其中，教育生态与规范环境的互动频率和密切相关程度要高于自然环境、社会环境，原因是教育属于文化的范畴，而文化则是规范环境必不可少的构成要素。具体到教育系统内部的生态环境来说，其子系统的划分标准也与人类生态环境的划分标准保持一致，不仅包括自然环境与社会环境，同时也包括规范环境。国内学者吴鼎福指出，教育只有依附于一定的教育生态环境，并且与该生态系统中的相关要素保持互动，方可实现长远发展。也就是说，教育生态环境的好坏在很大程度上决定了教育发展速度的快慢及其质量的高低。只有明确教育生态环境的构成要素、教育生态环境与教育之间的相互关系及影响机制，才可能准确把握教育发展的一般规律和判断其发展趋势。对于本研究来说，则意味着必须要基于整个教育生态系统来思考创新创业教育发展的相关问题，以厘清教育与教育生态系统内外各要素之间的关系，从而更好地解释当前创新创业教育发展的相关问题。

2. 教育生态系统结构论

任何生态系统内部的各要素都是按照某一固定的结构来形成和运作的，包括各要素在时间和空间上的分布及系统内部各项物质能量相互转化利用均与其生态结构有关，不同的生态系统所具有的生态结构也都不尽相同，继而使其所具有的功能和实现的成效也不一样。具体到教育生态系统的结构来说，即该系统内部的所有构成要素所形成的时间分布和空间分布状态，以形成各要素之间协同合作，确保整体功能完善发挥的运作机制。无论是状态分布还是运作机制，通常都是根据每个要素的自身特点、教育需求来实现的目标进行确定的。从宏观层面而言，教育生态系统的结构可以分为程度结构、布局结构等；从中观层面来说，教育生态系统的结构可以分为教师结构、学生结构等；从微观层面来说，结构则指的是在具体教学过程中所形成的课程结构、教学结构等。影响教育生态系统的结构合理性、稳定性的因素是多方面的，如内部各个构成要素的数量多少、要素质量高低、要素的时间分布状态与空间分布状态，以及各个要素在系统运作过程中所形成的运作机制等因素。通过对教育生态系统的结构展开全面、客观的分析，可以明确教育生态系统所具有的独特功能与价值所在，精准把握教育生态系统在运作过程中所遵循的一般性规律和原则。

3. 教育生态系统功能论

教育生态系统所具有的功能主要是通过法制教育、道德伦理教育及知识教育使人们逐步树立起生态环境保护意识与观念，并掌握必要的生态环境保护知识和理论，继而在实践生活和生产过程中有意识地将上述观念落到实处，以维系人与自然生态环境的平衡性。由此可见，人类作为教育生态系统的构成要素之一，其与系统内部其他要素共同形成独立的结构和运作机制，而教育生态系统的功能则是在此基础上逐步形成的。随着教育生态系统结构的转变，其所具有的功能也会相应地发生调整和变化。国内学者吴鼎福在研究中将教育生态系统的功能群做出了划分，他认为其不仅包括指导保障功能群与继承发展功能群，同时也包括传播开发功能群。如今，教育生态功能在经历了持续的演变发展以后，其当前的功能已经逐步呈现出了多元化的发展特征，除了传统的政治取向功能、文化选择功能等有了进一步的拓展以外，其社会服务功能的地位正在不断上升，由此不仅使教育生态系统与外部整个社会生态系统的各项要素之间的互动更加频繁，而且两者的密切关联程度也在日趋提升。有研究表明，教育生态系统功能在不断的演化过程中，呈现出了典型的非线性演变特征。

4. 教育生态系统原理论

任何独立的学科都必然有着与之相应的理论体系与发展规律，教育生态学也不例外。在教育生态学的所有原理当中，限制因素定律属于其中最为基本的一个原理，该原理指出，构成教育生态环境的绝大部分要素均会对整个系统的发展产生一定的制约影响，其中最为关键的两个因素即能量流因素和信息流因素。教育生态学的其他原理还包括耐度定律，具体指的是教育生态系统内的个体和群体对整个生态系统的适应程度并非无限的，而是有临界点的。教育生态系统学的最适度原则指的是生态系统内的各项构成要素以最佳的结构和状态进行良性互动，实现质量与数量关系的统一性和平衡性。教育生态学的花盆效应指的是如果学校为学生所提供的教育环境过于封闭，那么学生就很少有机会与外界环境进行互动，从而使他们逐步养成只关注自我而忽略外部客观存在的不健康的价值观。教育生态位原则指出，一方面，在教育生态系统内部，各个构成要素按照一定的规律形成了层次分明的结构；另一方面，在整个社会生态环境中，教育生态系统在时间层面上和空间层面上所占据的位置都是教育生态位原则的应用，发挥着群体和个人在不同领域相互补充促进的作用。高校、政府及企业等构成要素在促进教育生态系统形成和发展过程中应当充分发挥主观能动性，通过积极的协同合作来促进整个教育生态系统的健康持续发展。除了上述原理以外，教育生态学的其他原理还包括教育规律、教育生态链规律等。

为促进创业教育生态系统的形成与完善发展，需要借助教育生态系统的原理和规律，从生态系统整体的角度来全面、精准地把握创业教育的本质特征，明确教育生态系统内部所有要素之间的相互关系与作用机制，揭示创业教育发展的一般规律与其功能定位，才可能促进创业教育实现健康有序快速发展。教育生态学的许多原理均从微观层面出发，揭示了创业教育实践发展的一般规律，在构建创业教育课堂教学生态的过程中，特别需要应用到这些原理。通过分析教育生态系统理论得知，创业教育生态系统不仅包括其内部各个要素的形成与结构，也包括创业教育在各项要素相互作用下实现健康有序发展的全过程。所以，在研究创业教育生态系统问题时，需要针对其系统结构与功能、各个构成要素在系统内部所形成的相互关系及其作用机制、系统本身与外部生态环境之间的互动关系及其作用机制等展开全面、客观分析，在此基础上，逐步构建出一个符合时代需求和能够实现可持续发展的创业教育体系，继而在实践过程中全面落到实处。

（二）蒂蒙斯创业学理论

在美国的创业教育研究领域，杰弗里·蒂蒙斯久负盛名，属于该研究领域最为重要的领军人物，在 20 世纪 60 年代末期，他就开始潜心研究创业教育的相关问题，研究的内容主要包括创业管理、风险投融资管理及创新课程开发等，他在这些领域的一系列研究成果共同构成了一个相对健全的创业理论研究体系，并且受到了学术界和企业界的一致认同并被广泛应用。

1. 设定创业遗传代码

蒂蒙斯指出，大学的创业教育理念不仅要迎合时代的发展需求，更要具有前瞻性，即立足未来百年甚至更长的时间段内的教育创新发展来构建创业人才的培养体系，以让创业意识与创新精神等能够像基因一样遗传给一代又一代的大学生，即“设定创业遗传代码”。例如，美国最为著名的创业家比尔·盖茨，大学就需要将他身上所具有的独特创新精神、创新意识及创新能力等予以提炼和总结，继而将其传授给所有的大学生。如此一来，美国的大学就可以为国家和社会培养输送大量的优秀创业人才，然后通过这些人才来促进全美国的创新创业快速向前发展，最终带动和支持美国乃至全球经济的发展。由此可见，蒂蒙斯的上述观点虽然是基于社会经济效应的视角提出来的，但并不属于完全功利性的观点，而是能够引领美国未来百年甚至更长时间的创新创业教育发展的新观点。

2. 构建创业过程模型

1999 年，蒂蒙斯的新书《新企业的创建》（*New Venture Creation*）正式出版，他在书中指出，当一个创业团队能够充分将自身所掌握的资源实现有效配置与合理使用，及时把握所有的发展机遇，并且能够促进企业的长远健康发展，这意味着此次创业活动取得了成功。他进一步分析指出，对于创业团队来说，在开展创业前期，往往会面临两个问题：一是资源和资金的匮乏使既定的创业计划无法有序开展；二是外部市场环境的复杂多变为创业活动带来了许多不可预测的风险。为了解决上述问题，首先，创业者自身必须要有过硬的素质和能力，包括组织管理能力、人际沟通能力、创新创造能力及发现和解决问题的能力；其次，创业者还要敏锐地抓住发展机遇，并通过合理配置资源、资金及人力资源等要素，将机遇转化为促进企业健康有序发展的动力。基于以上观点，蒂蒙斯构建了创业过程模型，并受到了学术界的一致认同（见图 1-1）。后来的学者均是在借鉴这一理论模型的前提下展开研究的，以不断完善创业管理理论体系。

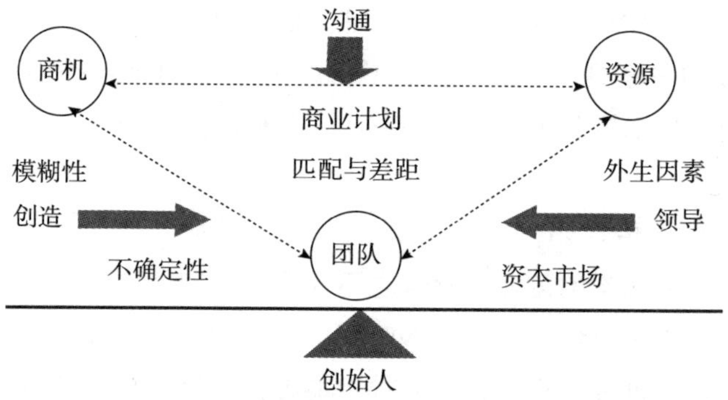

图 1-1　蒂蒙斯创业模型

3. 蒂蒙斯创业课程框架

在由蒂蒙斯所构建的创业课程框架中，创业课程的设置具有两大特征：一是在基础课程方面，将艺术课程、社会课程及选修课程等都纳入课程体系当中，进一步丰富了原有的基础创业课程体系，打破了传统文科与理科课程的边界；二是在综合学科方面，他主张设立跨越法律、工程及计算机等多个不同学科领域的综合性创业课程，以最大限度地丰富学生的知识结构。在实践中，蒂蒙斯不仅将上述创业课程框架应用到了美国百森商学院，同时，他还主张高等院校应通过合理地配置自身的教学资源，以支持本校学生在校内或者是校外参与的创业教育活动，针对处于三个不同学习阶段的学生，为他们设置相应的创业教育课程，确保创业教育资源能够在课程环节、课外活动环节及学术研究环节实现全面共享，以及实现各要素的协同合作，在此基础上构建一个完整的创业教育课程生态系统（见图 1-2）。

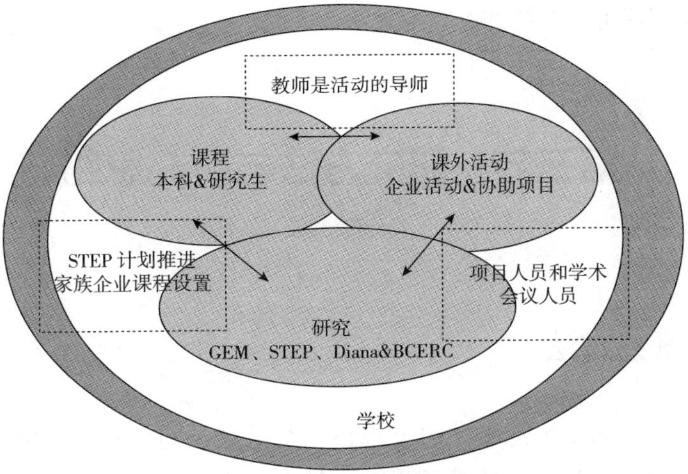

图 1-2 蒂蒙斯创业教育课程体系

4. 让学生成为探究者

蒂蒙斯指出，在任何类型的教育当中，学生都必须处于主体地位，创业教育也不例外。在创业教育中，应当积极地引导学生展开自主探索研究。创业教育目的的实现既离不开科学的创业课程体系的支持，同时也需要构建和实施合理的教学模式。长期以来，课堂教学模式都被公认为最为有效的一种教学模式，这也是当前高校教育教学实践中应用最为广泛的一种教学模式。他进一步分析指出，实施创业教育的高校应当尊重学生在学习中的主体地位，通过选择恰当的教学内容和培育轻松、愉悦的教学环境，并在教师的引导下，让学生全身心地投入到创业教育教学活动当中，积极自主地探索、发现及解决问题。基于以上观点，他认为，高校创业教育应当根据大学生的自身实际情况来实施教学，而不应该局限于教材内容，从而忽略了学生的个性发展。同时，高校创业教育还应当用于探索多种不同的教学模式，比如案例教学模式、虚拟创业教学模式等，以摆脱传统课堂教学模式对学生思维的禁锢，尽可能地为学生创造更多可以近距离接触和体验创业过程的机会，以便更好地激发他们的创业意识，不断增强他们的创造能力。

其他与创新创业教育相关的理论还包括创业方盒理论、三维结构论等，这些理论均对创业教育的生态研究具有重要的指导意义。本书将在借鉴这些理论的基础上，从生态学研究视角出发，针对创业教育问题展开研究，期望能够在这些理论的帮助下，进一步加强对创业教育生态环境的理解和认识，继而寻求出构建创业教育生态系统的路径与方法。

第三节　研究方法与研究思路

一、研究方法

本书主要是基于生态学的研究视角，在借鉴布朗芬布伦纳的教育生态理论及蒂蒙斯的创业学理论等的前提下，针对地方应用型大学创新创业教育生态系统展开全面、客观的探讨分析。在此过程中，所使用到的主要研究方法包括：

一是文献分析法。通过图书馆、互联网等途径收集与本书研究有关的资料文献，然后通过认真的研读和分析，总结归纳出与创新创业教育生态系统有关的理论和研究成果，作为本书的理论基础。

二是问卷调查法。以国内共计八所不同的应用型大学为调查对象，在结合本书研究需求的基础上，设计出了针对学校本身、教师及学生的调查问卷，共计三套，其中学校问卷收到 32 份，教师问卷收到 356 份，学生问卷收到 1864 份，通过分析结果以了解当前我国应用型大学创新创业教育发展的现状。

三是访谈调查法。以创新创业教育发展实施时间超过三年为条件，筛选了共计九所符合条件的地方应用型大学，并深入这些大学展开访谈调查，以更加全面地掌握我国应用型大学创新创业教育在现阶段的开展现状，同时对其中存在的主要问题及其成因展开分析。

四是定量分析法。本书所涉及的有效研究样本共计 814 份，在使用 SPSS 数据分析软件的基础上，对上述有效样本展开统计分析，在此过程中主要使用了信效度分析、验证性因子分析法、主成分分析法及熵权法等方法来展开定量分析，以筛选出地方应用型大学创新创业教育生态系统的一级要素指标、二级要素指标和三级要素指标，并合理划分其权重，最后构建了地方应用型高校创新创业教育生态系统的 29 个指标。

五是案例分析法。本书将美国著名的百森商学院所构建的创新创业教育生态系统作为研究案例，不仅对其所沿用的教育理念、课程体系及教学方法等的特色做了全面、客观的分析，同时也对其在师资队伍建设方面、创业教育平台和中心建设与运营方面、教育评价体系构建与实施方面所形成的有益经验与做法进行了总结，从而为我国地方应用型大学创新创业教育生态系统的构建和健康持续发展提供借鉴。

二、研究思路

本书旨在探索和寻求构建我国地方应用型高校创新创业教育生态系统的路径与方法，因此，首先需要明确为何要构建地方应用型高校创新创业教育生态系统；其次要明确地方应用型高校创新创业教育生态系统是什么；再次需要明确地方应用型高校创新创业教育生态系统有什么；最后则要明确应该怎样构建。本书正是基于以上研究思路展开分析的，并依次解答以下四个问题：

第一，我国地方应用型高校创新创业教育面临的现实困境。现阶段，我国地方应用型高校创新创业教育已经初步构建了一个相对完善的课程体系与管理机制，并且各种创新创业教育平台和中心的数量也在不断增加。通过梳理我国高校创新创业教育在过去几年里的发展历程可以发现，整体上而言，其所取得的成效是显著的，比如，大幅提升了我国高等院校在创新创业教育方面的整体教学质量；在大学生步入社会后，为他们积极参与创业就业提供了良好的环境条件；为我国地方社会经济实现转型升级发展提供了必要的人才保障；等等。然而，在此过程中，我国地方应用型高校创新创业教育也逐步暴露出了许多严重的问题，比如，在部分地区，政府、企业及大学缺乏参与创新创业教育发展的积极性；现有的地方应用型高校创新创业教育理念跟不上时代发展；地方应用型高校创新创业教育理论与实践没有实现统一；地方应用型高校教师普遍缺乏开展创新创业教育的热情，教学能力偏弱，所使用的教学方法比较陈旧；社会上的创新创业教育平台和中心的数量相对偏少，政府在资金、政策等方面的支持力度不足，所构建与实施的地方应用型高校创新创业教育体系存在诸多缺陷。

第二，地方应用型高校创新创业教育生态系统构建的理论分析。这不仅需要对创新创业教育生态系统的概念界定及其内涵做分析，同时也要对与之相关的理论和研究成果做梳理和总结，从理论角度对我国当前地方应用型高校构建创新创业教育生态系统的重要意义和必要价值进行论证，并对我国是否具备构建的条件和基础及应该构建什么样的生态系统等问题展开分析。具体来说，通过分析、梳理及归纳国内外与创新创业教育生态有关的理论和研究成果不难发现，现阶段，学术界并没有针对创新创业教育的概念形成在地方应用型高校作为研究对象的情境下的统一界定，所以，当前有必要对创新创业教育发展的历程和现状展开调查分析，并对其未来发展趋势做出明确的判断，然后才可能对创新创业教育的概念及其内涵做出明确的解释说明。在此基础上，并在借鉴生态学理论与方法论的前提下，将地方应用型高校创新创业教育视为一个完整的生态系统，继而针对应该构建一个何种结构与何种功能的生态系统这一问题展开探讨，最终逐步明确我国地方应用型高校创新创业教育生态系统构建的基本框架。通过上述分析,解答地方应用型高校创新创业教育生态系统是什么的问题。

第三，应用型高校创新创业教育生态系统的构建依据。由于创新创业教育生态系统是由多个不同的要素共同构成的，因此，首先应该找出构成创新创业教育生态系统的指标都有哪些,并对其在生态系统中所占的权重做出科学划分。如此一来，方可以明确各项构成要素对整个生态系统的形成和运行发展分别会产生何种程度的影响,精准把握高校创新创业教育生态系统构建的核心与方向。其次，需要分析和总结国外同类高等院校在创新创业教育生态环境构建方面所形成的先进经验与成功做法，并对其做出本土化的借鉴。值得一提的是，无论是针对国内还是国外高校创新创业教育生态系统的研究，都应立足于各自的发展现状来对比分析彼此的优劣势，在理论基础上联系实践。这些分析旨在解答创新创业教育生态系统中有什么的问题。

第四，我国地方应用型高校创新创业教育生态系统构建的策略分析。在解答了创新创业教育生态系统为什么构建、是什么及有什么的问题基础上，接下来就需要解答应该怎样构建的问题。根据教育生态学的原理，从而得知，制约创新创业教育生态系统的因素既包括能量流因素与信息流因素这两大因素，同时系统内的各项其他构成要素也在不同程度上会对系统整体产生制约影响，而创新创业教育生态系统则是在上述所有要素的共同作用下有序运转的。基于上述理论，本书主要从教育教学生态层面、组织机制生态层面及环境生态层面出发，分别总结提出相应的高校创新创业教育生态系统的构建策略与措施，以此来推动我国高校创新创业教育实现长远、快速及健康有序发展，促进我国地方应用型高校教育改革的进一步深化发展，促进我国地方应用型高校真正在推动地方社会经济发展和社会创新等方面发挥出应有的带动作用。以上主要解答了创新创业教育生态系统应该怎样构建的问题。

本书的技术路线如图 1–3 所示。

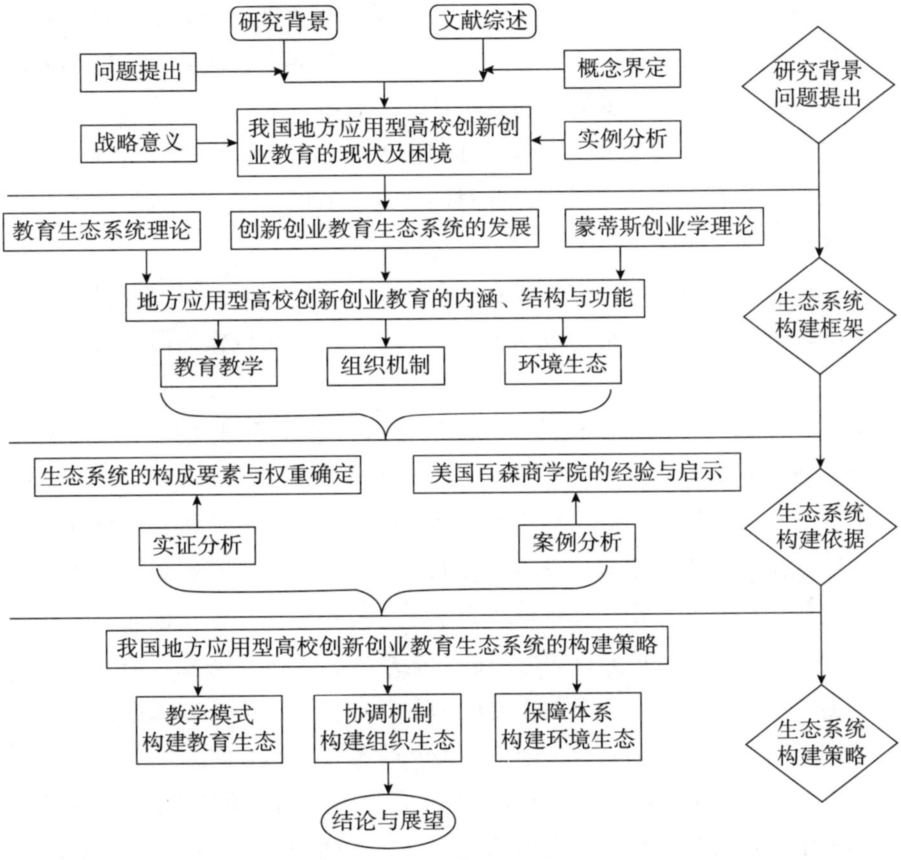

图 1–3 本书的研究技术路线

第四节 本书的写作框架

本书主要运用创新创业教育生态学和蒂蒙斯创业理论与方法，探讨地方应用型高校创新创业教育生态的内涵，审视当前创新创业教育中面临的问题和困境，寻求以“生态系统”为方向促进创新创业教育改革与转型，以此促进创新创业教育作用的发挥和地方应用型高校的改革发展。结构上可以分为理论分析、文献综述、现状审视、战略意义、指标权重、案例分析、经验启示、构建策略八个部分。

第一章绪论部分从选题缘由切入到本书在理论和实践中的价值，提出了以地方应用型高校作为研究对象、以生态系统理论作为研究视角的创新创业教育生态系统研究的可行性和必要性，结合蒂蒙斯的创业理论与方法，对创新创业教育及创新创业教育生态等核心概念进行了辨析和界定，为研究的展开进行了必要的准备，最后对研究的思路和方法进行了总结。

第二章是文献综述部分，重点梳理国内外创新创业教育、创新创业人才培养和创新创业教育生态相关研究，并对国内外已有的学术文献进行述评，找出了研究的空间和认识路径。

第三章是地方应用型高校的战略意义部分，本章对地方应用型高校的特征、发展的战略意义进行了分析，说明了选择地方应用型高校作为研究对象的实践意义。

第四章是国内应用型高校的典型案例分析，选择了国内 10 所应用型高校并对其创新创业教育的特点及成效进行分析和总结。

第五章是对我国地方应用型高校创新创业教育的现状调研和困境分析。通过对全国八所地方应用型高校开展问卷调查，对八所大学开展现场访谈，采用定性与定量相结合的方式，客观分析我国地方应用型高校创新创业教育的课程与教学、组织管理、支撑条件等方面的发展现状；深入思考我国地方应用型高校创新创业教育生态系统存在的主要问题及其产生的原因，以此提出要以“生态系统构建”作为创新创业教育困境突破和改革发展的方向。

第六章是地方应用型高校创新创业教育生态系统的构成指标及其权重分析。由于生态系统是一个动态发展的过程，在不同的发展阶段生态要素产生的影响作用也存在差异。在已有文献和发展现状分析的基础上，实证遴选出我国地方应用型高校创新创业教育生态系统构成指标 29 项。通过对九所大学 814 份样本开展调研，得出我国地方应用型高校创新创业教育生态系统构建中容易忽视的薄弱环节和指标权重，为我国地方应用型高校创新创业生态系统构建提供参考依据，更好地确定工作重心。

第七章是国外高校在创新创业教育生态系统构建中的经验与启示。通过对美国百森商学院学校的课程生态、组织生态和环境生态的介绍，总结发达国家发展创新创业教育生态系统的经验，为我国地方应用型高校创新创业教育生态系统构建带来启示。

第八章是我国地方应用型高校创新创业教育生态系统的构建策略。结合我国面临的困境，参照指标权重的确定及国外大学的经验和启示，提出要以教学改革为核心、以协同合作为牵引、以保障体系为重点来构建创新创业教育的教育教学生态、组织机制和环境生态，通过三个生态维度之间物质、信息和能量的相互交流和相互作用共同构建起地方应用型高校创新创业教育生态系统。

第二章

文献综述

第一节　关于创新创业教育的研究

美国、日本及德国等发达国家是全球最早开始创业教育研究与实践的国家，尤其是进入20世纪90年代以后，在发达国家，越来越多的学者开始了关于创业教育相关问题的研究，并取得了显著的成效。在我国，直到1990年才有少数学者开始创业教育方面的研究，在2000年开始有学者针对大学创新创业教育展开专项研究。尽管我国创业教育研究的时间比发达国家要短，但是，由于我国政府对创业教育发展十分关注，积极鼓励各界人士参与创业教育的研究与实践，因此，在经历了多年的发展以后，现阶段我国在创新创业教育方面的研究成果十分丰富，并且研究的内容也在不断扩充当中。根据本书在中国知网的检索结果得知，在2015~2019年，中国期刊全文数据库所收录的所有以创业教育为主题的论文数量是非常多的，累计为35104篇。通过进一步检索还发现，以创新创业教育为主要研究内容的论文数量在进入2011年后才逐步增多，而在之前相对较少。比如，2010~2015年，以创新创业教育为主要研究内容的论文数量累计达到了12403篇；从2016年开始，截至2019年12月，在此期间发表的此类论文的数量却实现了快速增长，共计为251500篇。我国创新创业教育研究的快速发展主要得益于两个方面的因素：一是我国政府对于创新创业教育的高度关注和大力支持；二是创业教育在全球范围内的快速发展。然而，上述文献的数量虽然十分丰富，却缺乏质量较高的研究文献。通过检索发现，自2015年以来，中国知网所收录的与创新创业教育有关的高质量论文的数量累计只有106篇左右。这些论文大多是围绕创业教育的概念与内涵、高校创业教育课程的设置、教学模式的构建等问题展开研究的。在2010年之前，国内学术研究领域所指的创新创业教育与创业教育基本上属于同一个概念，现阶段学术界也依然没有将两者的概念界定与内涵做出明确的划分，所以，本书在文献收集过程中，并未针对两者的不同而对收集得来的文献做分类分析。

一、关于创新创业教育课程的研究

早在 1947 年，美国的哈佛商学院就设置了创业教育课程，课程的题目为《新创企业管理》，主要面向该校的 MBA 学生开放。哈佛商学院也成为全球率先开设创业教育课程的大学。无论是在国内学术界还是在国外学术界，创业教育课程始终都是学者们在研究创业教育与创新创业教育过程中所关注的主要问题，整体上来看，国内外现有的相关研究主要是从以下四个方面出发来对创业教育课程这一问题展开研究的：

一是针对创业教育课程所具有的价值与所要实现的目标展开的研究。在创业教育课程研究的初期阶段，国外学术界的学者对此普遍比较重视。比如，自 1960 年起，国外学术界的学者们针对“创业意识与能力等能否通过课堂教学传授给学生”这一问题进行了热议，经过多年的研究讨论与实践以后，学术界的学者们均普遍得出了肯定的答案。基于上述认识，国外学者们纷纷将研究的重心放在了创业教育课程所要实现的目标方面，例如，国外学者 Gerald（1988）在研究中指出，创业教育课程需要实现多个不同的目标，其中最主要的目标包括：通过创业教育培训，让学生在理论层面上加深对创业的认识，包括企业的创建、企业的运行与管理等；激发学生在步入社会以后参与创业的积极性，让学生明确创业也可以作为一种职业。杰弗里·蒂蒙斯（Jeffery A. Timmons）认为，创业教育课程应当以如何促使大学生创业能力的持续稳定提升为核心来进行合理设置。张笑岩（2011）在其研究生论文中将美国斯坦福大学作为研究案例，分析和总结了该校创业教育课程所要实现的主要目标。

二是国内学术界的学者针对国内外高校创业教育课程的不同所展开的比较研究。具体到研究内容而言，主要包括高校创业教育课程在中西方国家的发展历程、课程设置方面的不同等，一些学者还以部分西方国家的高校创业教育课程为例展开了个案研究。比如，张昊民（2012）对比了中美高校创业教育课程体系的差异，并重点分析总结了美国高校所构建的创业教育课程体系的优势，比如课程结构完整、教师所使用的教学方法丰富等，以供我国高校借鉴。马章良（2011）在研究中对比分析了中国、美国及日本三个国家在高校创业教育发展方面的异同，结果显示，美国高校创业教育发展的最大优势主要包括：拥有大量高质量的教师，高校创业氛围十分活跃，构建与实施了科学合理的创业教育课程体系；日本的创业教育发展最大的优势在于政府、企业及大学三者实现了协同合作，从而为日本各地区经济发展注入了创新动力与活力，同时，日本高校创业教育课程在设置方面也最大限度地做到了与其他专业课程的有机衔接；在中国，高校创业教育发展的最大制约因素主要包括高校教师队伍整体素质偏低、创业教育课程体系不科学及创业实践平台缺乏等。

三是围绕应该如何构建高校创业课程体系的研究。美国学者 Vesper 和 Gartner（1997）在全美筛选了共计 941 所大学作为研究对象，并向这些大学的商学院院长发放了调查问卷，他们通过此次调查明确了美国商学院所构建的创业教育课程体系具有同样的特征。国内学者尹万昀（2011）指出，我国高校创业课程体系在构建过程中不仅将内容体系纳入其中，同时也将保障体系和目标体系纳入其中。黄兆信（2012）在研究中认为，我国高校创业课程体系应在不同的层面将不同的课程进行整合设置，比如，创业理论课程应该与创业教育实践课程进行整合，基础课程应该与其他专业课程实现同步发展，隐性课程应该与显性课程实现同步协调发展，同时还要逐步构建“平台＋模块”的创业课程结构模式，将所有的创业课程划分为学生必修的课程与选修的课程两种类型，从而促进高校创业课程体系的不断完善，确保其既定教育价值与目标的统一实现。李长熙（2014）指出，我国当前的高校创业课程仅仅为大学生提供了理论层面的指导作用，并没有重视对大学生创业能力的培养，鉴于此，我国高校今后应围绕大学生的实际情况和需求来构建创业课程体系，以充分激发他们的创业积极性，不断增强他们的创业能力。薛慧（2014）认为，我国高校创业课程体系当前迫切需要对自身的创业人才培养方案、创业教育教学模式及创业课程评价机制进行不断完善。唐德淼（2017）提出，创业教育课程体系包括显性课程和隐性课程两大类。所谓的显性课程，即我们所说的关于大学生在校所学的专业的课程，其具备直接和明显的特征，主要内容包括活动课程和实践课程，以及其他学科课程等。所谓的隐性课程，即大学生在学校期间所学习的内隐课程，主要说的就是我们认定的创新创业课程。同时，他还对创新创业教育课程体系进行了评价，所涉及的主要评价对象既包括组织与管理层面的相关机制，也包括高校教育人才培养方案的制订与实施过程。除此以外，他还认为，高校创新创业专业的建设、创业学院与平台的建设及跨学科综合创业课程体系的构建与实施等都要纳入评价范畴。柯燕华（2019）提出，基于创新创业课程贯穿人才培养的特殊性，结合应用型人才培养的特色，高校应根据本校实际情况，分段分模块设计课程，形成科学的双创教育课程体系，并设计“创意—创新—

创业”课程模块，构建“双创”教育课程体系。

四是课程评价指标体系构建研究。如蔡艳杰（2019）提出了高校创新创业教育指标体系构建原则，其包括过程评价与结构评价相结合、成效与质量评价相结合、评价与个性化相结合、科学性与可测量性相结合和多元性与系统性相结合；高校创新创业教育评价指标体系构建包括制订培养计划、创新创业培养计划实施、创新创业课程模块教学、创新创业课程考核环节、创新创业实践环节和多方评价；还对高校创新创业教育评价行动系统理论进行了构建及运用。

二、关于创新创业教育管理的研究

在过去的几年里，随着创新创业教育研究的加深，学术界纷纷围绕创新创业教育管理的问题展开了大量研究。比如，王珉（2014）指出，与专业教育相比，创业教育有着显著不同的特征，这一点在管理方面体现得尤为明显。他进一步分析指出，当前我国的创业教育管理模式应当围绕新的创新创业教育理念来进行构建和实施，在此基础上形成具有差异性特征、整合性特征及多层次特征的全新创业教育管理体系。国内创新创业教育管理有关的研究大体可以归纳为以下三种类型：

一是有关如何构建创新创业教育模式的研究。王焰新（2015）在研究中指出，当前所流行的创新创业教育模式大体上包括四种不同的类型，即政产学研用合作模式、科研项目孵化模式、综合模式与专业实践模式，其中，前两种可归为一类，即聚焦式；后两种可归为发散式。张冰（2014）认为，我国高等院校所构建的创新创业教育模式大体上包括不同的类型，一些高校所实施的教育模式旨在促进大学生基本创业素养的持续稳定提升，而另一些高校则是围绕如何让大学生积累更多的创业实践经验来进行教育模式构建的，使我国高校创新创业教育模式呈现出了多元化的发展趋势。王树生（2013）主张，我国高校应当以如何更好地将创业教育理念在自身的创新创业课堂教学与课外实践教学活动中进行全面贯穿为目标，来进行创新创业教育模式的构建。田天（2014）指出，当前，我国高校所构建和实施的创新创业教育模式由于过度追求创新创业教育结构的完整性，而不注重提升创新创业教育的时效性，继而导致一些高校创新创业教育陷入形式主义的陷阱。他进一步指出，当前，我国高校必须要把从业、创业与创新教育纳入理念、方法与实效的连续性培养过程中来，纳入教学管理体系、教学评估体系、职称评定体系、绩效考核体系及政治思想鉴定体系中。

二是围绕与创新创业教育相关的机制问题所展开的研究。比如，韩永剑（2012）通过分析指出，我国应当借鉴西方发达国家在构建高校创新创业运行机制过程中所形成的先进经验和成功做法，来构建符合我国发展需求的科学合理的高校创新创业教育运行机制。具体来说，他主张我国构建与实施的创业教育管理运行机制应由四级不同组织和三级不同体系共同构成，继而形成“倒金字塔”式的运行机制。以四级组织为例，其主要是根据各组织在机制运行中地位的高低与作用的大小来进行划分的：第一级组织为创业教育领导小组，第二级组织为创业指导中心，第三级组织为创业教育兼职辅导员，第四级组织则是创业社团小组。具体到三级体系，包括创业教育体系、创业保障体系和创业培训体系。之后的一些学者则在参考韩永剑研究成果的基础上，针对如何进一步加强各个组织之间的协同合作展开了研究。刘树春（2015）通过研究认为，我国高校应当立足自身整体发展和学校内各个部门的实际需求来对所掌握的各项教育资源展开合理配置，既要加强各个部门之间的协同合作，也要加强学校与企业之间的协同合作，以在纵向合作与横向合作两个方面共同推动高校创新创业教育的健康有序发展。

三是围绕高校创新创业教育管理机制的发展状况、存在的问题及其解决方法所展开的相关研究。学者们普遍认为，高校创新创业教育管理机制当前的不足之处主要包括高校创新创业教育课程体系有待进一步完善、高校的创业人才培养与输送无法满足市场需求、师资结构不合理等。王焰新（2015）在研究中指出，现阶段，国内高校创新创业教育发展还停留在以往的创业层面，没有深入到创新层面，由此产生了以下问题：高校无法找准自身创新创业人才培养定位，且高校管理者自身也缺乏大胆创新的意识；高校管理者开展创新创业教育管理工作的积极性不足，并且开展的力度有待进一步提升；高校所明确的既定创新创业人才培养方案没有真正落到实处，所构建的创新创业教育模式不健全；高校配置的创新创业教育硬件设施不齐全等。陈培杰（2013）在研究中指出，我国高校创新创业教育管理依然没有实现多元化的治理，主要表现在高校创新创业教育管理资源不足、管理者对创新创业教育缺乏正确的理解和认识及治理的深度有待进一步加强等。蒋璐璐（2014）指出，我国高校所构建和实施的创业教育管理机制缺乏一个明确化的管理目标，教育理念也十分模糊，创业教育的管理组织机构不完善，实践类的创新教育平台和机构的数量非常少等。张宝君（2017）基于供给侧改革的视角对我国创新创业教育存在的主要问题做了全面深入剖析，他指出，我国所构建的高校创新创业教育的供给模式在运作的过程中十分僵化；供给生态中的各项要素没有实现协同合作；所使用的资源供给方式偏离了创新创业教育发展的实际需求；各个参与主体都不愿意将自身的资源共享出来；在供给队伍结构方面，人员构成具有单一化的缺陷，并且供给人员的技能掌握不全等。常思亮和黄瑶（2017）在研究中全面、客观地分析了美国颁布实施的《创业教育国家实践标准》，并在借鉴其优势的基础上主张我国开展的创业教育培养不能仅仅局限于大学阶段，而应当同步贯穿到小学阶段和中学阶段，为此，国家教育部应当制定与美国类似的标准体系，以促进不同创业教育主体为实现上述目标而积极地展开合作。

三、关于创新创业教育与专业教育融合的研究

在过去的几年里，我国创新创业教育领域的学者纷纷主张将高校创新创业教育与专业教育进行有机融合，并就两者之间的相互关系与两者实现融合发展的策略等问题展开了探讨分析。

一是围绕高校创新创业教育与专业教育之间的相互关系、融合发展的必要性等问题展开的相关研究。李卫朝（2015）指出，专业教育是构成创业教育必不可少的基础要素，对于国内的很多高校而言，其当前需要改变一些以往的传统教育教学理念，打破两者之间的边界，以促进两者在有机融合的基础上实现协同发展，最终构建起与之相应的创新创业人才培养机制。除此以外，高校还应当通过设置创新创业教育课程体系与创办实践平台的方式来尽可能为两者实现融合发展提供必要条件。任永力（2015）指出，应将高等院校创新创业教育与专业教育融合起来协同发展，以快速培育出大量符合我国社会经济发展需求的优秀创新创业人才。当然，两者的融合发展必须要充分尊重两者之间所具有的相互关系及其影响机制。唐德淼（2017）指出，高校创新创业教育的发展必然离不开专业教育的支持，应促进两者的同步协调发展，通过创新创业知识的传授、创业能力与创业素质的培养来完成高校创新创业人才培养的目标，在此基础上，高校应构建把“双创”教育融入人才培养全过程的教育生态体系。同时，他进一步分析指出，高校在构建创新创业课程体系的过程中，不仅要加强创新创业教育与专业教育的融合发展，也要分清不同创新创业课程的主次地位，其中居于主导地位的创新创业课程不仅应当包括专业理论层面的创新创业基础课程，还应当包括实践层面的创新创业课程，尤其需要让学生在创新创业实践

活动中不断积累创业经验，加强创新创业教育内涵建设和体系支撑。赵琳、常振云和张楠（2019）认为，在高校人才培养过程中，针对专业展开的教育属于最基础的教育，而创新创业教育则是在更深层上对专业教育所要实现的目标做了进一步的延伸，尤其是在当前我国全面落实创新驱动发展战略的背景下，高校更应该加强对创新创业人才的培养。所以，我国高校除了要实现最为基本的专业人才培养目标以外，还要同步实现创新创业人才培养的目标，并基于目标的实现来构建相应的人才培养体系，通过向社会输送大量的创新创业人才，来进一步完善我国人才队伍结构。总之，高校应当将创新创业教育与自身的专业教育实现有机融合，确保不同专业的学生都能够逐步形成积极的创新创业意识和相应的创新创业能力，从而让学生在进入社会以后，可以在不同的行业领域开展创新创业实践活动。

二是围绕高校创新创业教育与其他不同的专业教育应以何种方式实现有机融合发展的问题的研究。刘丽君（2010）在其所著的《知识创业教育导论》一书中，为探索理工科大学生的体系化知识创业教育进行了前期的理论和基础性研究。王占仁（2012）认为，要实现高校创新创业教育与其他专业教育的有机融合发展,必须要根据不同专业来展开针对性的创新创业教育。刘艳等（2014）认为，高校创新创业教育与专业教育的有机融合发展必然要对高校现有的人才培养机制做进一步的优化调整，具体来说，高校人才培养机制应始终以创新创业人才的培养为核心，在此基础上树立新的教育理念，并在高校本科人才培养方案的实施过程中将该理念予以全面贯彻落实，也就是说，高校所设置的专业课程与专业实践教学均应当注重对学生创新创业意识、创新精神及创新创业能力的培养，以促进不同学科的交叉发展，推动理论研究在实践应用中的快速转化，最终构建出创新创业教育与专业教育有机融合发展的人才培养体系和创新创业课程体系。杜辉和朱晓妹（2017）通过调查研究指出，当前最适合我国高校创新创业教育与专业教育实现有机融合发展的模式为“1+4”的模式。唐德淼（2017）指出，为了促进我国高校创新创业教育与专业教育实现快速融合发展，应当对当前的高校课程体系的结构进行优化调整，从而将包括基础教育课程、创新创业实践技能培训课程、学科技术基础课程及选修课等在内的课程全部纳入其中。以学科技术基础课程为例，主要设置职业生涯规划课程、经济管理素养课程等，以选修课为例，应当将目前最新的理论和方法论等都纳入该课程中，确保学生能够通过上述课程的学习，掌握不同专业领域的创新创业基础理论与知识、创新创业能力及企业管理的方法等。赵琳、常振云和张楠（2019）指出，基于创新创业教育与专业教育实现有机融合发展所构建的课程体系，应当在教学内容上使两者实现互相渗透，并针对不同专业领域的特征来向学生传授创新创业知识与技能。高校应当制订明确的人才培养方案，来促进自身创新创业教育与专业教育的融合发展，继而构建出一个统一的、完善的课程体系。在该课程体系当中，创新创业教育主要为专业教育提供人才培养理念，而专业教育则为创新创业教育提供必要的专业知识与技能培训的支持，最终让高校的人才培养目标在两者深度融合发展的基础上实现。

四、关于地方应用型高校创新创业教育的研究

通过在中国知网进行研究文献检索，2015~2019 年，以“应用型高校创新创业教育”为关键词的文献数量共计达到了 419 篇，其中，以“应用型高校创新创业”为主题且质量相对较高的文献的数量只有 85 篇。由此可见，现阶段学术界的学者已经对应用型高校创新创业教育的课题研究给予重视，但是这些研究文献大多还是围绕创业教育问题展开探讨分析的，关于地方应用型高校在创新创业教育方面的研究则少之又少。

王景（2015）指出，地方应用型高校需结合自身的特点，转变教育理念，从指导思想、教育理念、具体措施各层面重新审视和构建适应新形势的创新创业教育体系。林雪治（2015）分析了国外高校在创新创业教育课程体系的课程对象、课程性质、课程模块、课程类型、课程内容等方面的成功做法，为我国地方应用型高校提供了借鉴。翼宏等（2016）实证分析了创新创业教育多元化模式、创新创业课程培养方案、提高学生专业学习能力和提升学生创业就业水平方面所取得的成效，并针对地方应用型本科院校在创新创业教育要素资源上的不足，从建设“用以致学”创新创业教育课程体系，搭建条线协同、产学研用融通的创新创业教育实践平台，加强教师队伍建设，完善创新创业教育教学质量评估评价体系等方面，就推进创新创业教育工作提出了具体措施和建议。龚兵丽等（2016）厘清了当前应用型本科高校创新创业教育发展过程中存在的关键问题，并通过构建创新创业教育管理体系，构建全覆盖、分层次的创新创业培养体系，构建以第二课堂为导向的创新创业教育模式等举措，搭建出独具特色的创新创业教育体系，为应用型本科高校创新创业人才培养提供有效建议。马楠（2017）研究提出，要有效构建面向高校创业教育的协同创新混成组织模式，开展基于协同创新能力测度的多维度

的高校创业教育评价，强化有利于混成组织创新主体共同利益的合作模式和规章制度的建立，强调诸如大学科研评价体系、课程设计体系的变革，实现有效协同，全面推动应用型本科高校的创业教育。储昭辉和刘沛平（2019）在剖析应用型高校创新创业教育存在问题的基础上，构建了“三层次”创新创业教育课程体系，搭建了“四类型”创新创业实践教学平台，确立了“五维度”创新创业教育运行保障模式。陈洪敏等（2018）针对当前地方应用型高校创新创业教育发展存在观念意识不强、体系建设不完善、师资队伍匮乏、资金不足、风险监控能力弱等困境，提出基于“天地人 + 多元评价”四位一体的创新创业教育改革模式。田京京等（2019）研究发现，大学生就业与是否参加创新创业实践存在相关关系，综合分析了影响高校大学生参与创新创业教育的因素，并提出加大创新创业教育经费投入、拓展创新创业教育覆盖面、构建多成分师资队伍、提高教师创新创业教学水平、进行个性化创新创业试点、改变管理模式和建立创新创业教学评价体系等建议。

五、述评

通过上述分析可知，国内外学术界对于创新创业教育研究的重视程度正在不断提升。并且现有的相关研究基本可分为两种类型：第一种是围绕构成创新创业教育的相关要素所展开的相关研究，比如，针对创新创业教育课程要素的研究、组织管理机制的研究及师资力量的研究等。值得一提的是，国内学者在研究中均直接引用了国外现有研究关于上述要素内涵的解释，并没有根据我国国情做进一步的补充与完善处理。第二种是围绕高校创新创业教育在开展过程中的主要状况、存在的不足之处及其解决策略的研究。以国内的相关研究为例，大部分学者都在研究中阐述了我国高校创新创业教育发展的必要性与重要意义，然后针对我国高校创新创业教育发展的主要状况、存在的不足之处及其成因做了全面、客观的总结分析，并在借鉴国外先进经验与成功做法的基础上，提出了适合我国创新创业教育发展的路径与措施，总结起来，主要包括创新创业教育课程体系的优化设置、创新创业教育模式的完善及管理机制的不断健全等。

除此以外，国内的许多学者也都针对高校创新创业教育与专业教育实现有机融合发展的可行性与实现路径、创新创业教育生态系统的构建等问题展开了深入研究。通过梳理相关文献，可以发现现阶段我国创新创业教育研究的主要内容、主要研究方向，继而明确我国在该领域研究所处的水平。这不仅为我国创新创业教育的健康持续发展提供了必要的理论依据，同时也为本书打下了坚实的理论基础。

现阶段，创新创业教育无疑是国内学者争先研究的热点课题之一，然而，由于研究的时间较短，学术界在该领域的研究至今也未能形成相对完善的研究体系，现有的许多文献仅对以往的研究成果做了总结与阐述，并没有实现实质性的突破创新。而且，国内学术界关于创新创业教育的概念与内涵的解释至今也未能形成统一的定论，在许多研究文献当中，学者们也没有针对创新教育、创业教育及创新创业教育三者的相互关系及其作用机制，以及三者的相同与不同之处展开更深层次的研究。学者们也没有从理论层面对现阶段我国高校创业教育向高校创新创业教育实现转变的机理做出解释，这是我国创新创业教育研究者应当予以优先解决的重要问题。

除此以外，国内现有的与创新创业教育有关的文献在研究过程中还出现了以下三个问题：一是这些研究虽然大都围绕我国高校创新创业教育发展的基本问题展开探讨分析，但研究的深度却略显不足，具体表现在两个方面：一方面，这些研究大多停留在理论研究层面，很少通过实地调查来收集必要的研究数据和信息，并且没有根据不同研究对象的特征与实际情况来制定针对性的政策建议，导致其研究结论的可行性与适用性不强。另一方面，大多数研究所使用的研究方法过于单一，尤其是很少使用哲学理论和方法论来针对具体的创新创业教育问题展开深层次的探讨，其研究深度也有所不足。这一点在应用型高校创新创业教育的研究领域体现得最为明显，且高质量研究著作非常缺乏。现有的许多同类研究往往将某一个具体的高校及其专业作为案例，在此基础上展开探讨分析。有少数学者专门围绕应用型高校的创新创业教育的相关问题展开系统研究，但存在研究范围过窄、研究层次不够等问题。现有研究在分析和总结应用型高校创新创业教育在发展过程中存在的不足之处及其原因时，依然没有将导致该问题的深层次原因分析出来，继而使由此形成的政策建议也无法有效解决现存的问题。二是部分相关研究都是从教育学的视角出发展开研究的，开展跨学科研究的学者非常少。具体到研究内容而言，大部分研究都仅仅关注高校自身在创新创业教育发展过程中所出现的问题，很少针对政府、企业等其他创新创业教育参与主体在此过程中所体现出的不足展开全面分析。更鲜有学者从宏观视角出发，针对创新创业教育展开系统研究。全国应用型高校都在以创业为核心，来努力促进自身的转型发展，但是学者们却很少从国家创新生态的视角出发，专门围绕研究型大学创新创业教育发展的相关问题展开全面、深入研究。因此，现阶段有必要在结合全球创新创业教育发展实际和我国基本国情的基础上，从构成要素、发展现状、问题与成因、经验与借鉴及解决对策等各个方面针对我国创新创业教育展开系统研究。三是学者们所使用的研究方法相对比较单一，现有相关研究基本上都是描述性研究和理论研究，缺乏实证研究。以上问题是本书所关注的重点和需要解决的问题。

第二节　关于创新创业人才培养的研究

一、创新创业人才培养模式研究

在创新创业人才培养研究领域，关于创新创业人才培养模式的构建属于最为核心的研究课题。在国内，创新创业人才培养模式主要包括两种类型：一种为特区模式，另一种为普改模式。具体到特区模式，主要看政府是否参与，还可以分成高校自主创办模式和政府扶持创办模式，两者的区别在于政府是否在学校创新创业人才培养班的构建方面提供支持和指引。如果高校自主创办的话，则意味着创新创业人才的培养、创新教育资源的配置及创新创业课程体系的构建等均是由学校根据自身实际情况来决定的。具体到普改模式而言，即高校根据国家确立的统一的教育教学改革方针、要求及措施来构建相应的创新创业人才培养目标，并将其落到实处。本书通过梳理创新人才培养模式有关的文献资料，将其研究的类型归纳如下：

一是围绕不同专业领域所展开的创新人才培养模式的相关研究。比如，孟雪和林艺茹（2012）以中央财经大学会计专业为研究案例，构建了针对该专业领域的创新创业人才培养模式，即从横向目标层面而言，会计专业的创新人才培养模式既要注重对学生专业学术素质和职业素质的培养，同时也加强对学生专业实践能力的培养；从纵向目标层面来说，会计专业的创新人才培养模式应当将不断拓展学生的学习兴趣与提升学生的大学适应能力进行有机结合，将学术研究领域的新理论与创新创业教育实践活动进行有机结合，推动学生职业素养的全面健康发展。最后，通过综合横向与纵向层面的培养目标来逐步构建会计专业领域的创新创业人才培养模式。康重庆等（2010）在研究中以我国清华大学电机工程与应用电子技术系作为研究案例，提出了符合该专业的创新创业人才培养模式，并针对不同类型的人才提出了针对性的培养策略。李俊龙等（2011）主要针对农科专业的创新创业人才培养模式展开了研究，他们指出，一方面，高校自身要结合自身情况创办相应的创新人才培养强化班；另一方面，政府也应为高校创办"基地班"和校外创新创业人才培养平台提供必要的引导和支持，继而由高校根据基地和强化班的发展情况来对其课程体系与教学内容进行不断调整，以实现创新创业人才培养在课堂教学和课外实践活动方面的有机结合发展。

二是围绕产学研一体化为核心的创新创业人才培养模式所展开的相关研究。石火学（2000）对我国现有的多种产学研创新人才培养模式展开了全面、客观分析，并对其类型做出了明确划分，主要包括大学科技园模式、校内产学研结合模式、企业博士后工作站模式等。以大学科技园模式为例，该模式最大的特点就是具有较强的可复制性和适用性。其他模式则都是各个高校根据自身实际情况所创办的创新人才培养模式，虽然其运行机制大体一致，然而具体的培养内容却不尽相同。

三是针对处于不同学习阶段的学生所构建的创新创业人才培养模式的研究。罗洁（2013）、任良玉（2011）、印桂生（2007）及张秀容（2013）等学者一致认为，针对处于不同学习阶段的学生，应当制定符合该阶段学生实际情况的人才培养模式。对本科大学生的培养应当立足学生的专业学习领域及其实际需求来构建灵活的培养模式；对研究生的培养则要综合运用多种不同的教学方法，比如示范教学法、问题教学法等；对博士生的培养则应当采取更加开放性的教学方法，并尽可能地为他们提供参与创新创业教育实践活动的机会。唐德淼（2017）在研究中认为，高校所构建的创新人才培养模式应当着重培养创新创业人才，尤其在"大众创业、万众创新"的时代背景下，结合高等教育、教学方式和学生学习的特点构建创新创业"一体多翼"人才培养模式。

四是对国外创新人才培养模式的介绍。曲婷（2012）、高益民（2012）、刘凡丰和董金华（2012）等学者在研究过程中均对国外发达国家在创新人才培养模式方面所形成的先进经验与成功做法做了总结。以韩国为例，其创新创业人才培养最大的特征就是在政府和企业的支持下构建了专项基金，高校则利用这些资金来创办创新创业人才培训班和培育中心。并且，政府也在积极引导高校、企业及学术研究机构在创新人才培养方面展开积极合作，以确保高校所培养出来的创新创业人才能够符合企业和社会对不同创新创业人才的需求。以日本为例，政府通过颁布实施统一的教育纲要，明确高校、企业及政府等各参与主体在推动创新创业教育和创新创业人才培养方面所应当承担的职责，并积极引导上述参与主体展开协同合作，一起解决日本社会所出现的创新创业教育问题。美国则强调多学科交叉研讨式课程项目和自主实践。姜慧、殷惠光和徐孝昶（2015）也都在各自的研究中针对国外发达国家的高校在构建创新创业人才培养模式过程中所形成的有益经验做了归纳和总结。他们均认为，欧洲、美国和日本等发达国家的创新创业教育研究与实践发展的起步时间要早于我国，这些国家的政府也对本国的创新创业教育给予关注和大力的支持，并且各国都根据自身创新创业教育发展的需求构建了与之相应的创新创业人才培养模式，旨在对大学生的企业家精神展开培养。其内容包括创新创业基本课程的培养与创新创业项目的培养，同时也通过创办高校科技园等方式来对学生展开全面培养。

二、创新创业人才培养途径研究

现有的相关文献在针对创新人才培养的途径展开研究的过程中，所选用的研究角度基本上包括以下六种：第一，从创新创业教育的角度出发，来探讨创新创业人才培养的实现途径。现阶段，尽管学者们并没有围绕创新教育的概念形成统一界定，但这种区别仅仅是表述的不同。大部分学者认为，所谓创新教育，即通过拓展学生的创新思维，来充分激发他们的创新精神与促进其创新能力不断增强的教育过程。实施创新教育必然意味着要将传统的教育理念与制度予以改革和创新，继而构建出符合创新创业人才培养需求的教育模式。第二，从创业教育、创新创业教育的视角，总结出创新人才培养的实现路径与方法。许多学者都指出，创新创业教育是在不断地探索和实践中向前发展的，其旨在为社会培养和输送大量优秀的创新创业人才。翁史烈（2007）在研究中指出，在创新创业人才培养方面，高校与企业的利益是一致的，创业教育与创业实践活动对于创新人才的培养具有非常重要的意义。第三，从政府支持和高校独立探索的角度出发，分别提出创新创业人才培养的实现路径。例如，一部分研究者认为，政府在促进高校创新创业人才培养方面应当发挥积极的引导和支持作用，以促使高校尽快培养出国家所需要的创新创业人才。还有一部分研究者则从高校独立探索发展的角度出发，主张高校应当结合自身的创新创业教育发展需求与特征，来构建与之相应的创新人才培养模式，例如，浙江大学结合自身实际所构建的本科生导师制模式等。第四，从创新人才培养机制的角度，总结提出高校创新人才培养的实现路径。姜慧、殷惠光和徐孝昶（2015）在研究中认为，我国高校在构建创新创业人才培养模式过程中，要确保自身的人才培养理念、课程体系及其评价机制等在符合自身创新创业教育发展的实际情况基础上，尽可能地将自身的个性化特征凸显出来，并为本校创新创业人才培养模式的顺利实施提供必要的保障措施。第五，国内的许多学者还针对我国高校在推动自身创新创业型人才培养工作发展过程中所发现的问题及其原因展开了实证分析，在此基础上，总结出了针对性的解决策略与措施。贾彦峰（2013）等学者以我国安徽省部分高等院校为创新创业人才培养模式调研对象，针对其在当前发展过程中的主要现状、存在的不足之处及成因做了全面、客观的分析，并从培养目标、培养规模、促进创新创业教育与专业教育实现有机融合发展等角度总结提出了相应的解决办法。第六，学者们从学科交叉与融合发展的角度出发，针对高校创新创业人才培养模式的构建展开了研究。比如，李云芳等（2017）将我国华东理工大学商学院作为研究案例，主张同类高校应当以进一步促进不同学科在不同层面上实现有机融合发展为核心，来构建相应的创新创业人才培养模式。

三、创新创业人才培养目标、评价及机制研究

第一，围绕创新人才展开客观评价的相关研究。国内现有的许多研究均围绕人才的评价构建出了影响的评价体系，然而，很少有学者以创新创业人才为评价对象来构建与之相应的评价方法体系。在此类研究中，学者们基本上都是在参考人才的评价方法体系基础上，来对创新人才的评价方法体系进行建构。刘扬和孔繁士（2013）专门围绕高校创新人才的全面、客观评价，总结提出了相应的评价机制。第二，围绕创新创业人才培养目标所展开的相关研究。现阶段，学者们依然未能针对创新人才的概念界定形成统一的观点。通常而言，所谓创新人才，指的是能够摆脱传统思维的束缚，并在实践中大胆展开探索的人才。刘智运（2015）、李宏荣（2013）、易树平（2012）等学者基于我国创新创业人才培养所要实现的总体目标，分别将不同学科、不同专业领域的创新创业人才所要实现的人才培养目标做了进一步的细化和分解。第三，围绕创新创业人才培养机制的构建所展开的相关研究。贾栗（2012）研究指出，在当前我国全面推进产业转型升级发展的大背景下，我国的创新创业人才培养却远远不能满足社会的需求，并分别立足于宏观层面与微观层面总结出了可促进我国科技

创新人才培养机制有效运行的政策和建议。胡光中（2011）指出，创新创业人才培养涉及的要素非常多，其工作量也十分庞大，所以，政府、高校及企业这三大创新创业教育发展的参与主体应当在信息、资源等方面实现共享，并加强彼此之间的交流与合作，以共同推动我国创新创业人才培养的健康有序发展。

四、对已有文献的述评

在国内，大多数学者对创新人才培养研究给予了高度重视，并开始了相关研究。这些研究的主要内容既包括创新创业人才培养模式的特征及其构建方法的研究，也包括创新创业人才培养目标的定位及其发展驱动力的研究，形成的研究结论在理论和实践层面上为我国创新人才培养的发展提供了理论支持，指明了其未来发展的方向与具体措施。对于创新创业人才的研究，国内现有的研究在数量上远远少于创新人才培养的研究。大部分学者是从创新创业教育的视角对我国高校创新创业教育发展所出现的问题做了全面分析，并在此基础上总结出了相应的解决策略与措施，对于推动我国创新创业人才培养的发展具有积极的意义。为社会培养和输送大量优秀的“双创”人才是我国当前创新创业教育所要实现的主要目标，这既是当前我国推动高等教育不断深化改革所要解决的首要问题，同时也是贯彻落实我国创新驱动发展战略的必由之路。所以，上述研究成果为本书研究的开展打下了坚实的理论基础。

从整体上看来，国内学术界关于创新创业人才的研究数量不断增加，其中大部分的研究均比较简单，在研究方法、研究视角及研究深度上还不够深入。第一，创新人才的概念界定与内涵、培养的目标与模式已经初步得以明确，然而关于创新创业人才的概念界定与内涵、培养的目标与模式等至今依然没有形成定论，并且许多学者还经常将其与创新创业教育混为一谈。第二，从研究角度来说，国内现有的关于创新人才的研究、关于创新创业人才培养的研究大部分都是立足课程论视角、学习论视角等展开研究的，少有学者将其视为一个统一整体来展开研究。创新创业人才培养所涉及要素很多，需要完成的工作量更是庞大，因此，必须立足于系统整体的视角来对这一课题的影响因素展开全面深入的探讨和分析，具体包括教育理念的更新、师资队伍的建设、创新创业人才评价方法体系的构建、学校与其他参与主体的协同合作等，以确保上述各项要素能够在实现平衡发展的基础上，推动创新创业人才培养的健康持续发展。高等院校也需要在此过程中根据自身创新创业人才培养的现状与社会需求，来对自身的创新创业人才培养体系进行不断优化和调整。第三，当前我国学术界针对创新人才培养、创新创业人才培养的研究还存在深度不够的问题，很少有学者在结合认识论的基础上针对上述课题展开深层次的研究。尤其是在创新创业人才培养方面，至今也没有提出一个科学合理的模式。

第三节 关于创新创业教育生态系统的研究

在当前全球创新创业教育全面发展和各国政府大力推动创新创业教育发展的背景下，国内外的学者开始了关于创新创业教育及其生态的相关研究。根据在中国知网对创新创业教育生态的检索结果发现，从 2015 年开始，与创业教育生态有关的文献数量在不断增加，在 2015 年之前，此类文献的数量几乎可以忽略不计。其中，截至 2015 年底，以创业教育生态为篇名的各类文献的数量只有 9 篇；2016 年新增的文献数量为 19 篇；2017 年和 2018 年新增文献数量分别达到了 39 篇和 40 篇。截至 2019 年 12 月，与创新创业教育生态系统相关的文章数量有 53 篇，五年时间与创新创业教育生态系统有关的文献数量累计为 160 篇。造成上述现象的原因主要是创业教育生态系统属于一个新兴的概念，因此学者们直到近几年才开始关于这一课题的研究。通过对收集到的国内外相关文献资料进行梳理，本书从以下六个方面进行归纳：

一、关于创新创业教育生态系统内涵的研究

李凌（2010）是最早将创业教育生态系统这一概念引入到学术研究领域的学者，他在研究中指出，创业教育生态系统与其他社会生态系统一样，其内部包含了多个不同的构成要素，比如学校及其所构建的创业教育环境、学校教师、学校的学生、学校所开设的相关课程及创业环境等，并在上述各要素的共同作用下实现了新的创业知识并进行传播及应用于实践。基于上述观点，他对创业教育生态系统的概念做出了界定。此外，他还针对创业教育生态系统内部的课程体系的设置、教学模式的构建、教学资源的配置、课堂满意度的评价等展开了调查研究。创业教育生态系统侧重于对学生的创新意识与创新精神进行激发和培养，并通过教育逐步拓展学生的创业思维，不断增强他们的创业能力。具

体到创业教育生态系统的目标，则主要是构建一个轻松愉悦的校园创业氛围，以让身处其中的学生能够充分吸收学校所创造的各种创业知识与掌握必要的创业技能，继而在步入社会以后，能够快速加入创业队伍。Brush（2014）指出，高等院校是构成整个创业教育生态系统的基石所在，高校所设置的创业课程与开展的创业实践活动则是创业教育生态系统正常运行的关键所在。除此以外，外部的创业文化与各项创业资源要素也会在不同层面上对创业教育生态系统产生制约和影响。刘月秀（2012）指出，创业教育生态系统是创业教育与外部其他生态系统以信息交换、激励保障及辐射带动等方式进行互动基础上所形成的一个有机整体，并且会受到时空因素的限制。董旖旎和徐阳（2013）认为，创业教育生态系统是由多个不同的子系统所共同构成的一个有机整体，这些子系统既有个体，如学生，也有组织，如大学和政府等，并且各个子系统之间均在不同层面上保持一定的良性互动关系。

二、关于创新创业教育生态系统要素的研究

乔臣（2018）指出，在高校创业教育生态系统当中，不仅包括了高校在实施创业教育过程中所使用的多种不同的教育方法，比如导师培训制，也包括社会上存在的多项创业资源，比如创新企业孵化平台、创新企业项目。基于上述观点，他将创业教育生态系统的构成要素分成了四大类，即教育理念、教学方法、教育培训平台和教育环境。另外，他还对创业教育生态系统的层级做出了划分，即除了包括教育理念层级与课程体系层级以外，还包括创业实体层级、师资队伍层级及教育教法层级，基于上述五大层级，创业教育生态系统形成了一个可以实现良性循环运转的闭环结构。陈静（2017）在研究中从宏观层面、中观层面及微观层面出发，将创业教育生态系统内部的各个构成要素做了归类划分。以宏观层面的构成要素为例，包括国家政策要素、社会力量要素及行业企业要素，这些要素在整体上决定了创业教育生态系统的发展方向，并对其他层面的要素起支配作用。具体到中观层面的构成要素，即主要发挥中介作用的创业中心、各类管理机构及社会文化环境等要素，高校所形成的创业教育理念、设置的创业课程及所使用的教学方法等均受上述因素的支配。以微观层面的构成要素为例，其不仅包括推动创业教育发展的个体和组织要素，同时也包括教育资源要素和资金要素，比如高校所设置的创业课程体系、高校所拥有的可支配教育资源与资金、与创业教育相关的各项硬件设施等。林红珍和马嘉敏（2018）

在结合社会学的理论与方法论的基础上展开研究，指出创业教育生态系统属于社会大环境的构成部分，这就意味着社会环境中的政治环境、文化环境及经济环境等均会对创业教育生态系统产生制约影响。她主张在构建创业教育生态系统的过程中，必须要将高等院校、政府及社会这三大参与主体全部纳入系统当中。其中，高等院校是创新创业知识产生和创新创业人才培养的主体；高等院校通过与企业或者是政府展开合作所创办的创业教育实践平台则主要负责进一步分解高校的创新创业知识和对高校的创新创业人才进行实践培养；而企业与其他各种经济组织则扮演着消费者的角色。董晓光和李成龙（2018）则在研究中指出，高等院校在创业教育生态系统中主要扮演生产者的角色，创业教育组织机构主要扮演分解者的角色，新创企业和大学生则主要扮演消费者的角色，各种创业教育实践平台在此过程中主要起到了催化的作用。

学者们大部分都是从以下三个层面出发来针对创新创业教育生态系统展开探讨分析的：① 基于宏观层面展开的研究。此类研究侧重于寻求构建创新创业教育生态系统的方法与类别，比如生态网模式、四位一体模式及机制—路径—模式等，其研究内容主要包括高校创新创业教育的教学模式、创新创业项目的推广方式及创新创业成果的考核机制如何实现协同发展的研究，高校创新创业教育与专业教育如何实现有机融合发展的研究。比如，张鹤（2014）在研究中针对创新创业教育所提出的“前店后教”模式就具有非常强的可行性与普遍的适用性。② 基于调查实证层面所展开的相关研究。此类研究均是通过前期的调查研究来收集研究所必需的数据信息，并以此为据展开实证分析，最后提出相应的政策建议。比如，刘伟（2014）在研究我国高校创新创业教育的过程中，通过实地调查了解了当前我国大学生对高校创新创业教育的理解与认知，掌握了我国高等院校创新创业教育当前发展的主要状况，对大学生在创新创业教育方面的需求特征做了客观分析，并全面、客观地探讨了创新创业环境因素在何种程度上会对大学生的创新创业行为产生制约等。居占杰（2016）以我国在校大学生为研究对象，在借助问卷调查法的前提下，针对我国大学生在当前高校创新创业教育背景下的创新能力培养的现状、存在的主要问题及其成因展开了深入剖析，继而总结提出了针对性的解决方案。上述同类研究均侧重于量化分析，而并未从质性研究的角度出发，来对创新创业教育生态系统所具有的结构与功能特征展开深层次的阐述，并且也未进一步阐述创新创业教育生态在促进社会经济发展方面具有的独特价值。③ 微观思辨、数据分析、跨学科分析方法层面。针对创新创业教育所展开的实证研究能够进一步明确特定区域的大学生在参与地区创新创业过程中所暴露出来的不足之处，以及他们对这些不足进行处理的主要状况。通过对这些问题进行深层次的思考，我国通常都会迫切地想要进一步加深对创新创业教育的理解与认知，以解答自身存在的各种疑问，包括创新创业教育的本质特征是什么、是否有实施的必要性与可信性、存在与可持续发展的基础所在是什么、教育的对象是谁、所依托的哲学理论与方法论是什么等。王占仁（2012，2016）通过研究指出，创新创业教育在当前是有着全面实施的必要性的，并明确指出了其并不是一种万能的教育模式。此外，他还进一步分析指出，推行创新创业教育的思想与理念，并不意味就要抛弃以往传统的因材施教理念，两者不属于矛盾关系。郑石明（2016）基于当前以大数据技术为代表的科学技术快速发展的研究背景，针对我国创新创业教育所暴露出来的一系列问题及其成因做了全面、深入剖析，然后从需求满足层面、框架构建层面、内容设置层面及流程构建层面出发，分析总结了大数据技术的快速发展给我国创新创业教育发展所造成的颠覆性影响。吕晨飞（2016）在研究中指出，我国创新创业教育生态系统的构建应当实现系统内部各要素之间的良性互动，以及内部系统与外部其他生态系统的信息、资源等的共享，以在彼此协同合作基础上促进我国创新创业教育形成良性运转的闭环系统。

三、关于创新创业教育生态系统案例的研究

Bha 和 Khan（2014）将印度部分地区的高校创业教育生态系统作为研究对象，通过问卷调查法进行信息资料的收集与分析，并对其创业教育生态系统的质量展开了全面、客观评价。Larso（2012）在研究中结合实际案例，将创业教育生态系统的构成要素分成了六大类，即市场要素、文化要素、资本要素、政策要素、支持要素及财务要素。他主张，创业教育生态系统应当围绕高校所构建的创业课程体系来进行有序运行，并指出创业教育生态系统应当将培养具有创新意识和掌握相应科技知识的企业家作为自身创业人才的主要目标。还有一些以美国百森商学院所构建的创新创业课程体系为例的研究，研究表明其主要是通过具有前瞻性的设计思维、使用具有探究性的教学手段、充分发挥自身师资力量雄厚的优势等对自身创新创业课程进行合理设置的；以美国斯坦福大学所构建的产学研一体化教育模式为例，其主要是通过加强学校自身与社会科研机构、企业之间的协同合作，以促使新知识形成一个集生产、学习及研发应用

于一体的创新创业生态系统。

刘林青等（2009）在借鉴国外学者 Dunn（2005）的研究成果前提下，对MIT 创业教育生态系统所具有的独特之处做了总结分析，这些独特之处不仅体现在其对创业者展开实践教育的高度重视方面，同时也体现在大学生自发构建的以开展各种创业活动为主要目的社团组织方面。何郁冰和丁佳敏（2015）以欧美等发达国家所构建的创业教育生态系统为案例，对其中所形成的先进经验与成功的做法做了总结分析，在此基础上，结合我国国情提出了高校创业教育生态系统构建的框架体系。马永斌和柏喆（2016）以我国清华大学的创业教育生态系统为研究案例，主张国内同类高等院校在构建创新创业教育生态系统及其课程体系的过程中，要在多个不同层面上促进创新创业教育与专业教育实现有机融合发展。

四、关于创新创业教育生态系统的构建研究

黄兆信（2017）在研究中指出，在构建创业教育生态系统的过程中，首先要做的就是促进“创业性”与“教育性”实现有机结合发展；另外，所构建的生态系统既要面向外部生态环境开放，同时也要确保内部各要素之间的协同合作与良性运转。创业教育生态系统需要根据自身构成要素的不断丰富与外部环境的变化来对自身的内部结构与功能、边界进行合理调整，再构建出一个可以实现良性闭环运转与不断完善发展的高校创业教育生态系统，即通过新知识的生产和应用，来创造出更多的社会与经济价值，然后将其中的部分价值进一步转化为新知识生产的动力，继而实现良性循环。徐小洲和倪好（2018）在研究中认为，我国应当从高等创业教育改革的全局出发，分别在横向层面与纵向层面促进创业教育生态系统各个参与主体之间的协同合作，不断更新自身的创新创业教育理念，摆脱传统教育机制的束缚，逐步构建区域内部所有创业资源要素实现共享与合理配置的创业生态链。另外，我国的创业教育生态系统既要加强与全球创业教育生态系统的互动，同时也要与其保持正当的竞争关系。陈少雄（2014）在我国广东省境内筛选了部分高等院校作为分析对象，针对其创业教育生态系统展开了调查研究。他指出，高校创业教育生态系统既要保持内部各要素之间的协同合作与结构的完整性，同时也要加强自身与外部其他生态环境的互动。杨晓慧（2018）立足全球创业教育生态系统，根据驱动主体的不同，将当前国际主流的高校创业教育生态系统的驱动模式做出了划分，即专门机构

驱动模式、全校系统驱动模式和专业学院驱动模式。另外，他还全面剖析了我国创业教育生态系统当前的不足之处，并总结出了有针对性的解决方法。中国高校创新创业教育生态系统必须紧密结合我国创业教育发展的实际情况来进行合理构建，确保其内部各构成要素结构的稳定性和在运行过程中的平衡性，以及加强系统内部与外部其他生态系统的互动关系。

五、关于创新创业教育生态系统影响因素的研究

现阶段，虽然少有学者围绕影响创新创业教育生态系统的主要因素展开专项研究，但在与创新创业教育生态系统有关的其他研究当中，部分学者或多或少地都对这些影响因素做了简单的分析与总结。黄兆信（2017）在研究中指出，环境因素对于创新创业教育生态系统的影响是非常大的，比如，在微观层面，当高校可以为大学生营造出良好的校内创业环境时，将非常有利于激发学生的创新创业意识。郑刚等（2014）以美国斯坦福大学创业教育生态系统为研究案例，针对环境因素与创业教育生态系统之间的相互关系及其作用机制展开了研究，结果显示，由于斯坦福大学始终坚持校园创意文化建设，并通过积极举办多种创业活动来吸引企业入驻校园，以激发学生参与创业教育实践活动的热情，这不仅使许多企业纷纷与斯坦福大学在创新创业人才培养方面建立了合作关系，同时也让该大学的学生在成立新创企业以后能快速地从这些合作企业中获取创业需要的投资资金和资源，最终促进高校创新创业教育生态环境实现了良性运转。黄兆信和李炎炎（2018）指出，可对创业教育生态系统产生制约影响的因素是多方面的，其中最为关键的影响因素主要包括宏观层面的创业政策、高校与企业的协同合作、创业环境及其他相关支持体系等。刘海滨（2018）在研究中从高校的角度出发，将可对我国高校创业教育生态系统产生制约影响的因素分成了七大类，即高校管理层所拥有的教育愿景及其推动力、高校在创业资源方面的投入力度、高校创业课程体系、高校组织架构及高校师资力量等。鲍春生等（2018）指出，拥有创业资源支配权的各个主体均会对创业教育生态系统产生制约影响，其中，掌握资源最多的政府与企业的影响尤为关键。杨晓慧（2018）通过研究指出，可对创业教育生态系统的建设与运行产生制约影响的主要因素包括高层领导所拥有的教育愿景及其推动力、高校的行政管理能力与教师自身的组织领导能力、在任何情况下都坚持履行自身承诺的决心、政府在资金方面不断加大对高校创业教育的投入、高校创业教育课程体系与创业教

育培训项目的不断优化、合理的组织架构、创业教育实践活动的有序扩张等。李炎炎（2016）指出，高校创业教育生态系统要想长期保持有序运转，一方面要确保高校创新知识的生产与创新创业人才的培养能够始终满足企业和市场不断变化的消费需求；另一方面也要确保这些新知识与成果能够被上述消费主体应用到其实践生产当中。而政府则在此过程中主要为高校和企业的协同合作提供政策支持和资金支持。

六、述评

“生态系统”（Ecosystem）的概念最早形成于19世纪30年代，其提出者为英国学者斯坦利。经历了长达一百多年的发展以后，如今，生态学作为一个专门的学科领域，成为学者们争先研究的重要领域，生态学的理论与方法论进一步拓展了人们在观察和认识世间万物时的视野与思维。具体到创业教育研究领域而言，国外的许多学者也都应用生态学的理论和方法论来对其展开探讨分析。

国内现有的大部分关于创业教育生态系统的研究与关于创新创业教育生态系统的研究均是在过去几年内形成的。当前，学者们对上述课题的研究重视程度正在与日俱增。至今学术界也没有针对创新创业教育生态的概念界定与内涵形成统一的定论，部分研究者在研究中将创新创业教育生态与创新创业生态混为一谈。还有部分研究者虽然借助生态学的理论与方法论对创业教育生态系统的概念与内涵做出了阐述，却未能进一步深入阐述创新创业教育生态系统的内部结构与功能定位。由于我国教育生态学的起步发展时间远远晚于西方发达国家，因此，我国在该领域的整体研究水平相对偏低，至今也未能形成相对科学合理的理论研究体系。所以，这也使大部分研究者在针对创新创业教育生态系统展开研究的过程中，往往只是借鉴生态学的理论和方法论对我国创新创业教育发展的历程、现状及存在的不足等问题做了总结，很少从更深的层次及立足系统整体出发，提出一个符合我国国情的创新创业教育生态系统的构建方案。从研究方法来看，文献综述法与比较研究法是学者们使用最多的两种研究方法，很少有针对创新创业教育生态系统展开实证研究的学者，而缺乏事实依据则使现有相关研究所总结出来的生态环境构建策略的适用性普遍较低，可行性相对偏低。我国创新创业教育生态系统的研究既要积极借鉴西方发达国家所形成的先进经验与成功做法，同时也要根据我国创新创业教育发展的实际情况与社会经济发展需求探索寻求一条具有典型中国特色的发展之路。

综合上述，创新创业教育生态系统属于新兴的一个重要研究领域，目前与之相关的文献比较少。我国高校尤其是地方应用型高校对于创新创业生态的概念界定与内涵、结构与功能定位等一系列问题依然没有形成统一的定论，可见，上述课题具有非常大的可研究价值与可供持续开发的研究空间。致力于该研究领域的学者在今后展开研究的过程中，应当立足多个不同的视角，在精准把握整体与局部之间的关系基础上，针对我国创新创业教育生态应该有的特征展开探讨分析，总结提出符合我国国情的地方应用型高校创新创业教育生态环境的构建方案。

第三章

地方应用型高校的战略定位

第一节　地方应用型高校的内涵

应用型高校属于我国高等学校的范畴，通常也叫作应用型大学或者应用技术大学。现阶段应用型高校的概念界定方式主要分为两种：第一种是依据不同高校类型的划分标准来进行界定；第二种是对其概念做出直观性的解释。

以第一种定义方法为例，国内学者潘懋元和陈厚丰是使用该定义方法的代表。潘懋元（2005）在研究中按照各个高校所培养出来的人才类型的不同，对我国高等院校的类型做出了分类：第一类属于综合性研究型大学，主要教授的学科除了基础学科（专业）以外，还包括应用学科，既注重对高深学问和创新知识的研发，同时也积极为社会各界培养与输送高质量的创新型研究人才；第二类属于专业应用型的多学科大学或学院，或者是专业应用型的单学科大学或学院，主要教授的学科为应用型学科，涉及社会上各个行业发展的相关知识与技能，既注重对专门知识的学习，同时也在为社会各行业发展培养和输送应用型的高级专门人才，并且承担着将各项先进的科学技术与科研成果转化为生产力的职责；第三类属于职业技能型高等院校（高职高专），主要教授职业技术专业，涉及社会各个行业发展所需要的适用性的知识与技能，旨在为企业的生产岗位、管理岗位及服务岗位培养和输送一线技术型人才。陈厚丰（2004）依据我国高等院校所承担和履行的职能的不同及其产出在高校总产出中所占的百分比，从纵向层面对我国高等学校的类型做出了划分，即教学研究型高校、教学型高校、研究型高校和应用型高校。以教学研究型高校为例，其所承担和履行的职能有两个：其一为人才培养职能，其二为开展科学研究的职能。其所培养的人才类型以高级专门人才为主，同时也负责培养规模较小的高质量创新人才，可授予的学位既包括学士学位，也包括博士学位。具体到教学型高校而言，其所承担的职能除了人才培养职能以外，还包括教育教学研究职能。其所培养的人才类型属于高级专门人才，可授予的学位既包括学士学位，还包括少量的专业硕士学位。以研究型高校为例，其所承担和履行的职能主要包括人才培养职能、开展科学研究的职能及社会服务职能，在人才培养方面，旨在为社会培养和输送高质量的创新人才，可授予的学位既包括硕士学位，也包括博士学位。以应用型高校为例，其所承担的职能以人才培养为主，所培养的人才类型则以应用型人才和技能型人才为主，可授予的学位有三类，即除了包括专科文凭与职业资格证书以外，还包括部分本科文凭。

就第二种定义方法来说，当前主流的观点包括以下几个方面：①2013 年中国教育科学研究院课题组在《欧洲应用技术大学国别研究报告》中，对应用型大学的概念做出了如下界定：一种与普通大学并行、以专业教育为主导和面向工作生活的教育类型。应用型大学属于我国教育体系不可或缺的构成要素，其所承担与履行的职能主要包括人才培养职能、科学研究与技术创新职能、为区域就业和经济发展提供服务的职能、引导学生养成良好学习习惯的职能等。②2013 年中国应用技术大学（学院）联盟和地方高校转型发展研究中心联合发布的《地方本科院校转型发展实践与政策研究报告》指出，应用型高校是为了满足我国实体经济发展对于创新知识与人才的需求而产生的，为国家技术与技能的创新发展与积累提供服务，与区域产业发展实现有机融合，并集职业技术教育培养、高等教育培养及继续教育培养等多项功能于一体的新型大学类型。③ 刘海峰和顾永安（2014）对应用型高校所下的定义为：科技研发创新具有典型应用特征，旨在为区域经济及其各行业的发展提供服务，并在人才培养方面，通过加强学校自身与企业之间的协同合作及构建产学研一体化的模式来为社会培养和输送优秀人才的一类高校。④ 刘彦军（2014）在研究中指出，应用型大学是基于我国在新时期社会经济发展背景下所具有的知识与人才需求的有效满足，且与其他普通本科高校具有同等价值并实现并行发展的，旨在推动科学知识和技术研发成果尽快转化为社会生产力的一类人才培养的高等学校，其所培养的人才类型以高层次技术型人才和技能型人才为主。

通过上述分析，不难得知，我国应用型高校普遍具备的特征包括：明确了以应用型人才培养为主的办学定位；旨在推动科学知识与技术研发成果尽快转化为社会生产力；在促进学生就业与创业方面、推动区域社会经济快速健康发展方面提供理论支持和人才支撑。也就是说，应用型大学主要通过实施应用型的教育来实现自身应用型人才培养的目标。

所以，本书将应用型高校的概念界定如下：以培养和输送拥有本科及以上学历的应用型人才为办学定位，以推动各种创新知识与技术研发成果尽快转化为社会生产力为核心展开应用研究，旨在为区域经济社会发展提供理论指导和人才支持，推行应用型教育的高等院校。

本书将地方应用型高校定义为明确向应用型高校转型发展的地方普通高校，包括中国应用技术大学（学院）联盟单位。各省确定转型试点高校包括学校整体转型的试点高校和部分二级学院（系）、专业（群转型的试点高校），以及没有成为联盟单位和政府转型试点的自主向应用型高校转型的地方普通本科院校。应用型高校的名单见表 3-1 和表 3-2。

表 3-1 中国应用技术大学（学院）联盟会员单位（178 所）

应用技术大学（学院）联盟会员单位名单			
A~G			
安徽科技学院	安徽新华学院	北京城市学院	长春工程学院
长江师范学院	福建江夏学院	德州学院	常熟理工学院
贵州工程应用技术大学	福建工程学院	大庆师范学院	常州工学院
桂林航天工业学院	东莞理工学院	重庆大学城市科技学院	常州科教城
广西科技大学鹿山学院	滇西应用技术大学	重庆人文科技学院	重庆第二师范学院
广东白云学院	重庆三峡学院	重庆邮电大学移通学院	重庆科技学院
百色学院	保定学院	北华航天工业学院	北京吉利学院
北京邮电大学世纪学院	滨州学院	常州工学院	大连东软信息学院
大庆师范学院	德州学院	桂林电子科技大学信息科技学院	福建师范大学协和学院
广州工商学院	广东技术师范大学天河学院	广东石油化工学院	贵州工程应用技术学院
H~N			
黄淮学院	哈尔滨华德学院	哈尔滨石油学院	韩山师范学院
河北科技大学	河北联合大学轻工学院	河西学院	贺州学院

续表

应用技术大学（学院）联盟会员单位名单			
黑龙江东方学院	黑龙江工程学院	黑龙江工业学院	黑龙江外国语学院
湖南文理学院	吉林工程技术师范学院	黄河科技学院	金陵科技学院
荆楚理工学院	闽南理工学院	南宁学院	宁波大红鹰学院
宁夏大学（中卫校区）	哈尔滨剑桥学院	哈尔滨远东理工学院	海南热带海洋学院
邯郸学院	宁波工程学院	河北传媒学院	南阳理工学院
河北民族师范学院	河南工程学院	河南师范大学新联学院	南通理工学院
南京理工大学泰州科技学院	黑龙江工业学院	黑龙江科技大学	衡阳师范学院
红河学院	呼伦贝尔学院	湖北大学知行学院	黑龙江外国语学院
湖北理工学院	湖北师范大学	湖北医药学院	湖南文理学院
湖南信息学院	黄冈师范学院	吉林工商学院	吉林工程技术师范学院
荆楚理工学院	兰州城市学院	兰州交通大学博文学院	辽东学院
南昌理工学院	六盘水师范学院	洛阳理工学院	吕梁学院
闽南理工学院			
O~T			
平顶山学院	莆田学院	普洱学院	黔南民族师范学院
曲靖师范学院	三明学院	三亚学院	厦门华厦学院
厦门理工学院	山东财经大学东方学院	山西大同大学	陕西国际商贸学院
商丘师范学院	上海建桥学院	上海商学院	青岛滨海学院
沈阳工学院	四川传媒学院	四川工商学院	苏州大学应用技术学院
三江学院	山东交通学院	山东英才学院	上海第二工业大学
上海电机学院	上海福建学院	上海彬达学院	四川师范大学成都学院
天水师范学院	天津中德职业技术学院	天津职业技术师范大学	钦州学院
太原工业学院	铜仁学院		
U~Z			
潍坊科技学院	文山学院	无锡太湖学院	梧州学院
武汉东湖学院	武汉华夏理工学院	武汉商学院	厦门理工学院

续表

应用技术大学（学院）联盟会员单位名单			
武夷学院	西安翻译学院	西安交通工程学院	西安科技大学高新学院
西安欧亚学院	西安思源学院	西安外事学院	西京学院
湘南学院	新乡学院	新乡医学院三全学院	新余学院
信阳农林学院	许昌学院	信阳学院	烟台大学文经学院
宜宾学院	银川能源学院	营口理工学院	榆林学院
玉林师范学院	云南师范大学商学院	枣庄学院	长春工程学院
长江师范学院	长沙学院	昭通学院	浙江工业大学之江学院
郑州商学院	郑州科技学院	郑州升达经贸管理学院	中国矿业大学银川学院
云南工商学院	重庆第二师范学院	重庆工程学院	周口师范学院
遵义师范学院	武汉生物工程学院	信阳师范学院华锐学院	浙江科技学院
周口师范学院	郑州升达经贸管理学院	遵义师范学院	

资料来源：应用技术大学（学院）联盟官网，http：//cms2.huanghuai.edu.cn/s.php/cauas/item-view-id-26501.html。

表 3-2　部分省份转型试点高校名单一览（181 所）

各省地方本科转型应用型试点高校名单		
序号	转型高校名单	备注
浙江（41 所）		
1	浙江师范大学	
2	浙江中医药大学	
3	浙江海洋学院	
4	浙江科技学院	
5	浙江传媒学院	
6	嘉兴学院	
7	浙江万里学院	
8	浙江树人学院	
9	温州大学	
10	衢州学院	

续表

各省地方本科转型应用型试点高校名单

11	绍兴文理学院	
12	湖州师范学院	
13	台州学院	
14	丽水学院	
15	宁波工程学院	
16	浙江警察学院	
17	浙江越秀外国语学院	
18	宁波大红鹰学院	
19	浙江水利水电学院	
20	浙江大学城市学院	
21	浙江大学宁波理工学院	
22	浙江工业大学之江学院	
23	浙江师范大学行知学院	
24	宁波大学科学技术学院	
25	浙江理工大学科技与艺术学院	
26	杭州电子科技大学信息工程学院	
27	浙江工商大学杭州商学院	
28	中国计量学院现代科技学院	
29	浙江中医药大学滨江学院	
30	浙江海洋学院东海科学技术学院	
31	浙江农林大学暨阳学院	
32	温州医科大学仁济学院	
33	浙江财经大学东方学院	
34	嘉兴学院南湖学院	
35	杭州师范大学钱江学院	
36	温州大学瓯江学院	
37	温州大学城市学院	
38	绍兴文理学院元培学院	
39	湖州师范学院求真学院	
40	同济大学浙江学院	

续表

各省地方本科转型应用型试点高校名单		
41	上海财经大学浙江学院	
广西（19 所）		
1	玉林师范学院	
2	河池学院	
3	广西财经学院	
4	百色学院	
5	贺州学院	
6	钦州学院	
7	梧州学院	
8	广西民族师范学院	
9	桂林航天工业学院	
10	广西外国语学院	
11	南宁学院	
12	广西大学行健文理学院	
13	广西师范大学漓江学院	
14	广西民族大学相思湖学院	
15	桂林电子科技大学信息科技学院	
16	桂林理工大学博文管理学院	
17	广西中医药大学赛恩斯新医药学院	
18	广西科技大学鹿山学院	
19	广西师范学院师园学院	
湖北（18 所）		
1	武汉商学院	
2	湖北医药学院	
3	湖北师范学院	
4	黄冈师范学院	
5	湖北理工学院	
6	荆楚理工学院	
7	武汉东湖学院	
8	武汉生物工程学院	

续表

各省地方本科转型应用型试点高校名单

9	武汉工程科技学院	
10	华中师范大学武汉传媒学院	
11	湖北大学知行学院	
12	湖北科技学院	
13	湖北汽车工业学院	
14	武汉工商学院	
15	文华学院	
16	华中科技大学武昌分校	
17	华中农业大学楚天学院	
18	武汉理工大学华夏学院	
河南（15所）		
1	黄淮学院	
2	洛阳理工学院	
3	许昌学院	
4	黄河科技学院	
5	安阳工学院	
6	河南工程学院	
7	南阳理工学院	
8	南阳师范学院	
9	周口师范学院	
10	商丘师范学院	
11	平顶山学院	
12	河南牧业经济学院	
13	安阳师范学院	专业集群
14	郑州轻工业学院	专业集群
15	信阳师范学院	专业集群
江西（10所）		
1	景德镇陶瓷学院	
2	南昌航空大学	
3	新余学院	

续表

各省地方本科转型应用型试点高校名单		
4	宜春学院	
5	萍乡学院	
6	江西服装学院	
7	南昌工学院	
8	江西应用科技学院	
9	华东交通大学理工学院	
10	江西中医药大学科技学院	
河北（10 所）		
1	北华航天工业学院	
2	河北科技师范学院	
3	石家庄学院	
4	保定学院	
5	河北民族师范学院	
6	河北大学工商学院	
7	河北科技大学理工学院	
8	河北传媒学院	
9	燕京理工学院	
10	河北外国语学院	
吉林（9 所 +24 所）		
1	吉林工程技术师范学院	
2	长春光华学院	
3	吉林工商学院	
4	吉林农业科技学院	
5	吉林动画学院	
6	吉林建筑大学城建学院	
7	长春建筑学院	
8	长春科技学院	
9	白城师范学院	
10	吉林建筑大学	二级学院
11	吉林医药学院	二级学院

续表

各省地方本科转型应用型试点高校名单		
12	吉林体育学院	二级学院
13	吉林建筑大学	二级学院
14	北华大学	专业集群
15	吉林师范大学	专业集群
16	吉林医药学院	专业集群
17	长春大学	专业集群
18	长春工程学院	专业集群
19	长春工程学院	专业集群
20	吉林化工学院	专业集群
21	吉林艺术学院	专业集群
22	长春大学旅游学院	专业集群
23	吉林华侨外国语学院	专业集群
24	通化师范学院	专业集群
25	吉林农业大学	专业集群
26	长春师范大学	专业集群
27	东北师范大学人文学院	专业集群
28	长春中医药大学	专业集群
29	长春工程学院	专业集群
30	长春师范大学	专业集群
31	北华大学	专业集群
32	吉林师范大学博达学院	专业集群
33	吉林师范大学	专业集群
甘肃（8所）		
1	天水师范学院	
2	兰州城市学院	
3	河西学院	
4	陇东学院	
5	兰州工业学院	
6	兰州文理学院	
7	兰州交通大学博文学院	

续表

各省地方本科转型应用型试点高校名单		
8	兰州理工大学技术工程学院	
重庆（6 所）		
1	重庆科技学院	
2	重庆第二师范学院	
3	重庆三峡学院	
4	重庆人文科技学院	
5	重庆大学城市科技学院	
6	重庆邮电大学移通学院	
四川（3 所）		
1	西昌学院	
2	四川传媒学院	
3	西南交通大学希望学院	
湖南（2 所）		
1	湖南学院	
2	湖南文理学院	
上海（16 所）		
1	上海第二工业大学	机械工程
		自动化
2	上海电机学院	机械电子工程
		自动化
3	上海理工大学	假肢矫形工程
		包装工程
4	上海中医药大学	护理学
		康复治疗学
5	上海立信会计学院	会计学
		金融学
6	上海商学院	工商管理（零售管理）
		酒店管理
7	上海师范大学天华学院	学期教育
		汽车服务工程

续表

各省地方本科转型应用型试点高校名单

8	上海应用技术学院	化学工程与工艺
		电气工程及其自动化
9	上海视觉艺术学院	工艺美术
		动画
10	上海体育学院	运动康复
		运动训练
11	上海电力学院	电气工程及其自动化
12	上海工程技术大学	交通运输（航空器械维修）
13	上海建桥学院	汽车服务工程
14	上海金融学院	市场营销
15	上海杉达学院	护理学
16	上海师范大学	旅游管理

资料来源：各省区教育厅、直辖市教委官网。

第二节　地方应用型高校的特征

地方应用型本科教育既不属于学术型专业教育的范畴，也不能将其与职业教育画等号，原因是地方应用型本科教育主要是依据学科与行业的不同来对专业进行设置，其所培养的人才类型属于应用型的高级专门人才，就业方向以各行各业的一线专业技术岗位为主，实施专业课程教育是其人才培养的根本属性，应用型人才的培养是其人才培养的主要目的，层次上以教学型为主流，基于实践层面展开教学是其教学模式的主要特征。虽然地方应用型本科教育与普通大学教育属于同样的类型，却在本质上存在显著差异，即地方应用型本科教育是建立在普通教育基础上本科层次的应用型专业性教育，此类教育的特征可以通过实践性、行业性、针对性及专门性等来进行概括。具体表现为：

一、地方应用型高校以行业为主导

所谓行业指向性，即地方应用型本科高校是在结合各个行业发展需求基础上提供对应服务的，这也是应用型高校的办学特色。在我国，绝大部分地方应用型本科高校均呈现出了行业办学的特色。一些高校因本身就是“土生土长”的地方高校，自然由对应的行业进行管理；还有一些高校则是因我国所推行的高校隶属体制改革而导致其原来受中央部委直接管理的隶属关系发生变化，最后隶属于当地政府管理，这些高校的地方适应能力也得以大幅增强。地方应用型本科高校的行业指向性特征被不断弱化，继而让其所制定的人才培养的目标在失去了行业的纵向支撑与区位的横向服务以后，无法有效实现。地方应用型本科高校在人才培养过程中，无法将其所展开的本科教育与专业进行有机融合，偏离了自身专业应用型人才的培养目标，并向传统的以学科培养为主的本科教育的方向不断靠拢。所以，应用型本科高校既要为地方发展服务，更要为各行各业的发展提供服务。其应当在立足区位行业发展的同时，对自身的专业展开合理设置，以确保其人才培养能够满足行业发展需求，科技创新与研发始终与行业的功能定位保持一致，通过行业市场需求来促进自身人才培养体系与教育发展模式的不断完善，促进产业发展、科技发展及社会文化发展在本地区实现协调同步，通过不断丰富自身的办学特色，为地方社会经济发展提供必要的支撑与动力，在结合地区实际情况的基础上，促进应用型本科教育发展与区位经济社会发展实现协调同步。由于地方应用型本科高等院校所处地区的经济发展水平、地理区位、行业结构及文化等均具有自身鲜明的区域特色，所以，各个高校就需要从实际出发对自身的办学目标体系进行合理调整，通过设立科学合理的评价指标来全面、客观地对自身的办学能力进行评价。

地方应用型高校旨在为地方社会经济发展和区域行业发展培养和输送人才。因此，对于地方应用型高校而言，就必须时刻紧跟地方产业结构优化调整与经济转型升级发展的步伐，以明确地方、行业在此过程中对知识和人才的需求及其变化趋势，并以此来对自身的应用型专业教育的方向进行调整，确保其能与地方、行业的发展方向保持一致。同时，在地方明确并推动某一优势行业、支柱产业发展的过程中，高校还应积极地发挥应有的理论指引作用，最终促进高等教育的发展步伐与地方社会经济发展步伐实现协调一致。

二、地方应用型高校以专业为主线

地方应用型高校的本质是建立在普通教育基础上本科层次的专业性应用型教育。具体到职业型专业教育而言，其是针对从事某一职业岗位所必须要具备的专业知识与职业技能所展开人才培养的职业技术教育。职业的特性及其发展的方向决定了其专业的设置，目的是让学生逐步掌握与所从事的职业岗位相适应的职业能力，属于针对职业岗位的定向教育，也属于具有较强针对性的就业教育。职业型专业教育所培养的人才类型以技术性人才和技能型人才为主，技能型人才往往会在一线工作岗位就业，而技术性人才则往往会从事技术相关工作。学科型专业教育主要是为了满足某一科学研究领域或者是工程研究领域的需求而开展的高等教育，学术型教育的特征尤为显著，学科的属性及其研究的方向基本上决定了其专业的设置，旨在让学生逐步掌握必要的学术研究能力，以便更好地适应未来的基础研究工作。其向学生传授的理论知识除了具有渊博特征与非职业性特征以外，还包括普适性特征与基础性特征。其所培养的人才类型属于典型学术研究型人才，主要从事将科学知识和科研成果转化为社会生产力的研究工作。以应用型专业教育为例，行业的特征及其发展方向决定了其专业的设置，在根据不同行业企业的人才需求基础上针对学生的专业能力展开培养，其所具有的基本特征除了包括行业性与针对性以外，还包括实践性与专门性，所培养的人才类型以专业的应用型人才为主，他们所从事的工作主要是专业理论知识与实践应用相结合的工作岗位。

地方应用型高校的专业教育是基于学科背景和通识教育的专业性教育，其内涵与结构不仅拥有十分牢固的学科基础，同时专业应用性也很强；既有突出行业背景的应用作为实践平台，又有一定学科背景的专业或应用特征的主干学科和相关学科作为支撑。地方应用型高校的专业教育所培养的人才属于高级专门人才的类型，不仅拥有积极的创新精神与创业意识，同时也拥有较强的实践能力（《高等教育法》第 5 条）。所以，应用型高校在开展专业教育的过程中，一方面，必须要不断对其专业机构进行调整，将自身基础学科专业教育朝着应用型的方向展开有计划、有步骤的改革，围绕那些产业技术含量相对较高的通用性专业加强整合和专业群建设，通过重点发展交叉性的专业来进一步加大创新型、复合型专业人才的培养力度，通过大力发展应用型专业为地方经济发展与行业的转型升级发展培养高质量的应用型人才，并在理论层面上为其提供指引和帮助，以促进区域优势产业与高校特色专业的同步协调发展。另一方面，应用型高校应当在严格遵循国家教育部所规定的专业教育发展的总体要求基础上实施专业教育，并逐步制订可以反映其个性化办学特色的人才培养方案，推动我国专业性应用型人才培养模式的逐步完善。

三、地方应用型高校以本科为主体

现阶段，我国的大部分地方本科高校都被纳入应用型本科高校的范畴，但对于地方本科高校的归属问题一直存在争议，争议的焦点在于：其一，无论将本科教育划分到学术型教育的范畴，还是将其划分到应用型教育的范畴，都显得非常不合适。构成我国高等教育体系的主要教育类型共有三个，即侧重于技术型人才培养的技术教育、侧重于科学型人才培养的科学教育及侧重于工程型人才培养的工程教育。其二，高校的教育类型与其所培养出来的人才类型并非总是保持一致的，以高校教育类型为例，其旨在培养拥有本科学历的应用型人才。然而这并不意味着高校教育类型就不能够培养其他类型的人才，同时其他类型的教育也可以将应用型人才作为人才培养目标。基于以上观点，无论是将地方本科高校定位于工程型本科，还是将其定位于技术型本科，都难免会使地方本科高校的外延过于狭隘，由于我国地方高校的教育类型已经呈现出了多元化的发展特征，所以，处于不同地区的地方本科院校并非总是适用于同一类教育定位，由此使学术型教育与应用型教育原本所具有的独特的内在属性与价值指向也逐步变得模糊化。基于此，本书认为，地方本科高校应定位于应用型本科，不仅可以将其与学术型本科做出明确区分，继而实现错位发展，也能够让地方本科高校原本所具有的应用型的内在属性和价值指向得以再次凸显。虽然已经很难通过某一项或多项标准来对不同类型的人才做出明确区分，加上当前社会对于复合型人才需求的不断增长，因此，各高等院校均实施了多元化的教育类型，以培养出更多复合型的人才，但是这种类型的重叠交叉本质上不颠覆不同类型的人才的主导地位与核心价值属性。

综上所述，将地方本科高校划分到应用型专业教育的范畴是最为适宜的。原因在于：第一，高等教育的基本属性可以用“专业性”这一词汇来进行高度概括，学科性的专业教育与应用型的专业教育都是符合高等教育的专业性这一基本要求的。两者的差异主要体现在职能属性与人才培养方面，以学科性的专业教育为例，其是在根据当前社会发展所具有的多样化人才需求基础上展开具有较高学历水平的研究型人才培养的，而地方本科高校的专业教育则侧重于培养应用型的专业人才，两者在人才类型培养方面存在较大差异。第二，根据“学科性”所具有的价值取向与“应用型”所主导价值取向的不同，高等教育的类型可分为两种：其一是学术型，其二是应用型，两者在人才培养类型与基本属性方面存在显著不同。依据国际教育的分类标准，学术型高等教育可纳入学科性研究型高等教育的范畴，而应用型高等教育和技术应用型高等教育则可纳入专业性应用型高等教育的范畴。与学科性研究型教育相比，应用型高等教育更侧重于实践应用，而与职业性技术型教育相比，应用型高等教育的实践应用属性则相对弱些。应用型教育与技术应用型教育均属于应用型高等教育的范畴，并且应用型高等教育是以本科层次为核心的第二类型的专业性应用型教育。所以，其教育类型定位应以专业性为特征，以应用型为主体。

四、地方应用型高校以教学为主流

美国卡内基教学促进基金会将高等教育分成了四个处于不同层级的类型，即研究型高等教育、研究教学型高等教育、教学研究型高等教育和教学型高等教育。其中，前两个类型主要指的是研究生教育居于主导地位的，或者是本科生教育和研究生教育协同发展的教育类型，主要关注的是对基础学科领域的研究与促进科技创新发展；后两个类型主要指的是本科生教育居于主导地位、研究生教育居于辅助地位的教育类型，主要关注的是实践应用领域的研究和提供必要的科技服务。当前全球高等教育的发展水平正在逐步提升，呈现出了多样化的发展趋势。虽然从类型划分的角度而言，教学型高校是具备向研究型这一更高层级的类型进行转变发展的条件的，然而，由于这一转变需要跨越中间层级，所以应当严格按照高等教育发展的一般规律来进行逐步跨越，当然跨越转变的前提是具有充分的教育资源与较强的教育发展能力，并且在转变完成后可以更好地为社会提供更加全面的人才保障。当前，应用型高校所必须承担和履行的职能不仅包括人才培养职能，也包括为地方区域社会经济发展提供必要的人才服务和技术支持的职能，应用型高校必须要在结合自身类型定位与层级定位的基础上，为社会培养和输送大量的专业应用型高级人才，满足社会对于人才的需求，实现人才培养目标的办学价值。各应用型高校之间也应当展开良性竞争，通过扬长避短、打造个性化办学特征、实现错位发展等措施来推动我国应用型高校逐步走上多元化的发展道路。

教学在教学型本科院校中通常居于主导地位，这是此类高等院校的最大特色，应用型教育主要是通过为社会培养输送专业型人才的方式彰显自身办学特色的。通过分析一所高校构建的人才培养模式，可以加强对其教育思想与理念的理解。而教育思想与理念则决定了其人才培养的基本属性与发展方向，包括其人才培养目标、方案、途径及方法等各项要素均会在其中体现。具体到应用型本科教育的人才培养模式来说，其人才培养的目标质量要求一方面要符合本科教育规定的学业标准，另一方面还要确保能够满足不同行业企业对应用型人才的个性化需求，让学生在掌握了相应的专业能力基础上从容应对各种复杂的实际问题，根据通识教育与专业教育应当实现有机融合发展、将学生创新精神和实践能力的培养与专业实践进行有机融合发展的原则，逐步建立一个专业能力培养与素质拓展同步发展、以学生创新精神和实践能力培养为核心的理论教学体系、实践教学体系及素质教学体系。

地方应用型高校在人才培养方案的制订过程中，必须要确保学科建设与专业建设之间形成协调发展，在整体上促进应用型课程体系的不断完善与教学内容的合理设计，继而以应用型课程体系为主体展开人才培养，摆脱以往传统学科设置的束缚，逐步构建一个以知识产出和人才输送为主要目标的课程模式；在培养途径方面，高校、政府及企业等重要的主体应当在高校人才培养方面加强彼此之间的交流与合作，共同促进应用型高校专业应用型人才培养模式的快速构建与不断完善。

此外，教学型本科院校也必须要加强对自身学科建设的重视程度，不断提升自身科技研发创新能力的稳定性。大学所设置的多个不同的学科课程为大学开展广泛的学术研究、履行人才培养职能与社会服务职能等提供了基础条件，大学的科学研究水平、核心竞争力、专业建设能力及办学实力得以持续稳定提升。具体到地方本科院校而言，应将向社会培养和输送专业应用型人才作为自身的人才培养目标，将专业建设作为自身发展的基石所在，将学科建设作为自身发展的支撑，重点围绕师资队伍建设来不断增强自身的教育能力，积极参与到各应用研究领域，并为地方和行业发展提供技术与人才支持，最终形成具有个性化特色的持续竞争优势。

五、地方应用型高校以实践为主载

要地方应用型高校与学术型大学实现错位发展，就必须要让地方应用型高校加强对实践的重视并不断强化其优势以长期保持下去，创建符合应用型人才培养要求的实践教学体系。但有的高校却丢掉了自身的办学优势，完全不考虑自身是否具备实施学科性教学体系的条件就原封不动地照搬过来，结果导致其原有的实践性教学功能被不断削弱，在实践教学开展过程中，各个组织之间没有实现良好的协同合作，在实践教学方面、实验室建设规划方面及管理与评价机制方面均出现许多不足。

实践课通常是在理论教学过程中作为辅助教学手段出现的，或者是围绕理论课程来进行设置与实施。实践内容通常都是为了验证某一理论或者是对某一现象进行演示，很少开展具有创新意义的实践教学活动，实践教学手段停留在传统方式，"互联网＋"、虚拟仿真手段应用极不充分；实践教学的基地和设施严重滞后于当下的应用型人才培养要求，高校、政府、行业企业的合作呈现形式化；实践教学的师资队伍严重不足，"双师型"队伍建设任重道远。地方应用型高校当前在实践性教学方面所具有的水平相对较低，并且开展的条件也不充分，离高校既定的应用型本科教育专业性人才培养的要求相去甚远。所以，当前高校应当尽快对其所构建的实践性教学组织与管理模式进行大幅度的调整与优化，大胆引进社会优质资源，逐步建立一个具有专业应用型本科教育特色的实践教学体系。

地方应用型高校承担和履行人才培养的职能，所培养的人才类型以专业应用型高级人才为主，培养的目标包括创新创业精神及实践能力的培养，培养的途径则是自身所开展的实践性教学活动，并在实践性教学体系构建过程中，不断加强其与理论教学体系的互动，继而借助该体系培养出基础知识与技能掌握完全且能够在实践中充分合理应用的专业型人才。高校要构建有实践性活动的教育教学体系，就必须引进优质社会教育资源，把创新创业教育深层次落实到整个人才培养过程中。这意味着高校通过创新创业知识的教授、不同学习主体对知识的学习与传承，并把知识应用到实践中，进而转化成社会生产力，从本质上而言是通过知识的形成、传播及应用继而构成了一个完整的创新创业教育及其实践教学活动。

高校通过参考各行业或企业对人才的不同需求与变化趋势来制订出与之相应的人才培养计划，通过加强与企业之间的合作，比如，实现信息流与资源流的共享等，从而共同将人才培养计划逐步落到实处。这也是创新创业教育及实践教学体系的主要特点：构建与企业人才需求相符合的人才培养计划与目标，围绕学生的实践能力、就业竞争能力及专业能力展开培养；基于自身的功能来加强彼此之间的合作，以实现校企教育资源的整合与优化配置；

构建符合自身发展模式定位的多种不同类型的实践教学模式，比如产学研合作模式、定向培养模式等；同时，地方政府也要在此过程中充分发挥引导作用，鼓励行业企业之间展开协同合作，构建具有开放性、多功能的实践教学基地与科技服务平台，由其作为补充力量为行业企业发展提供人才支撑和技术支持。

六、地方应用型高校以能力为核心

应用型高校必须要紧密结合自身的专业人才培养目标来制订与之相应的人才培养方案、构建科学合理的课程体系、优化教学内容及构建学习评价体系等。具体到某一专业的教育而言，长达四年的课程设置就构成了一个相对完整的体系，其中既包括基础课程与专业课程，也包括拓展课程等。地方应用型本科院校在构建人才培养课程体系的过程中，必须要将自身注重专业能力培养的核心特征凸显出来，人才培养的目标是为了满足社会发展需求与职业发展需求，在此基础上，逐步构建出一个注重学生专业能力培养、围绕实践课程体系为主题及理论为其服务的新模式。

在专业建设方面，地方应用型高校须明确要着重培养的人才类型，在目标设置方面，应当精准把握自身所具有的核心专业能力，逐步寻找出核心课程构建的路径与方法，明确如何利用核心实践平台来支撑自身的发展，组建教学团队、制定团队负责人选聘的人才管理制度，并对团队与个体所实现的工作绩效展开科学评价。地方应用型高校所制定的人才培养目标一定要做到明确化，这是培养“能力型”大学生和大学生“职业能力”的核心问题，也是办好地方应用型高校的重中之重。

七、地方应用型高校以地方为服务对象

所谓地方应用型高校的服务面向，即面向那些利用理论指导或者是行业服务来履行所承担的人才培养职能、开展科学研究的职能及文化传承职能。一部分地方本科院校是通过合并升级的方式，或者是通过专科独立的方式而逐步形成的，此类地方本科院校通常都位于地级市，这主要是我国社会经济快速发展所导致的结果。部分地方应用型高校属于典型的“本土”学校，其教育事业的发展通常都与地方或是行业存在某种程度的关联性，其所承担的

使命与职能主要体现在如何为地方社会经济健康有序发展和行业持续发展提供服务，这也是此类地方本科院校所要实现的价值所在。这种致力于为地方或者是行业发展提供服务的价值取向属于当前新型应用型本科院校得以生存与发展的基础所在，决定了其办学定位的设置、发展理念更新与办学思路的明确。现阶段，对于地方应用型高校来说，首先应当解决的问题就是寻找出可与地方或者是行业实现协同合作、融合发展的路径与方法，继而逐步形成高校与地方（行业）互利共赢的办学模式。学校能对自身服务领域与功能领域的定位做出精准判断，并制定出具有个性化特色的办学宗旨与方向，明确自身教育服务的接受对象。

具体到人才培养定位而言，地方应用型高校应当将行业适应性予以显示出来。所谓行业适应性，即个体在开展某一具体工作时所必须具备的行业素质特征，比如技术、创新能力及技能等均属于这一范畴。地方应用型高校所培养的主要人才类型是具有较强职业适应能力的人才，应当通过教育来不断增强学生在校期间与毕业后对社会的适应能力，通常来说，高校人才培养既需要满足社会发展需求与市场的就业需求，同时也要着重培养学生的道德素养与专业能力，以促进学生的全面健康发展，根据不同专业岗位或者是岗位群对于人才的实际需求，对学生的交流能力、实践能力、社会适应能力及学习能力展开全面培养。

从整体上来看，地方应用型高校的人才培养定位更加注重对学生专业能力特别是职业能力的培养。除此以外，由于当前我国社会经济正处于转型升级发展的关键时期，加上整个社会的发展也都呈现出了多元化的发展态势，所以社会、企业对人才形成了多样化与多元化的需求特征。因此，高等院校就需要结合上述需求特征来重新调整自身的人才培养定位，以形成多样性与多规格的人才培养体系。社会、企业的上述需求特征在高校主要是通过以下三个方面来体现的：第一，在高校同一个专业就读的学生是多种多样的。第二，高校的专业数量是多种多样的，并且这些专业均与对应的行业之间存在密切关联。随着新行业的兴起与发展，高校也会针对该行业的人才需求来增设相应的课程，以满足其人才需求。第三，不同类型高校的价值取向也具有多样性的特征。多样性、多规格也是我国《国家中长期教育改革和发展规划纲要（2010–2020 年）》的一个新的方向性指引。

第三节　发展地方应用型高校的战略意义

随着我国社会经济的快速发展、产业结构的持续优化调整、技术手段的进步，对人才培养提出了更多更高的要求，且越来越向综合化方向发展。任何忽略理论或者是轻视实践操作的人才培养模式都是有待改进的。所以，地方应用型高校只有同步加强对学生在理论知识层面和实践操作层面的培养，才可能实现大学本科教育的基本人才培养目标，为社会培养和输送高质量的应用型人才。这样的人才培养模式在今后会被纳入我国高等教育系统当中。不管是从理论视角而言，还是从国内外高等教育发展的前景而言，建设地方应用型高校都具有重要战略意义。

一、地方应用型高校是对学术与职业的整合

许多地方应用型高校都将自身定位成教学研究型高等教育或者是教学型高等教育。就人才培养类型来看，这些高校将自身的目标定位于培养高级应用型专业人才，以满足市场和企业生产一线的人才需求。根据应用型高校的定义可以得知，其原有学术性与职业性的内涵并不截然对立，两者并无优劣之分、高低之别。学术性与职业性却恰恰是相互对立的，并且这种对立反映到了学历高低层面，职业院校缺乏提升现有办学层次的积极性，而本科院校却将办学重心放到了研究生层次。

按照联合国教科文组织《国际教育标准分类法》（1997）的分类，中学后教育分成序号 4（相当于升学预备班）、序号 5（大专、本科、硕士研究生教育）、序号 6（博士研究生教育），其中序号 5 又分成 5A（理论型）、5B（实用型、技术型），5A 又分成“按学科分设专业”（5A1）与“分行业分设专业”（5A2）两类。对应我国的高等教育体系，5A 相当于我国的大学本科教育，既包括学科理论类，也包括专业理论类，5A1 类院校相当于我国的学术型高等教育，与之对应的高等院校是综合性研究型大学，5A2 类院校属于我国应用型高等教育的范畴，与之对应的高等院校是多科性或单科性专业型大学或学院。5B 属于我国高职高专教育的范畴，而介于 5A1 与 5B 之间的 5A2 类院校就是我国的应

用型高校。在国际上，特别是发达国家或地区，应用型本科教育早已存在。以德国高等专科学校为例，其所培养的人才类型同样属于应用型人才，且办学能力与我国本科教育大致处于同一水平。以美国、英国和新加坡为例，其应用型本科教育的发展起步相对较早，且其整体发展规模也相对较大。因此，无论是从理论上还是从实际情况出发，应用型本科院校在理论层面与实践层面、学术性层面与职业性层面均实现了有机融合发展。具体到应用型本科院校发展实践而言，其人才培养类型逐步趋于精准化，院校定位逐步趋于明确化，高等教育结构逐步趋于合理化。

二、地方应用型高校是对专业的调整与改革

自中华人民共和国成立以来，我国高等院校的文科类专业、理工类专业的培养目标经历了多次调整，并且都朝着应用型的方向不断演进。以文科类专业为例，其培养目标以干部培养为主，其后调整为以专家培养为主，最后调整为以实际工作者培养为主；以理工类专业为例，其培养目标始终以应用型人才培养为主。由此可见，工科类院校的人才培养目标与人才培养类型均符合应用型本科的范畴，所以可将其视为应用型本科。在我国高等院校的体系当中，工科院校自中华人民共和国成立以来就长期居于主导地位，这与我国当时采取的以重工业为中心的工业化发展道路有直接关系。作为一种新类型的高校，应用型高校的诞生标志着我国针对存在了多年的如“重文法、轻理工”的高等教育模式正式进行了纠偏调整，也使地方应用型高校在我国高等教育体系中的地位与作用不断提升。地方应用型高校的快速发展还为我国社会经济的快速长远发展提供了理论指导和人才保障。

自我国高等教育呈现出大众化发展趋势以后，理论学者与实践界企业家们主张构建具有中国特色的地方应用型高校。这一现象的产生有着非常深刻的历史背景：第一，随着我国高等教育宏观管理体制改革的不断深化发展，一些院校以往受中央部委直接管理的隶属关系发生变化，改变为隶属于当地政府管理，这些地方院校结合地方与行业发展的实际需求来为当地提供人才保障和技术支持。还有一些院校则在此过程中被其他院校合并，而合并的一方则重点发展综合性大学，例如，在原有专业基础上，增设了法律、工商管理等专业，重视理论知识培养和实践操作的倾向日趋明显，使地方应用型高校在人才培养方面逐步明确了应用型的人才培养定位。第二，一些本科高校由于是通过升级的方式

发展来的，从以往对职业性应用型人才培养的定位，通过增设多个不同的学科，试图转型成为综合性大学。所以，在这一时期，我国地方应用型高校根本无力满足我国社会对于高层次人才和应用型人才的迫切需求，并且高校在人才培养过程中也没有与行业、企业建立协同合作关系，严重制约了应用型本科高校顺利发展。一些地方本科院校主动或被动地转型发展，采取了与学术型、研究型大学的错位发展战略，全面发展应用型本科教育，以尽可能地拓展自身的发展空间。当前，应用型本科高校已经成为我国高等教育的主体，地方应用型高校在某些方面均或多或少地存在相似之处，比如，大部分应用型本科院校都属于地方本科院校；都是围绕行业、企业的人才需求来打造办学特色的；部分应用型本科院校是由过去全国示范性高职院校通过合并或者是升级的方式形成的，具有非常明显的办学特色与丰富的办学经验。

三、地方应用型高校是竞争力提升的迫切需求

在当前全球应用型本科教育快速发展的背景下，我国也继续建设了一批高质量的应用型本科院校，以在满足社会发展需求和促进我国高等教育竞争力持续稳定提升的基础上，尽快与国际应用型本科的发展步伐保持一致。在 20 世纪 90 年代，全球高职教育领域的发展在某些方面出现了相当的一致性。例如，在欧美等发达国家，高职院校均通过升格的方式转型成为了应用技术大学或者是科技大学，然而，这些院校在今后的发展过程中却很少再次出现趋同性。在荷兰和德国等国家和一些地区，仍然继承了高职的办学特色，走应用型本科之路，大多升格为科技大学或应用技术大学，这些应用型本科院校在办学实践中加强了与行业、企业的合作与协同发展，既保持了原有的办学特色，又提高了办学层次，成为经济社会发展不可缺少的一种高校类型，与学术性研究型高校错位发展、交相呼应，共同推进了一个国家或地区的发展。以英国为例，在 1993 年时，英国多达 35 所多科性学院都以升级的方式转型成为了科技大学，在升格成功以后，这些大学却纷纷抛弃了自身的应用型办学特色，通过不断地增设各种专业试图朝着综合性学术型大学或者是普通大学的方向发展，应用性地位丧失，全部涌向学术性这一独木桥，千校一面也就在所难免了。

中国改革开放以来，经济全球化趋势难以阻挡，尽管在特朗普“美国优先”的思想指导下出现了逆全球化的倾向，但全球化的趋势是不可阻挡的。经济全球化的背后是产业的全球化，实质是参与全球产业分工。这就必须要有一支与

世界经济发展接轨的应用型人才队伍，要有一支能够提升我国产业竞争力的技术队伍和工匠队伍。应用型本科院校应当承担起这一历史使命和光荣责任。但是在大力发展应用型本科院校的过程中，要借鉴世界各国高等教育发展的经验和教训，坚持“应用性”的特色，坚持与行业企业协同育人的模式，将区域的有限教育资源进行充分整合与合理配置，始终坚守自身的应用型办学特色与优势。如此，地方应用型高校才可以获得源源不断的发展动力和牢固的发展根基。

四、地方应用型高校是高等教育的现实选择

由于应用型本科院校早在中华人民共和国成立初期就以理工类专业教育的形式存在，所以，国内关于大力建设应用型本科院校的呼声此起彼伏，实际上是社会各界人士在反思我国当前高等教育发展现状之后所形成的结果，通过这种方式来促进我国高等教育机构摆脱趋同发展的误区。具体到实践教学而言，随着应用型本科院校的形成与快速发展，其也为我国地方本科院校健康有序发展指明了方向和道路。如前所述，地方本科院校基本都属于应用型本科院校，且许多是从专科升级而来的新建本科高校。此类高校的办学定位有两种截然不同的选择：一种是将自身高职高专沿用的办学特色和优势全部抛弃，通过设置全新的专业课程体系，逐步朝着学术性、综合性的方向不断发展；另一种是坚守自身原有的办学特色与优势，逐步发展成为应用型本科高校。通过分析得知，国内外的大量类似案例均表明，如果此类高校选择第一种定位，必然会在丧失自身固有办学优势与特色的基础上走上平庸发展之路。所以，地方本科院校，包括从高职高专升级而来的新建本科高校，必须走应用型本科发展的道路，必须与行业、企业紧密合作，必须服务于经济产业发展，专注于为地方社会经济发展提供专业性的应用型人才，才可能在摆脱以往高等教育体系束缚的前提下，通过实施错位发展战略，形成不同高校之间的优势互补，赢得更好的发展机遇和更大的发展空间。

五、地方应用型高校是区域经济发展助推器

应用型本科院校大多数隶属于地方管理，属于地方本科院校，地方政府（教育行政管理部门）则是地方本科院校的主管部门，因此，应用型本科院校也就具有鲜明的地方属性。地方应用型高校的长远健康发展离不开当地政

府与社会各界力量的支持，因此，地方应用型本科院校专门针对地方社会经济发展的需求来进行人才培养体系的构建、开展相关的科学技术与知识的创新研发，以提供全面的服务。与研究型高校相比，应用型高校的科研实力要逊色许多，所以，每年能够从政府财政资金中获得的研发经费也相对偏少。应用型本科院校主要通过两种方式来尽可能地获取地方政府和区域行业企业的大力支持：一种是扩大院校在地方的招生规模，此类本科院校在地方的招生比例基本上都保持在 80% 以上；另一种则是凸显自身的行业适应性，即在专业设置和人才培养方面不断向地方对人才的需求方向靠拢。已有一些地方应用型本科院校通过构建产学研一体的教育模式，进一步加强自身与地方政府、企业之间的合作关系。具体到学生就业层面而言，由于学生的就业选择不仅会受到其所学专业的限制，也会受到生源地的限制，因此，大部分学生在毕业以后，通常都会将本地当作首选的就业地点。人才作为最具有主观能动性的因素，在地方社会经济快速发展的过程中将会起到非常重要的促进作用，人才的类型与大学的办学层次则基本上决定了其所培养出来的人才是否符合地方社会经济发展需求，以及所能起到多大程度的促进作用。应用型本科院校不仅对学术研究非常重视，还重视专业能力的培养，是学术研究型与技术职业型两个层次和类型的结合，使地方应用型高校的毕业生直接面向地方经济社会发展，直接面向地方产业升级和产业结构发展，直接面向生产、经营、管理第一线，进而使这些毕业生能够快速地适应其所选择的工作岗位，从这一层面而言，地方应用型本科院校在地方社会经济转型升级与产业机构优化调整的过程中起到了非常重要的促进作用。

地方应用型高校既要与行业、企业保持良好的协同合作关系，还应当保持与地方政府的合作与互动，地方政府也应在应用型本科院校的发展与转型中发挥积极的作用，如地方政府有鼓励高校、政府、企业等多方合作协同育人的政策和措施，在利益分享机制、协同育人机制等方面实现共享共赢，在教育资源配置、教育质量评价、平台项目建设等方面也应当向高校、政府、企业协同育人项目倾斜。因此，政府既是应用型本科院校的领导者和管理者，也是应用型本科院校发展的引导者和鞭策者，同样也是高校、政府、企业等多方协同育人的重要参与者和政策制定者。

第四节　地方应用型高校的培养目标与要求

地方应用型高校制定的人才培养目标可以视为一个完整的体系，既要体现党的德智体美劳全面发展的教育方针，同时也要落实我国《高等教育法》的相关规定与相关专业教学指导委员会所提出的各项基本要求，还要设置与学校的人才培养目标与定位相适应的专业，并将自身的个性化办学特色凸显出来，还需要符合学校所在地区的经济社会发展和产业发展的现状。应用型人才培养规格则是应用型人才培养目标在人才培养实践中的具体落实与细化，也是课程设置、实践教学安排、教学条件配备等教学活动的设计。换言之，应用型本科院校的办学定位决定了培养目标，培养目标决定了培养要求，培养要求决定了课程设计等一系列教学安排。因此，明确应用型本科院校人才培养目标与要求是构建应用型人才培养模式的前提与基础。但是，我们研究发现，行业、企业在应用型本科高校人才培养目标和要求的确定过程中没有发挥应有的作用，只是停留在参加座谈会、接受访谈等表面的活动中，基于创新创业教育的生态系统没有建立，然而，这对于应用型人才培养来讲是至关重要的。

一、地方应用型高校人才培养目标

通过明确人才培养的目标，旨在解答高校应当“培养什么样的人”和“为谁培养人”这两个重大而严肃的问题，是要全面体现党的德智体美劳全面发展的教育方针，它决定了我国高等教育活动的根本属性与未来发展方向，并且贯穿于整个教育活动过程，是人才培养的出发点和终点。通常而言，人才培养目标应当从国家层面、高校层面及专业层面出发，逐步构建一个科学合理的应用型人才培养目标体系。

（一）国家层面

具体到国家层面的人才培养目标来说，即国家从宏观角度出发，对国内各类不同高等院校在构建人才培养目标时所要完成的基本任务与遵循的基本要求做出了规范说明，并且这些要求与任务通常会以法律文件的形式来进行体现，比如，我国现行的《高等教育法》就明确规定：“我国高等教育应当将国家所提出的各项教育方针逐步贯彻落实到实际教育工作当中，为我国社会主义现代化建设提供必要服务，不断加强自身与生产劳动的有机融合发展，注重在德智体美劳等多个方面为广大受教育者提供全方位的教育服务，促进他们实现身心全面健康发展，最终成为社会主义事业长远健康发展的中坚力量。高等教育应当将培养受教育者的创新精神与创新意识、增强受教育者的实践能力及培养高级专门人才作为其人才培养的首要任务，以为我国社会主义现代化建设提供技术支持和人才保障。”由此可见，所有不同类型、处于不同层次的高等教育都应当在严格遵守与全面落实我国《高等教育法》的上述规定与其他相关总体要求的基础上创办。这就使我国高等教育的人才培养在同一层面上实现趋同发展，也从国家层面回答了高等教育“培养什么样的人”和“为谁培养人”的问题。

我国的《高等教育法》围绕高等教育人才培养目标的构建提出两点共性要求：其一，培养高级专门人才，由此使我国高等院校的人才培养目标拥有了一个统一的定位。“高级”与“专门”两个限定词汇充分体现了这一定位的核心所在。其中，“高级”一词具有高等性与高深性两个方面的含义。所谓高等性，即我国高等教育体系自身所具有的高等性的特征。所谓高深性，即指的是大学生在高等院校所学习到的知识与掌握的技术具有高深性的特征。“专门”一词既指我国高等教育是依据学科行业的不同来进行分类教学的，同时也指大学生在高等院校所学习到的知识与掌握的技能具有专业性的特征。其二，在当前知识经济时代背景下，高等院校必须将创新人才作为其主要的人才培养类型。除此以外，当前全球高等教育的发展都将加强学生实践能力的培养作为发展的重心，这一人才培养的基本要求在我国《高等教育法》中也有所体现，其完整的表述为“培养具有创新精神和实践能力高级专门人才”，这就充分说明了我国当前所明确的高等教育人才培养的目标定位不仅顺应了时代发展需求，同时也具有一定的前瞻性。

我国《高等教育法》也针对处于不同办学层次的高等教育在制定人才培养目标过程中所要遵循的基本要求与实现的基本任务做了明确规定。具体来说，以专科教育为例，要求院校必须注重针对学生所选专业的不同来向他们传授必要的基础理论知识与技能，并初步具备探索、分析及解决与专业有关的实际问题的能力。以本科教育为例，同样要求院校向学生传授其所选专业领域的基础理论、知识、技能与方法论等，并要求学生初步掌握两方面的能力，即开展相关实际工作的能力与开展相关研究工作的能力。以硕士研究教育为例，要求院校向学生传授其所选学科领域的相对广泛的基础理论、系统的知识、技能及方法论等，并要求学生基本掌握两方面能力，即开展相关实际工作的能力与开展相关研究工作的能力。具体到博士研究生教育而言，则要求院校向学生教授其所选学科领域相对更加宽广的基础理论、系统全面的专业知识、相关技能及方法论等，并要求学生具备两方面的能力，即自主开展相关研究工作的能力与开展相关实际工作的能力。由此可见，上述四个不同层面的高等教育的人才培养目标具有各自鲜明的特征，继而形成了差异化的发展态势。

但我国的《高等教育法》却未能针对不同类型的高等教育在制定人才培养目标过程中所要完成的基本任务与遵守的基本要求做出明确规定，意味着我国《高等教育法》基于我国高等教育整体所做出的人才培养目标的总体规定，以及围绕本科教育人才培养目标所做出的基本规定，对我国不同类型、不同层次的本科教育人才培养目标都具有同等的约束效力，包括应用型与研究型这两大类的本科教育。由此可见，我国应用型本科教育的人才培养目标同样应当将培养具有创新精神、创新意识与实践能力的高级专门人才作为主要任务，在开展本科教育过程中，院校应当向学生传授其所选专业的必要的基础理论与基本知识、必要的技能与方法论等，并要求学生初步掌握两个方面的能力，即开展相关实际工作的能力与开展相关研究工作的能力。

（二）学校层面

具体到学校层面而言，其人才培养目标通常是由自身的办学定位来决定的，且必须要严格遵循国家层面的人才培养目标的总体规定和基本规定。而不同类型的高等院校、处于不同办学层次的高等院校则需要在综合衡量自身的办学定位、教育资源、师资力量及所服务的区域等因素基础上，制定出更加具体化的人才培养目标。

在当前我国政府逐步放宽对高等院校自主办学的限制以后，各个高等院校在自身人才培养目标的制定方面掌握了更多的主动权，但前提是遵循国家层面的人才培养目标。首先要明确高校的办学类型和办学层次。从办学层次角度而言，应用型本科院校可以划分到教学研究型高等教育或者是教学型高等教育的范畴；从办学类型的角度来看，应用型本科院校属于典型的专业应用型本科院校。然后，应用型本科院校就可以按照自身的办学特色、师资力量、服务面向及科研实力等来对自身的人才培养目标做出更加合理的调整与优化，在此基础上，再对专业培养目标做出更为具体的规定。

地方应用型本科院校应侧重于为社会培养和输送应用型本科人才。当前，一部分地方本科院校纷纷把自身的人才培养目标定位于“高素质应用型人才”“复合型应用型人才”“高级应用型技术和管理人才”“高等技术人才”“一线工程师”“高级应用型专业人才”“工程技术应用型和高级技能型人才”“高层次应用型人才”等。令人欣慰的是，绝大部分的地方应用型本科院校都能够精准把握自身的办学定位与人才培养定位，且其定位都与高校自身的实际情况、社会对人才的需求情况十分契合。

然而，当前还有部分地方应用型本科院校的人才培养目标出现了定位过高与定位重复的问题。除此以外，一些地方应用型本科院校尽管明确了自身今后应当重点培养的人才类型，但这些院校不仅对此类人才的内涵缺乏认知与理解，也没有针对此类人才培养构建相应的课程体系、设置相应的专业等，致使上述人才培养类型的定位根本无法落到实处。比如，国内的部分地方本科高校纷纷依据国家宏观层面的人才培养目标的总体规定和基本规定，将自身的人才培养目标定位于高素质应用型人才的培养方面，然而，在实践教育过程中，这些高校却经常将技能型人才与应用型人才混为一谈，导致这些高校所构建的人才培养模式与课程体系等呈现出了一致性，这一点在工商管理专业的人才培养当中体现得尤为明显。

（三）专业层面

具体到专业层面来说，其人才培养目标则是对高校既定的人才培养目标的进一步细化和分解，并通过专业理论教育与实践教学活动将其落到实处。高等院校在制定了人才培养目标以后，应当根据每一个专业的实际情况来将目标做进一步的细化分析。所以，专业层面的人才培养目标首先要与其所在院校的整体人才培养目标定位保持一致，在此基础上，围绕各个专业的服务面向、专业特色、区域特点、基本专业要求和教育部专业标准来确定专业培养目标。当然，同一个专业在不同类型的高校、不同层次的高校其培养目标定位是不相同的。地方应用型高校应当首先明确办学类型与办学层次，然后再依据我国《高等教育法》关于我国高等院校人才培养目标定位的基本要求与基本任务、相关专业教学指导委员会所提出的相关要求，制定出符合自身实际发展、科学合理的人才培养目标，并将其细化分解到各个专业教育方面，并在此过程中打造出个性化的办学特色与专业化的发展特色。

二、地方应用型高校人才培养要求

关于应用型本科人才培养要求，一般认为应当从价值引领、知识传授与能力培养三个方面进行考虑。我们认为，专业培养要求是专业培养目标的具体化，即应当从“德”“识”和“能”三个方面细化人才培养的目标要求，其中，要确定本专业的核心知识和核心能力、本校该专业的特色等关键性内容。许多应用型本科高校对人才培养规格做出了抽象性描述，也缺乏可操作性。例如，“厚基础、宽口径、强能力、高素质”“基础扎实、实践能力强、综合素质高”“一专多能、厚基础、宽口径”“知识面宽、基础厚实、创新能力和适应能力强”“人格健全、基础厚实、实践能力强、具有创新精神”“厚基础、宽专业、素质高、能力强、重德育”等。应用型本科院校在明确自身的人才培养要求时，一方面，必须要将国家关于应用型本科人才培养的共性要求纳入考虑范畴；另一方面，需要统筹兼顾自身所开设的各个专业具有的差异化特征，这是地方应用型本科院校人才培养方案的核心构成部分。

（一）地方应用型高校人才培养规格的共性要求

所谓应用型高校本科人才培养规格的共性要求，即本科院校一旦确定将应用型本科人才培养作为目标后，就必须要求所有专业的学生都要在素质养成、知识学习及能力掌握方面达到一个统一标准的水平。即素质要求、知识要求、能力要求。

（1）素质要求。所谓素质，即个体将自身在外部环境中所学习到的所有相关知识、技能、经验等转换成个体内在的品质、能力等内在与外在的总和。随着个体自身素质的不断提升，其参与知识与技能学习的积极性也会不断增强，并逐步掌握更多有效利用这些知识与技能的方法，以促使其最大限度地发挥应有的作用。具体到素质要求而言，其内涵与指向是相对比较复杂的，是分别对个体内在的品质、道德与外在的行为表现等所提出的各种积极、健康及向上的基本要求。就应用型本科人才的素质要求来说，主要包括基本素质要求和职业素质要求，其中，基本素质主要指的是对大学生德育层面、智育层面及体育层面进行培养教育所要达到的基本要求，比如养成良好的公民道德、具备一定水平的文化素养与科学素养及健康的身体素质等；而职业素质则主要指的是对大学生从事实际工作和研究工作的态度、意识、精神等层面的基本要求，比如要求大学生对待工作要有认真负责的态度、具备探索创新的精神及养成团队合作意识等。

（2）知识要求。个体的知识是其能力与素质形成与不断发展变化的最为基本的影响因素。本科教育是根据学生所选专业与课程来进行定向知识传授的，学生通过对所学知识进行重构，继而形成与自身认知水平相符合的知识结构。由于不同专业学生所学的知识是不尽相同的，并且各个学生的认知水平存在差异，因此每个学生所形成的知识结构也不尽相同，由此使他们所形成的能力结构与素质结构也存在一定的差异。具体到应用型本科人才所应掌握的知识来说，主要包括以下内容：一是工具性知识，比如外语知识、方法论知识及计算机知识等，是学生用以了解其他更多知识的工具。二是人文社会科学与自然科学知识。应用型本科人才必须掌握必要的人文社会科学和自然科学知识，特别是要体现文理交叉，例如哲学、政治学、历史学、法学、社会学、心理学等人文社会科学知识，数学、物理、化学、生命科学等自然科学知识。三是专业知识，即与学生所选专业有关的各类知识，其中既包括基础理论知识，也包括专业方向知识，是学生在接受本科教育期间应重点学习和掌握的知识内容。这方面的要求在教育部本科专业目录和专业标准中都有表述。所谓专业方向知识，即为了让学生更好地胜任专业工作而必须要掌握的知识，既包括理论层面的知识，也包括实践层面的知识。四是相关学科专业知识。任何实践工作都是非常复杂且多变的，这就意味着学生在只掌握某一类专业知识的情况下，是远远无法解决工作中所出现的各类问题的，这就需要他们掌握上述其他学科的专业知识。

（3）能力要求。能力要素是应用型本科人才培养规格中的核心要素。教育的目的是让学生在掌握各种知识以后，将其转化为自身内在或者是外在的能力，并通过不断学习，促使这些能力持续稳定提升，最终促使自身各方面素质全面提升。而能力与素质的提升又会让学生掌握更多应用知识的方法与技巧，并在探索中发现新的知识，由此形成良性循环。能力是评价一个人才所具有的价值大小的重要指标。具体到应用型本科人才而言，其应当具备的能力包括专业应用能力和关键能力。以专业应用能力为例，其可以分为两大类：一类是专业基本技能，另一类是专业核心应用能力。其中，专业基本技能指的是个体为了更好地胜任和完成与专业相关的工作而必须要掌握的各种基础性的专业技术技能。专业核心应用能力指的是个体对自身所学习到的各种知识与专业技能进行综合运用，以解决各类复杂问题的能力。由此可见，专业基本技能是专业核心应用能力的重要支撑。不同的专业对于人才所应掌握的专业应用能力的要求也是不同的，高校则是根据专业的不同来设置相应的课程体系与开展实践教学活动让学生掌握与之对应的专业应用能力，它们之间一定是一个矩阵对应关系。以关键能力为例，其指的是与个体所从事的具体工作不存在直接关联的能力，并且这种能力随着个体工作岗位或者是职业的变更而发生迁移，以帮助个体更加快速地适应新的工作岗位或者是职业，比如表达沟通能力、管理能力及团队协作能力等。

（二）地方应用型高校人才培养规格的具体要求

所谓地方应用型本科人才培养规格的具体要求，即地方应用型本科院校根据自身人才培养目标的特色与学生所选专业的不同，要求学生在知识学习、能力掌握及素质养成三个方面所应当达到的不同的标准水平，也就是说，应用型人才培养规格的具体要求是对共性要求的进一步细化。并且这种细化差异既体现在不同专业上，也体现在不同高校的人才培养目标与特色上。专业与专业之间培养要求的差异比较容易理解，但在人才培养实践中，不同院校对同一专业具体培养要求的差异并没有清晰的认识，很容易出现形式化与相似化。对具体要求的确定要针对不同院校、不同专业来确定，应当按照学校办学的类型定位—培养目标（专业定位）—培养要求—课程设置的流程系统考虑。

三、地方应用型高校人才培养模式

地方应用型高校在人才培养过程中需要明确两个问题：一是明确自身应当培养何种类型的人才，即高校要制定明确的人才培养目标和细化的人才培养规格；二是明确应通过怎样的方式来进行培养。即高校需要明确具体的培养内容、培养的途径及针对培养结果的考核评价与保障机制等。由于各应用型高校的实际情况都是千差万别的，因此各个高校的人才培养目标、培养要求及培养方式都存在一定的差异，继而导致各个高校所构建的人才培养模式也不尽相同。具体到宏观层面而言，高校的人才培养模式主要包括三大类：第一类为以通识教育为主的研究型人才培养模式；第二类为通识教育与专业教育相结合的应用型人才培养模式；第三类为以专业教育为主的技能型人才培养模式。地方应用型本科高校的人才培养模式明显属于第二类，其具体指的是以应用型本科人才培养为目标，将通识教育与专业教育相结合，以需求为主导建设专业，以学科为基础、以应用为导向构建课程体系，以产学研结合为主要培养途径，以行动为导向应用教学方法，以能力为取向进行教学评价，教师队伍注重理论与实践相结合的一种人才培养模式。

（一）培养目标：应用为本

地方应用型本科院校在制定人才培养目标时，应当着眼于“本科”与“应用”这两个限定词，其中，“本科”是人才培养的基本要求，而“应用”则属于人才培养的核心体现，这就意味着本科高校所培养出来的应用型人才属于本科层次的应用型人才。具体来说，首先，从本科教育层面而言，应用型本科人才必须要在知识、能力及素质等方面达到本科教育对其做出的基本要求。这些基本要求在我国的《高等教育法》《中华人民共和国学位条例》等法律法规当中具有明确体现，《中华人民共和国学位条例》中明确规定指出，大学毕业生只有在掌握了与本学科相关的基础理论、专业知识及基本技能的基础上，方可获取学士学位。上述基本要求对所有接受本科教育的学术型人才和应用型人才都同样适用。其次，从应用层面而言，应用型本科人才一定要掌握相应的专业应用能力，即初步具备开展相关实际工作或者是研究工作的能力。总之，应用型本科院校在制定人才培养目标时，不仅要对“基础”给予必要的重视，更要突出“应用”。

（二）学科专业：需求主导

高等院校通常是根据自身的学科专业定位来打造办学特色的。通常来讲，高校专业设置的依据主要有两种：一是依据自身学科的分类来进行设置，二是依据社会需求来进行设置。具体到应用型本科高校来说，由于其是面向社会与行业发展来进行人才培养的，所以，其专业设置通常都是围绕如何更好地满足地方社会经济发展对于人才的需求而展开的。考虑到社会对于人才的需求分为近期需求、中期需求及远期需求，加上不同区域对于人才的需求不尽相同，所以，应用型本科高校在专业设置过程中还需要具有一定的前瞻性，并通过后续优化调整来满足不同阶段、不同区域的社会人才需求。

（三）课程体系：依托学科、面向应用

地方应用型本科院校在构建课程体系的过程中，既要根据学生专业的不同来向他们传授必要的基础理论、知识及技能，即“依托学科”；更要让学生掌握综合运用这些理论知识与技能的能力，以让学生在步入社会后，可直接参加就业或者是开展创业，并实现可持续发展，即“面向应用”。应用型课程体系所具备“依托学科”这一特征是区别于高职高专课程体系的关键所在，而“面向应用”这一特征的存在则让其与研究型本科课程体系产生了显著区别。

应用型本科院校在“依托学科”的前提下所构建的课程体系，旨在突出本科教育在学生知识与技能培养方面的系统性与完整性，切不可过于关注学生某一方面知识或者技能的培养，使学生出现知识结构不完整、技能水平较低或者单一、基本理论知识匮乏等问题，继而影响学生职业能力的可持续发展。围绕“面向应用”来进行课程体系的构建，旨在突出课程体系在课程类型、内容及评价等方面的应用属性。也就是说，应用型本科院校必须要在依据学生专业应用能力培养的需求基础上，进行理论课程与实践课程的设置、课程内容的选择与调整及课程评价机制的建构等。

（四）教学评价：能力取向

地方应用型本科院校的教学评价不仅要从学生的知识结构层面展开评价，更要从学生的能力层面展开评价，即构建能力取向型的教学评价体系。如前文所述，应用型本科人才培养是以专业知识与技能的培养为基础、以专业应用能力的培养为核心来展开的。所以，在对学生的学习情况与结果进行考核时，也应当以学生实际掌握的各项能力为主来进行综合评价，不仅要对学生的专业应用能力与关键能力进行考核评价，还需要体现 OBE 理念，以产出为导向，考查毕业生应用能力与地方经济社会发展需要的吻合度。因此，应用型本科人才培养质量的评价要做到考核过程化、形式多样化，要按照教育部的统一要求，坚决取消“清考”，严肃考风考纪，从严落实“四个回归”，即回归常识、回归本分、回归初心、回归梦想。

（五）师资队伍：双师素质

教师作为知识的传授者，在人才培养过程中扮演着十分重要的角色。因此，地方应用型本科院校必须以培养“双师型”教师为核心，不断加强师资队伍建设，满足自身应用型本科人才培养的需求。所谓“双师型”教师，指的是理论功底深厚且专业知识结构完整、实践教学经验丰富且教学能力水平较强的教师。从能力层面而言，“双师型”教师不仅要具备较强的理论教学能力，同时也要具备相应的实践指导能力。具体到应用型本科人才的培养来说，一个合格的“双师型”教师必须要在素质与能力方面达到以下要求：具备良好的职业道德素养，并注重对学生的职业道德进行培养；熟练掌握本专业规定教师所必须要学会的各项能力，并能根据学生知识与技能培养、专业应用能力培养的需求来展开教学；了解与本专业有关的行业与企业的一般发展规律，并能通过开展实践教学活动让学生掌握这些规律；树立终生学习的意识，通过学习不断夯实自身理论知识基础与不断增强自身业务能力；具备一定的人际交往能力、组织管理能力。然而，在现实当中，“双师型”教师队伍建设遇到一些制度上的阻碍，影响了这一重要举措的落地而流于形式，例如职称评审、工资待遇等。

第四章

我国应用型高校创新创业教育成果分析

第一节　我国部分应用型高校创新创业教育成果

一、北京联合大学

（一）学校概况

北京联合大学作为综合性大学，行政管辖地北京将其设立为当地重要的应用型人才孵化基地，其规模位居北京市所有大学前列。学校的一大特色为发展创新创业工作，也是北京行政管辖范围内率先以创新创业工作作为发展重心的高等学校之一。

北京联合大学正式挂牌之前是北京市依托北京大学、清华大学等著名 36 所高等学校成立的一所分校。30 多年来学校通过不断努力发展，综合实力有了大幅度提升，融合了法律、教育、经济、文学、理工、医学、历史、文艺、管理等多项专业相互支持、共同发展，以本科教育为核心，辅以高职、研究生、继续教育及留学生教育作为人才培育体系的补充。在师资队伍方面，目前拥有 1600 余人的教师团队，以及 2 万多名在校生。学生一贯秉承“学术立校、人才强校、开放兴校”的战略，以内涵式教育为主导模式，努力发展为高质量、城市化、应用型、特色化的受北京人民高度赞扬的综合性大学。

学校高度重视创新创业教育相关工作，2009 年设立创业资助金，从 2011 年培养方案开始面向全体学生设置创新创业学分，自 2014 年起，每年启动一次创业先进队伍评审工作，2015 年以创业型单位的身份成为北京地区首批示范高校，制定了《北京联合大学深化创新创业教育改革实施方案》。

学校围绕教学、管理、保障三大板块创建以创新创业为核心的教育机制，以持续强化创新创业教育优化作为推进学校综合改革的突破口，形成了“多元发展、共融共兴”的创新创业教育工作特色。

（二）创新创业教育特色

北京联合大学在创新创业教育方面出现了由于校区不集中，集中化难度大的局面，但拥有个性化凸显、学科互补强的优点。学校借助于各校区实施双创教育，具有教育成本减少、就近原则培育及个性化教学的特点。另外，在学校层面构建线上线下统合体系，使双创教育对准总目标，劲儿往一处使，构建了“多元发展、共融共兴”的双创生态环境，依托“三项工作、三个平台”，打造出一批具有全国影响力的创业典范，带动出一批具有北京情怀、突出应用实践的创新创业项目。

1. 多元发展下的学院“双创”“三项工作”建设体系

各学院根据学科特点开展三项工作：开设一批“双创”课程，打造一支“双创”导师队伍，形成一批“双创”项目。在强化应用型的前提下形成差异化和多元化的发展趋势，围绕“双创”教育建设学校基础层面：

（1）开设一批创新创业课程。学校创新创业课程着力融入专业培养。各学院面向不同专业学生，借助于专业特点实施“双创”教育。在实际教育工作中，开办实践型“双创”教育活动，强化学生创业实践能力。管理学院创新创业课程以培养学生实践创新能力为核心，引进一批名师和企业家进课堂丰富创业实务经验。在专业核心课程和主干课程建设方面，学院将创业企业的热点案例与相应理论教学结合，提高学习的主动性和解决实际问题的能力；电子商务概论课程采用“任务驱动”教学方法，将实战演练与教学内容结合，提高学生创业实践应用能力。在实践课程建设方面，开展“校企合作”教学模式改革，依托校企共建的东软创业学院，与企业共同开发专业综合实践课程、认识实践课程的教学方案和考核标准，组织学生赴东软集团所在地开展真实工作环境下的实践教学活动，取得良好效果。

（2）打造一支“双创”导师队伍。从事“双创”教育的教师团队由院内专业任课老师及院外导师组成。院内专业老师凭借专业特长开展“双创”教育工作，校外导师参与课程改革，进行项目评审与指导。例如，旅游学院主张教师组织创新创业有关课程及实践活动。教师团队依托科研工作指导学生创新创业，进行旅游产品、3D 创意视频、旅游 3D 沙盘设计等创新创业项目产品输出。同时，选聘一批企业家、创业者、投资家来校进行创新创业教学和培训。通过双向选择的方式，为创业团队配备优秀导师进行创业指导、创投指导和咨询服务。

（3）形成一批创新创业项目。学校按照“双创”人才从创意到创业不同阶段的需要，以学院为基础设立“双创”模拟场所、实践训练场所及现实创新创业基地等。生化学院以“健康”与“环境”为核心指导理念，实现“双创”产品设计工作站、健康和洗护中心及新风优化技术服务站三个实践平台的基础设施建设同时开启项目经营活动。全部的实践内容应围绕市场需求状况开展，与客户零距离接触，在项目设计上一方面要充分融合学校科研技术与专业化教育，另一方面与企业的实际需求和发展状况相结合，最大化地提高学校实验场所及先进设备等资源的利用效率。项目队伍由多个专业构成，基于学生个人喜好及专长，学生可以在技术开发、产品生产与市场销售、人力资源管理及项目经营等业务中进行选择并积极参加学习和培训。另外，管理学院建立了蜂巢模式的创业格局，商务学院设立了“双创”孵化基地，其他学院也结合自身的基础建设水平创办了创业相关培训项目。

2. 共融共兴下的学校“双创”“三个平台”建设体系

学校提出围绕“共融共兴”建立综合性发展平台。其中，“共融”的意义在于，校园将“双创”工作与城市应用型人才培养相融合，突出地域性及应用型的特色；“共兴”是指鼓励不同校区、不同学院之间打通地域和专业之间的限制，资源上交叉互补，形成合作发展的蓬勃之势。为此，学校以中心校区为枢纽，根据学生创新创业发展成熟的不同需求，打造了三类平台，并以线上线下结合形式覆盖全校：

（1）共融共兴的指导平台。在学生有创新创业意识的初级阶段，依托全校各级各类的创新创业赛事选拔项目，进行经费支持并申报北京地区高校优秀大学生创业团队。重视项目是否贴近北京生活、体现北京城市特色，调研项目能否反映个性化专业培养，主张多个学科、专业相融合对创业项目进行设计。特教学院全国首批的视障硕士研究生李鹏同学，根据北京市属于糖尿病高发地区的特点，联合管理学院、智慧城市学院学生共建“爱心降糖小屋”创业项目，入驻当地各大社区进行诊疗实践活动，并荣获 2017 年北京市优秀大学生创业团队一等奖，不仅自身开展了基于技术性创业的实践，还带动了一大批残疾学生实习就业，成为自食其力的劳动者。

（2）共融共兴的服务平台。在创业项目的形成过程中，基于学生的实际需求及校区分布不集中、专业种类多样化等现实条件，创建集线上线下于一体的创业项目综合性服务平台。其中，在线上平台利用学生相关管理工具将创业项目及教师阵容集中化，从而开展具有机动性的远程教育工作；在线下平台借助创业孵化基地，对经过一定流程筛选最终确立的创业项目进行集中化培训。同时，一方面配合学校管理学院、生化学院等执行项目对接；另一方面聘请实体企业家、投资家等创业主体作为培训项目的创业导师，开办以创业为核心的各类教育教学、路演等活动。

（3）共融共兴的交流平台。在学生创业打下基础走出校门时，发起成立创业校友分会。创业主体参与到社会各界多领域的校友会以建立专业知识与项目合作交流平台，促进创新与创业的可持续发展。首先，对毕业生创业活动进行动态追踪，吸引参与社会创业的校友回归校园，参与到双创教育工作中，强化该类团体与校园的关联度，提升在校生的创业质量；其次，强化校友与校园资源链接的灵活性，提高两者促成合作的积极性，从而实现创业体系自由成长。如今，校友团队在所有学院设立了理事会，以此为核心，在各校区、各学院开展针对式的创业项目帮扶。

通过三个平台的搭建，全校实现创新创业教育工作的“12345”工作目标：服务学校城市型应用型大学的办学定位；搭建线上线下双驱创业孵化平台；打造科技、文创、商业服务三种类型的优质创业项目；集在校师生、校友、社会于一体的强大资源体系；有效缓解创业园区不集中、多个专业相互作用创业、大型赛事成果转换、创业项目跟踪和创业校友互动五个方面的问题。

（三）创新创业教育成效

学校构建的创新创业工作体系2013年被评为“北京市高校就业特色项目”。2016年，学校入选北京地区高校首批示范性创业中心校。近年来，学校创业工作获得国家级、省级表彰15次，学生获得省级二等奖、国家级三等奖以上奖励1163次，北京地区高校优秀大学生创业团队10支。2014年1月，经学校推荐，学校2011届毕业生韩磊作为全国唯一的大学生创业代表，参加了李克强总理主持召开的教科文卫体人士和基层群众代表对政府工作报告的意见和建议座谈会。2001届毕业生苏菂创办了中国著名创业孵化器——车库咖啡。

近年来，新华网、《光明日报》、中央电视台、中国网、新浪网、凤凰网、福布斯等国内以及国际上多家知名媒体多次向社会报道了北京联合大学有关校园“双创”的项目，提高了项目相关工作的影响力。该校仍在继续优化工作方向，不断强化“双创”教育相关资源的分享，优化具体操作流程，将创新创业教育工作贯穿整个人才培养全过程。

二、肇庆学院

（一）学校概况

肇庆学院是广东省和肇庆市共建的公办全日制综合性本科大学，在校学生近23000人，拥有经济学、法学、教育学、文学、历史学、理学、工学、农学、管理学、艺术学十大学科门类，设有66个本科专业。学校落实立德树人根本任务，加强顶层设计，按照“做优师范专业，做强工科专业，打造特色专业，改造传统专业”的建设思路，立足肇庆、服务广东、面向全国，将强化“双创”教育优化升级作为推动校园教育全面改革的关键点，构建“强化五个结合、搭建三大平台、实施一个工程”的“531”创新创业教育体系，从整体角度出发，强化高等院校在校生的创新精神、创新意识和创业能力，积极推动毕业生高质量创业就业，获得较为理想的学习成绩。学校于2012年被评为国内毕业大学生经验代表性高等院校；2016年，获评广东省转型发展试点高校、广东省创新创业教育示范学校，“肇梦空间——双创港”被认定为“国家级众创空间”“国家级科技企业孵化器”；2017年，“115”塔式创新创业教育提升工程项目获评广东省高校第五届学生事务管理精品项目；2018年入选全国创新创业典型经验高校。

（二）创新创业教育特色

1. 强化五个结合，全面构建创新创业人才培养的运行机制

（1）创新创业教育与推动学校转型发展相结合。学校全面推进应用型高校转型发展，在培养高素质应用型人才过程中始终贯彻强化素质、提高能力、增强创新创业意识的思想。教学过程对接职场实践环节和岗位标准要求，创建

以融合校园与社会、线上线下相互补充、多学科并行发展、多种资源分享为核心的实践教育体系。相对于总的实践课程学分和课业时长，理工类及学术专业所占的比例应大于30%，人文、社会科学类专业所占比例应大于25%，所有专业的学生应进行为期至少一年的实习训练，培养基础知识扎实、实践能力突出、综合素质全面的应用型创新创业人才，学校获评广东省转型发展试点高校。

（2）创新创业教育与服务地方产业发展需求相结合。结合地方产业发展布局，依托大学科技园建成20000多平方米大学生创业园，园区分为高新科技企业孵化区、文化创意产业园、跨境电子商务园、现代农业产业园、创客方舟五个板块，结合学生的创新创业项目引导入园开展实践活动，实现分类指导发展，形成聚集效应。美术学院胡荣奎老师带领学生创业团队成立金绣工作室，深挖地方文化资源，创作作品先后获得东盟博览会文化创意工艺美术金奖等多项国际奖项，连续两年被评为广东双年展优秀作品。肇庆学院与肇庆市文广新局共同创作的全国首部廉政文化音乐剧《青天之端》目前在全国巡演，充分弘扬了地方历史文化，产生了良好的社会效益，为服务地方进行了积极探索。

（3）创新创业教育与学科专业竞赛相结合。制定《肇庆学院关于资源共建共享的实施意见》，所有实验室为学生提供教学实验、创新创业项目训练、学科竞赛服务。充分发挥竞赛引领作用，大力支持学生积极参加“互联网+”大学生创新创业大赛、创新创业训练计划、“挑战杯”及各类学科专业竞赛，通过竞赛建立创新创业项目库，推动创新创业大赛优秀项目向创办企业和申请专利转化。仅电子与信息工程学院李云鹤博士指导的学生创新创业团队2017年就获得国家专利81项、软件著作权84项。

（4）创新创业教育与校友工作相结合。以“学生职业发展辅导月”等为平台，大力开展“企业精英进校园”活动。成立校友企业家联盟，聘请校友企业家担任创新创业导师，邀请校友企业家到校开展创新创业专题报告、讲座论坛等活动，为创新创业团队提供个性化咨询服务。校友企业家深圳法宝基金投资管理有限公司总裁吴学入选全国万名优秀创新创业导师人才库。校友企业家的现身说法及针对性强的“解惑”，激发了学生对于创新创业的积极性，强化了学生相关知识的储备，进一步增强了对“双创”项目的意志和信心。

（5）创新创业教育与开放办学相结合。加强与港澳台地区、境外高校的深度融合，加快创新创业教育国际化进程。学校与德国富克旺根艺术大学合作，以德方工业设计的专业标准开展理论与实践相结合的教学，学生在各项工业设计大赛中获得佳绩。通过与香港民政事务局、广东省青年联合会等合作，实施粤港澳青年学生创新创业志愿服务合作计划，每年联合组织大学生在肇庆市开展支教助学和专题调研，在社会实践中萌发创意，激发爱国情怀。

2. 搭建三大平台，建立创新创业人才协同培养机制

（1）搭建政、产、学、研、用“五位一体”（GOIUR）协同创新平台。瞄准肇庆市主导产业需求，以机械与汽车学院、环境与化学工程学院、电子与电气工程学院、软件学院等二级学院为基础，搭建起以“政”为主导、以“产”为导向、以“学”为主体、以“研”为保证、以“用”为目的的协同育人综合体系，共建了智能联网汽车协同创新中心、环境分析测试中心等 12 个研究中心，以及协创汽车配件研究院等 8 个研究院，通过引入行业企业人才评价标准，实施卓越人才培养计划，建立起联合培养创新创业人才的一体化机制。近三年来，学生创新创业项目获国家立项 60 多项、省级立项 166 项，获得国家级竞赛奖项近 200 项、省级竞赛奖项 1566 项。全校涌现了 36 个优秀师生科研团队，建立了 214 个服务地方的特色项目，取得了 162 项应用型科研成果，为地方产业转型发展培养创新创业人才打下基础。

（2）搭建高校、地方政府、中小学“三位一体”（UGS）的教师教育协同育人平台。教师教育是肇庆学院的办学传统特色，也是创新创业教育与服务地方基础教育发展的突破口。学校全面深化教师教育改革，建设了中小学教师发展中心，举办卓越教师“砚园班”，倾力打造“未来卓越教师”精英；与广宁县等四个县协同设立教师教育改革创新试验区，打造高校、地方政府、中小学之间协同育人的新平台，与中小学协同确定培养目标，协同制订培养方案，协同设计课程体系，协同建设实习实践基地，探索出一条培养优秀师范生与服务基础教育发展同步推进的有效途径。“肇庆地区乡村卓越教师协同育人平台”获评省级平台，中小学教师发展中心获评省级发展中心。

（3）搭建政校企合作创新创业互动实践平台。加强与肇庆市政府合作，吸引企业参与，着力构筑政府搭台、学校唱戏、企业获利、学生受益的“政府—大学—产业”（GUI）三螺旋互动共进模式的创新创业实践平台。由市政府主导建设的“肇梦空间—双创港”、民间资本建设的创客方舟成为全校师生开展创意设计、创新实验、电子商务等的重要实践平台。肇梦空间—双创港先后被认定为“国家级众创空间”“国家级科技企业孵化器”。

3. 实施“115”塔式提升工程，建立创新创业人才脱颖而出的选拔成长机制

以所有学生为面向对象传播创新创业文化，做到“双创”教育全面覆盖。最大化开发各类学科中与“双创”相关的教育资源，将先进的专业知识授予广大学生，同时开设《创新创业基础》等3门必修课、《当代科技发展前沿》等35门核心通识课及公共选修课，按年级确定培养训练的重点内容。大学一年级以职业生涯发展规划教育为主，培养学生创新创业精神；二年级以深化创新创业理论教育为主，提升学生对专业与创新创业知识的理解与体验；三年级和四年级以创新创业实践为主，开展个性化的创新创业课程和实践训练，全面提升创新创业能力。

结合专业成立100个创新创业精品工作室，遴选二年级以上对“双创”项目具有强烈爱好的学生精英加入，关键是强化“双创”项目实践课程的训练。由学校组织专家评审，与学科专业紧密结合，具有创新性或良好市场前景的科技类、文化创意类、信息技术类等项目方可入驻精品工作室。鼓励创新创业教育导师以投资人或合伙人身份参与学生项目的开发、孵化。适当遴选毕业十年内创业成功的校友与在校生合作创办公司驻园入室。目前，已有90个学生创新创业团队入驻大学生创业园。

通过创新创业品牌活动，遴选5%具有成熟创新创业项目的“种子选手”，培养创新创业“精英”，重点是对他们提供针对性更强的“双创”相关专业知识辅导，提升“双创”项目成果的培育成功率，树立“双创”代表人物典范。在此期间，涌现了“感动南粤校园”广东大学生年度创业人物林雨财等一批毕业生创新创业典型，形成了“头雁效应”。

（三）创新创业教育成效

经过几年的探索实践，肇庆学院创新创业教育工作取得了积极成效，学生创新创业意识明显提升，就业创业能力显著增强。近年来，学生参加创新创业实践活动的覆盖面超过80%，大学生创业园培育孵化初创企业150多个，毕业生初次就业率达95%以上，总体就业率达99%以上，通过创业实现就业的人数不断增多，较好地实现了以创业带动就业的工作目标。

三、重庆科技学院

（一）学校概况

重庆科技学院是一所以理工科为主，以石油与化工、冶金与材料、机械与电子、安全与环保为特色，理、工、经、管、法、文、艺多学科协调发展，行业优势突出、办学特色鲜明的高等学校。学校坚持面向石油行业、冶金行业和重庆地域、安全领域的“两业两域”办学，发扬“创业、创新、创优”的学校精神，紧扣“行业性、地方性、开放性、应用性”的办学定位，确立了要把学校办成一所特色鲜明、国内知名、走向国际的高水平特色科技大学的奋斗目标。

（二）创新创业教育特色

学校创新创业教育起步较早，通过强化教育、建立制度、完善措施、营造氛围，持续深入推进创新创业教育（见图 4-1）。

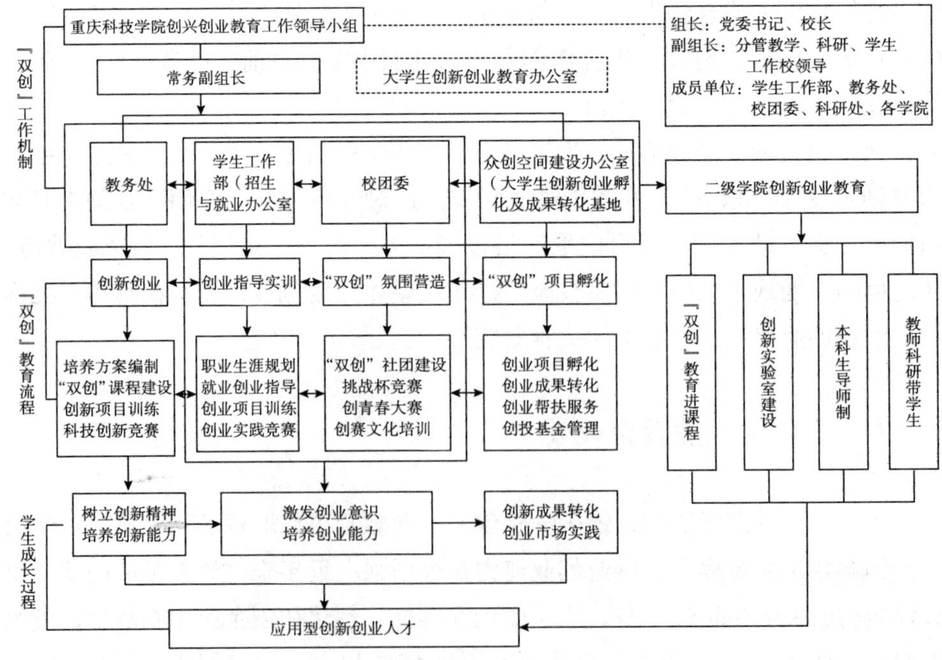

图 4-1 学校创新创业教育体系逻辑

1. 构建工作体制，全方位落实“双创”工作保障

构建立体融通的“双创”工作机制。一是学校成立创新创业教育工作领导小组，由党委书记、校长任组长，分管教学、科研和学生工作的校领导任副组长，有关职能部门负责人为成员。领导小组负责全校创新创业教育的整体规划、统筹协调、督导落实和工作考核，日常工作由常务副组长统筹负责。二是设立大学生创新创业教育办公室。大学生创新创业教育办公室（副处级单位，挂靠学生工作部）在“双创”项目核心领导团队的指引下，组织各学院或机构推进“双创”教育事业。三是各部门依据职能承担创新创业教育任务。由教务处负责创新创业教学，学生工作部（大学生创新创业教育办公室）负责就业创业指导和创业实训，团委负责创新创业氛围营造，科研处（众创空间建设办公室）负责项目孵化和创业服务。

构建全程融通的“双创”教育体系。一是将创新创业教育纳入人才培养方案。结合创新创业教育要求对原有人才培养方案进行修订，在所有本科生、研究生的人才培养方案中，明确了创新精神、创业意识和创新创业能力培养的目标要求，明确了学时、学分和教学计划安排。二是构建“3553”“双创”教育教学体系。“三面向”即面向全体学生、面向全体教师、面向育人全过程；“五结合”即理论与实践结合、科研与教学结合、专业教育与双创教育结合、课内与课外结合、校内与校外结合；“五途径”即课程课堂、项目训练、学科竞赛、基地实践、成果孵化；“三层次”即创意、创新、创业。三是建立“234”创新创业实践实训体系。根据实践教学的多样性和复杂性特点，采取计划性和自主性两种教学组织形式；基于学生的认知原则设立以验证、综合、设计为核心的实践训练课程，这一课程体系体现了教育工作的基础、专业、创新等特征；根据课程性质设立实验课、综合性实践教学环节、创新教育计划、素质拓展训练四大类型课程。四是坚持实施“万千百十”“双创”育人工程。通过覆盖全体学生的万人实践能力培养工程、数千人的学科竞赛工程、数百人的科研训练工程、数十人的拔尖创新研究培育工程，全面提高学生“双创”能力。

2. 整合社会资源，搭建创新创业教育平台

一是校企联合助力人才培养。联合重庆市安监局、中科院重庆绿色智能技术研究院和中兴通讯、中科曙光等行业企业合作举办专业，推进传统专业“转型升级”，实现企业用人需求与人才培养目标相结合。联合多家企业开办钱煦医学材料班、ACA 会计班、中都物流经理班等 10 余个校企联合人才培养实验班，将企业优质资源与学校办学资源相融合，实行“学校 + 企业”双导师制培养人才。二是多方协作打造科研创新平台。学校与国家安监总局和重庆市安监局联合建立了重庆安全工程学院和国家级实践基地；与教育部高校发展规划中心、中兴通讯和学校共建 ICT 产教融合创新基地；与重庆市人力社保局共建世界技能大赛重庆市集训基地。与重庆市科委、重庆三峰集团协同打造重庆垃圾焚烧发电研究院创新平台，成为重庆市择优资助的“2011 协同创新中心”；与中石油、中石化、中海油三大石油公司联合打造产学研高水平创新实践平台；与重庆市科学技术协会、沙坪坝区人民政府共建“重庆市科协众创之家”。制定《科技成果配套资助办法（试行）》《促进科技成果转化管理办法（暂行）》等制度，探索建立了“技术 +”的产学研合作模式，实现了人才、信息、技术等创新要素的深度融合，推动了校企协同创新。三是共建共享完善实践教学平台。与企业、政府共建共享国家级实验教学示范中心 2 个、虚拟仿真中心 1 个、工程实践教育中心 4 个、省部级工程实践教育中心 2 个和实验教学示范中心 8 个，校企合作共建省部级科研及协同创新平台 19 个，均面向学生开放，鼓励学生“进平台、进团队、进项目”，开展“双创”训练。四是校企交流加强教师队伍建设。校企互派人员到对方去挂行政职务和技术职务，共同建立人才资源库，实现校企双方教师和技术人才库共建共享。近两年，已有 35 家企业近百名专家与学校教师合作开设 107 门课程，选聘企业研究生导师 185 名、本科生毕业设计指导教师 327 名、企业创新创业导师 79 名。

3. 深耕“一专一赛”，培养学生创新创业能力

一是优化“双创”教育设计，夯实“一专一赛”基础。以校内外大学生科技创新竞赛为依托，结合课程教学需要，实施学科特色鲜明、覆盖所有专业的“赛课计划”。各专业以学科竞赛、创新实践项目、科技成果等为主要载体，设置不低于 2 学分的创新实践环节，建立学生创新创业教育学分认定、积累和转换机制。学校建设实验室开放管理系统，推行实验室开放活动周，探索形成了“三二五”实验室开放机制，即推进涵盖课内、课外实验两个课堂，依托国家级、市级和校级三层次实验教学中心，开展多批次选课、分时段网络预约、学生自主创新、科研助理与实验助管、赛课计划五种开放模式。同时，建设仿真实验室，推动“双创”教育现代化，为学生的创新训练研究项目提供了虚实

结合的训练、实验平台，适应现代大学生成长的新特点和信息化时代“双创”教育教学的新规律。二是推行教学模式改革，强化“一专一赛”举措。开展以赛促课、以赛促设、以赛促学，各专业以“一专一赛”为基础，分解竞赛项目的知识、能力要求，并将其融入专业课程教学。以校企双导师指导为抓手，学校将毕业设计选题与大学生创新创业训练计划项目、生产实际问题、现场技术案例紧密结合，实施毕业设计“真题真做”。将“一专一赛”相关课程竞赛评价指标引入课程考核，以操作过程、作品等作为考核对象，开展“非标答案”考核改革。

4. 优化体制机制，破解高校创新创业孵化难题

一是优化机制，打造高层次孵化平台。成立众创空间建设办公室，取消行政级别，坚持市场导向，利用市场化机制引入创业孵化平台，统筹师生“双创”成果孵化工作。引入中国十佳孵化器——苏州创客邦，为我校师生提供专业化、市场化运营的创新创业孵化服务，实现科教融合、产教融合。积极推动产学研结合，开展投资路演、创业项目推介、创业资金筹措、创业盟友寻找等活动，使更多社会资源向创新创业集聚。二是强化举措，提供高层次孵化指导。定期举办创客下午茶、创业门诊、CEO 分享会、新媒体运营分享会、创业大讲堂等活动。引入 OMO 孵化模式，通过人工智能、大数据、移动互联等孵化手段开展线上购买、线下体验，将服务进行产品化，并与重庆科技金融服务中心共同出资 1000 万元设立重庆科技学院创业种子基金，促进成果转化。此外，与北京大学重庆 EMBA 共建众创商学院，与重庆金甲天下实业有限公司、云海资本、深圳文交所、广东校友会分别签署了投融资服务、上市辅导、人才与平台对接服务合作协议，提供一体化的运营服务。三是注重转化，形成高层次孵化成果。2017 年孵化项目累计获得投资 1238 万元，达力索缆科技有限公司和曙鑫仪分析有限公司两家企业在深圳文化四板产权交易所挂牌上市，两家科技型企业获得“双高”企业认定成果和重庆市科学技术成果认定。目前，孵化企业 55 家，其中学生项目 41 家。孵化项目覆盖石油、冶金、电子信息和安全环保等多个领域，创业学生 100 余人，辐射重庆市 70 余所高校和 39 个区县。多项孵化项目已在全国 20 余个城市落地生根，其中桥梁医生、科瑞光谱分析仪、共享充电宝等项目已在湖北、广东、浙江、海南、陕西等多个城市投入运营，年产值 2000 余万元。

四、山东英才学院

（一）学校概况

山东英才学院于1998年正式挂牌成立，并于2008年升为普通本科高等院校，经国家教育部批准，学校于2013年成为应用技术实验项目重点研究院校，并于当年被教育部评为国家级毕业生就业先进代表院校，2014年经山东省多个部门联合批准，学校正式成为省级民办正规高校特色文化教育著名学校之一，2015年被国家教育部评为本科教育合格单位，2016年被教育部授予全国高校实践育人创新创业基地，2017年被山东省学位委员会批准为硕士学位授予立项培育建设单位。

学校拥有南北两个校区，占地1600余亩，建筑面积54万平方米，资产总值逾20亿元，其中教学科研仪器设备1.5亿元，图书馆藏书200余万册。设有普通本专科专业70余个，在校生18000余人；教职工1500余人，专任教师970余人，高级职称教师占32.9%，博士、硕士学位教师约占73.3%，博士学位教师占比为10%。

自2005年以来，学校狠抓内涵建设，努力实现规模、结构、质量、特色协调发展，取得明显成效：培育了全国民办高校第一门国家精品课程、国家教学名师、国家“万人计划”教学名师、国家级本科教学团队和国家级精品资源共享课；建有全国高校实践育人创新创业基地、国家级综合改革试点专业、国家级实验教学示范中心；拥有省级大学生创业孵化示范基地、省级实验教学示范中心、省级人才培养模式创新实验区、9个省级优势特色专业、2个省级卓越工程师教育培养专业、省级教学成果一等奖4项、二等奖8项。学校入选国家级科技思想库、山东省高等学校协同创新中心、省级软科学研究基地，获批山东省“十三五”高等学校科研创新平台3个。近年来，学校主持承担省级以上科研项目128项，其中国家级课题35项，承接横向课题100余项，实现了国家自然科学基金、国家社科基金、全国教育科学规划课题全覆盖；获山东省社科优秀成果一等奖一项，转让发明专利一项，有5项重要软科学成果研究报告进入了政府决策。

学校毕业生就业率连续多年保持在93%以上，实现就业质量和就业率“双高”；2012年被授予“山东省高校毕业生就业工作先进集体”；2013年成功加入国家教育部划分的2012~2013学年全国毕业生就业典型经验高校前50名行列，是该期仅有的一所民办院校。在国家统计局社情民意调查中心“用人单位对毕业生的满意度”调查中，学校位居首位。

近5年，学生自主创业注册公司42家。毕业生张保松、崔恩斌先后获第二届、第四届“山东大学生十大创业之星”。在山东省共40名“创业之星”中，山东英才学院的学生占2名。2016年12月，学校入选全国41所高校主导型实践育人创新创业基地，同年被中国民办教育协会授予“全国民办高校创新创业教育示范学校”。

（二）创新创业教育特色

20年来，学校秉持“自强不息，与时俱进”的校训精神，闯出了一条艰苦创业的办学之路，形成了独具英才特色的人才培养体系（见图4-2）。

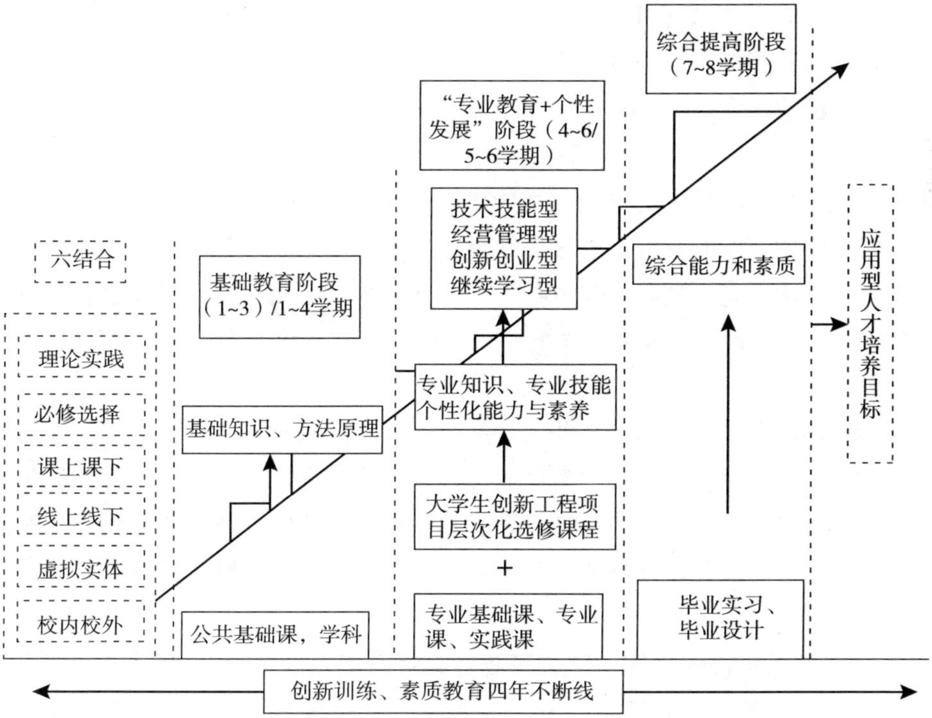

图4-2　创新创业教育教学体系

1. 构建“开放式、个性化”创新创业教育模式，培养创新创业人才

坚持“进方案、进课程、进课堂”的创新创业教育理念。准确定位、错位

发展，明确专业人才培养目标和规格，正向设计、逆向推导，优化人才培养策略，设立“双创”项目及劳动学科学分机制，把思维创新、创业意识及提升实践水平作为整个人才培养阶段的核心目的。

优化以能力培养为导向的多层次、个性化创新创业课程体系。充分考虑学生个性化发展需求，设计不同层次基础课、跨专业综合类课程。按公共基础、学科专业基础、专业课、创新创业、选修课 5 个模块，坚持“两个统一”（全校统一公共基础课、按学科门类统一学科基础课）、“三个结合”（课内课外、线上线下、必修选修）和“四个不断线”（外语、计算机应用技术、实践教学、素质教育）原则，构建课程体系。

构建“三段式、个性化”人才培养模式。重构培养流程，将全学程 8 个学期分为“基础教育”“专业教育 + 个性化选择”和“综合提高”三个阶段构建“三段式、个性化”人才培养模式。学生在一年级接受创新创业基础教育后，从二年级开始自主选择并参与创新创业实践项目及各类竞赛，实现创新思维、创业意识和实践能力培养贯穿人才培养的全过程。近两年参与创新创业实践活动的学生覆盖面在 70% 以上。

打造专业化、专家化创新创业教师团队。依托创新创业教育平台，组建了 57 人的专职创新创业教学和指导教师团队；依托国家级实验教学示范中心、省协同创新中心和省高校科研创新平台引进专家 101 名。教师参加专业培训 200 余人次，企业挂职锻炼 100 余人；从台湾 8 所高校聘任有博士学位的创新创业导师 80 余人，形成了“外引 + 内培”的专业化、专家化创新创业教师队伍。

健全部门联动、全员参与的创新创业教育工作机制。进行大部制改革，建立部门联动、全员参与，融创新创业实践、专业教育、思政教育和学生活动为一体的工作机制，将德育、劳动教育、创新创业教育融入教学全过程，实现教学活动、学生管理、创新创业实践相互渗透、同频共振、相互促进。

2. 产教融合校企合作，打造创新创业协同育人平台

共建产教融合创新基地。2015 年入选“教育部—中兴通讯 ICT 产教融合创新基地”，与中兴通讯公司共建行业学院，共同投资 1500 万元，共建云计算、数据通信等 5 个实验室，共建云计算、通信工程专业，共同承担教学和学生管理，共同安排学生实习和就业。2016 年入选教育部数据中国“百校工程”产教融合创新项目，与中科曙光按“中兴模式”共建大数据应用创新中心和曙光

大数据学院。

投资1500万元与济南高新区、费斯托（中国）有限公司共建“济南高新区中欧智造高技能人才培养基地”，联合开展“双元制”人才培养，为新旧动能转化重大工程提供人才保障。与山东高速集团信博信息科技有限公司合作成立山东高速信息学院，联合培养智慧交通、智慧物流、移动互联、智能机器人、互联网营销等专业应用型人才。

建立创业孵化示范基地。2009年建立大学生创业孵化基地，使用面积12600平方米，建成了集创业教育、创业实践、创业孵化、创业服务等功能于一体的大学生创新创业平台，可同时容纳100余个项目入驻孵化，2015年获批“山东省大学生创业孵化示范基地”，现已累计孵化创业项目175个。

共建校外创新创业实践基地。与青岛海信、海尔创客实验室、腾讯云计算（北京）有限公司、百花创业营等153家企业和创业园结成合作伙伴，为学生创新创业实践提供延伸服务。2013年，学校与福田雷沃国际重工有限公司合作建设的实践教育基地被教育部评为“国家级大学生校外实践教育基地”。

3. 注重大学生思政教育和创新创业教育相结合，引导学生投身国家建设和国防事业

全员育人，构建集思政教育、专业教育、团学活动于一体的创新创业教育工作体系。充分发挥思想政治理论课的德育主渠道作用，优化课程体系和教学内容，探索建立整体性与层次性相结合、兼顾不同专业学生特点的教学内容体系；充分挖掘专业课程的德育教学元素，融入大纲、融入课堂；改革教学手段和方法，以激发学生主观能动性、充分利用课外学习时间为原则，开发以任务驱动、参与式学习为核心的混合式教学方法，通过教学设计，实现课内课外联动，第一课堂、第二课堂有机融合、相辅相成；将德育、劳动教育、双创教育融入教学的整个过程，实现教学、管理、“双创”实践相辅相成、协同发展。

创新载体，营造浓厚的文化氛围。开展“奋斗的青春最美丽”、“传统文化进校园”、十大“自强之星”人物评选等活动。充分发挥好非物质文化遗产博物馆、中华文明万年纪文化长廊、“孔子学堂”等文化设施的育人功能。加强网络文明建设，创作一批网络文化作品，保持学校官方微博的影响力长期居于全国高校前列。举办大学生科技文化节、大学生社团文化节、大学生宿舍文化节“三节”，挑战杯、国学达人、职业技能“三赛”，英才讲堂、孔子学堂、青马课堂“三学堂”活动，为学生成长搭建平台。打造生态校园，建成“一苑、两山、三水、四广场、五花园”的文化景观布局。

建设基地，发挥“五馆三中心”的育人功能。学校先后投资 1000 余万元建成“四馆一屋二学堂”（党史馆、国史馆、校史馆、非特质文化遗产博物馆、将军书屋、孔子学堂、英才讲堂），开展党史国情、校史校情、人文素质教育，开展“爱党、爱国、爱军、爱校”专题教育，引导学生树立正确的世界观、人生观、价值观；充分利用宣传栏、校园广播、条幅等传统手段和学校官网、微博、微信等新媒体方式营造党建、团建和国防教育氛围。

（三）创新创业教育成效

学校“仁德、爱人”的文化环境，“知行合一、立德树人”的育人氛围，感染成千上万的英才学子，养成服务国家需要、献身西部建设的家国情怀。毕业生中先后有 352 名赴新疆、西藏、青海等地志愿服务和支教，2016 年山东英才学院被新疆团省委评为全国 10 所西部志愿计划新疆项目重点招募高校之一。有 738 名同学应征入伍，投身国防建设，学校被评为“全国国防教育特色学校”。

五、辽宁工业大学

（一）学校概况

辽宁工业大学始建于 1951 年，校园占地面积 1000 余亩，在校生 18000 余人，是一所以工为主，理、工、经、管、文、法、艺术协调发展的省属全日制多科性大学。2013 年 5 月，学校入选国家“中西部高校基础能力建设工程”重点建设高校。

作为成立较早的省属工科院校，学校坚持以高水平应用型大学建设为办学定位，把提高本科人才培养质量作为学校生命线，将大学生实践创新能力培养作为人才培养的目标。自 2002 年起，学校先后把创新学分和创新创业教育模块纳入人才培养方案。经过十几年的不懈努力探索，学校已经构筑了适合地方应用型本科院校的“345”创新创业教育体系，真正将双创教育渗透到人才培养的整个过程（见图 4-3）。

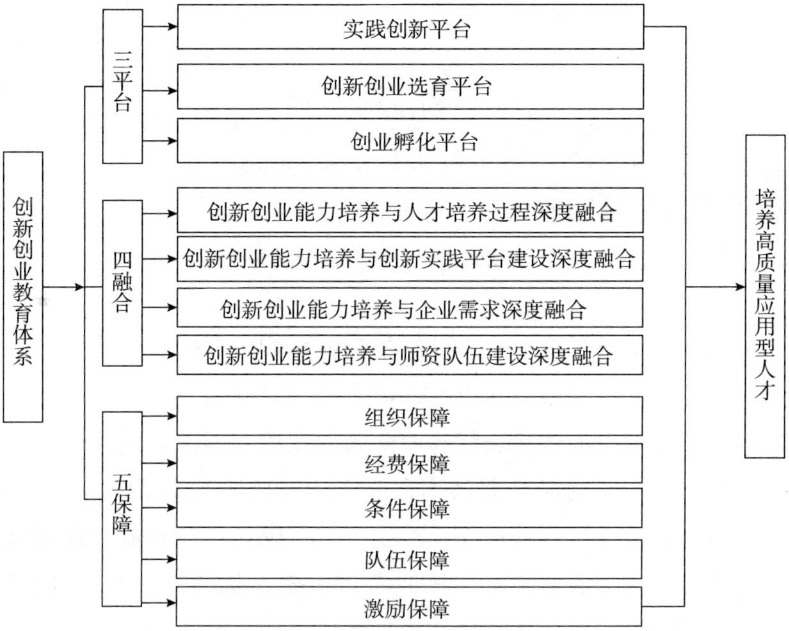

图 4-3　创新创业教育体系

（二）创新创业教育特色

1. 强化创新创业实践教育，构建三级进阶式创新创业实践平台

从学校整体层面出发，学校总结“双创”项目人才培养的基本原则，建立了实践创新平台、创新创业选育平台、创业孵化平台呈递进关系，以实践为中心的人才培养体系。第一级人才培养平台注重培养和提升学生的实践创新水平，以此为基础，筛选出表现优异的学生建立小组加入第二级人才培养平台，再经过企业实践任务开展就业水平和创业模拟训练，对于训练有素的学生使其以初创企业成员的身份入驻第三级人才培养平台（见图 4-4）。

（1）实践创新平台。学校建有占地 60000 平方米的现代化工程实验实训中心，建有汽车服务检测等 7 个综合实训平台，建有机器人创新实验室等 16 个大学生创新实验室。这些实践创新平台为学生进行各类实训、创新实验及参加各类科技竞赛提供有力支撑。

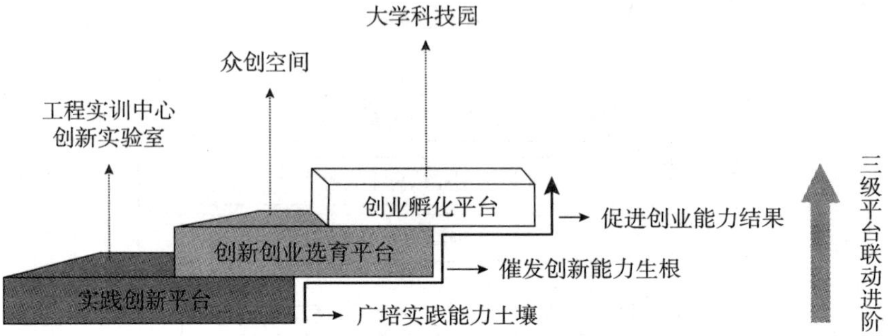

图 4-4　创新创业“三级平台”实践育人体系

（2）创新创业选育平台。学校借助于国家众创空间作为在校生“双创”项目育选工作服务中心，开启以在校大学生为面向对象的“双创”培养和选育项目。每年遴选具有前景的项目和优秀团队入驻众创空间，并提供资金、技术等全方位服务与支持。选育项目坚持用企业实际项目任务驱动的方式进行培育，注重让学生参与企业实际项目运作，对学生进行密切结合专业教育的就业创业实践训练，体验就业“前置化”和创业“预孵化”，提高学生创新创业能力。

（3）创业孵化平台。依托学校省级大学科技园，积极吸纳创新选育平台中成长性好、市场化程度高的项目进入创业孵化平台实施孵化，帮助大学生创业者将创新成果产业化，为大学生创业创造了有利的条件和环境。现在选择在三级平台上开展“双创”培训和选育的机构组成是：学院级别创新队伍达 54 个，学校级别创新队伍达 15 个，双创选育队伍达 28 个，双创训练队伍达 180 个，学生创业培育单位达 11 家，每年接收的参加“双创”实践培训项目的学生占全国毕业生总人数的 45% 之多。

2. 聚焦创新创业能力培养，构建“四融合”创新创业教育培养模式

（1）深度融合人才培养全过程。学校注重夯实创新创业知识理论，以学生实践、创新、创业能力培养为主线，在培养计划中专门建构了创新创业课程体系，增设专业前沿与特色选修课程、设置创新创业教育模块、构建“基础 + 专业 + 综合（设计）+ 创新”四层次实验体系。加强实践过程，从企业实际问题中挖掘，所有专业的毕业设计或毕业课题中超过 85% 的题目来自实践活动。学校侧重于对信息技术的应用以开展“双创”教育人才培养，通过开展慕课、网络课堂等线上教学模式，全面推进创新创业教育。同时，在创新创业教育中加强与思想政治教育的结合，保障所培育的创新创业人才都拥有过硬的政治立场和高尚

的思想品德，以满足国家创新战略发展及人才资源的需要。

（2）深度融合创新创业实践平台。学校全面总结创新创业人才培养的规律，构建“实践创新平台”“创新创业选育平台”“创业孵化平台”三级进阶式实践育人平台，三级平台以任务驱动方式开展实践、创新和创业能力训练，实现学生实践创新和创业能力培养无缝对接。同时，充分发挥各级平台资源，依托学校、教师等的科研成果、专利及企业需求等，加强原创性项目创业的突破与发展。

（3）深度融合企业需求。学校基于国家、省级大学生校外实践基地和辽宁省汽车零部件产业校企联盟，与锦州万得集团、辽宁维森有限公司等省知名企业，以企业任务驱动或共建创新实验室等形式，合作进行创新创业人才培养，组织开展学生创新创业实践活动，构建了五个校企深度融合的创新创业教育实践模式（见图 4-5）。

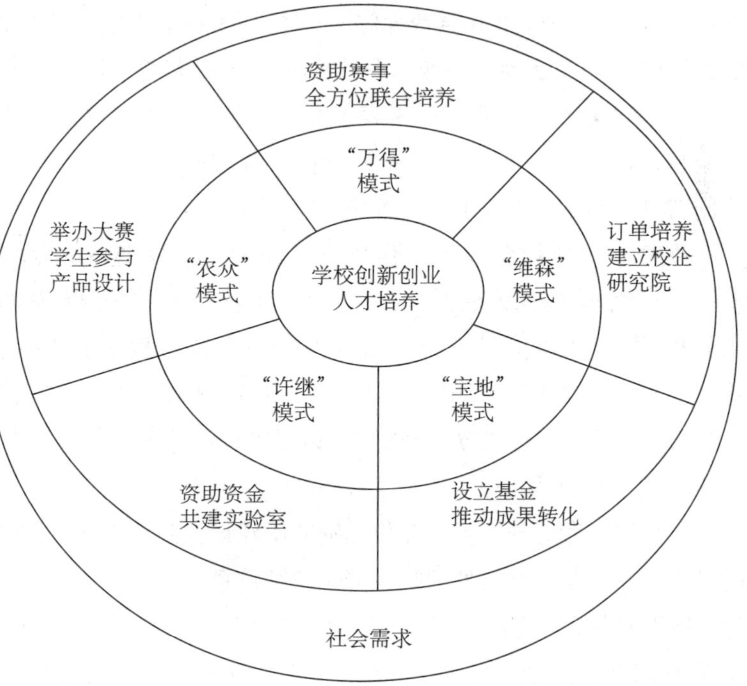

图 4-5　校企深度融合的创新创业教育实践模式

（4）深度融合师资队伍建设。建立本科生专业导师制。自 2010 年起，学校开始实施《辽宁工业大学本科生导师制》，主要工作内容是引导学生强化技能和专业知识的学习、设计工程项目、参加科研及各项以科技创新为主题的赛事等。目前，学校共有 297 位本科生专业导师，有 1108 名学生正在参加导师课题组从事科技创新活动。建立优秀创新创业导师制。学校建成一支以专业教师和专职就业创业指导教师为主体，社会知名企业家、专家学者、优秀校友为辅助型“双创”项目导师的高实践经验、高综合素质的“双创”教育团队，辅导学生学习“双创”专业知识和实践技能，目前学校共有创新创业导师 176 人，其中校内导师 132 人、校外兼职导师 44 人。

3. 推进创新创业教育发展，构建“五类”管理保障措施

（1）坚持领导推动，强化组织保障。学校成立由党委书记和校长担任组长，主管教学工作副校长为副组长，创新创业教育中心、教务处、质量评估中心、设备处、财务处、科技处及各学院负责人为成员的创新创业工作领导小组。领导小组负责规划、管理与决策、条件与经费保障等工作。

（2）加强经费投入，注重经费保障。学校每年设立专项资金 300 余万元，用于开展各类创新创业活动、各级大学生创新创业竞赛等。同时，设立专项奖励基金，每年平均投入 160 万元用于表彰在创新创业教育工作中的优秀指导教师及先进单位。同时，每年企业或校友还投入 80 余万元用于奖励在国家级大学生科技创新竞赛中取得优异成绩的学生。

（3）重视教学仪器设备建设，强化条件保障。学校创新创业场地和仪器设备完备，人均教学仪器设备已达 1.4 万元，建设较为先进、完备的实验室体系和校内外相结合的实践实训体系，建有 7 个省级实验教学示范中心，5 个实验实训中心，100 多个基础实验室、专业实验室，185 个校外实践教学基地，60000 平方米工程实训中心，众创空间，以及 34 个创新实验室，全面支撑着大学生创新实践活动。

（4）实施教师能力提升工程，强化师资队伍建设保障。现在学校围绕改进教师团队授课能力，创办了以教师课堂竞赛、教师信息技术应用竞赛为代表的各类竞赛活动，强化师资队伍建设，引导高等院校毕业生参加“双创”项目的技能。

（5）激发创新创业热情，加强激励保障。构建教师激励机制，充分调动指导大学生创新创业活动的积极性。在教师职称评聘和分级聘任中，教师指导大学生创新创业工作突出业绩的量化得分与科研成果量化得分并重，并将其也纳入教师聘期考核。设立“创新工作指导奖”等教学专项奖励，针对大学生“双创”能力教育工作有突出表现的优秀教师给予物质或精神层面的奖励。

构建学生激励机制，充分调动大学生参加创新创业活动主动性。学校制定《辽宁工业大学创新创业学分积累与转换制度》，增设双创学业学分获得途径，促使学生对“双创”项目产生更高的积极性。学校根据学生的不同需求制订相应的“双创”能力培养方案，建立创新创业学分成果档案；完善学籍学业管理制度，允许学生保留学籍休学创业；设立专项创新创业奖学金，用于表彰优秀创新创业的学生。

（三）创新创业教育成效

近年来，学校在创新创业工作上成果显著，就业率在省属同类高校中位居前列，近三年初次就业率均在 93% 以上，经过创新创业基地训练的学生更是受到广大用人单位的青睐，就业率 100%，学生的专业能力、岗位适应能力、实践能力普遍受到用人单位高度好评，《光明日报》曾以《辽工大“创新力”提升学生“就业力”》为题进行过报道。学校也在 2016 年获批“首批辽宁省深化创新创业教育改革示范高校”，2017 年获批“全国高校实践育人创新创业基地”，2017 年学校宝地砺器众创空间获批“国家级备案众创空间”，在 2019 年中国高等教育学会公布的 2014~2018 年度学科竞赛评估结果中，学校居全国 112 位，2018 年度居全国第 63 位，居于辽宁省省属高校首位，2019 年 8 月获批“全国创新创业典型经验高校 50 强”。

六、安徽师范大学

（一）学校概况

安徽师范大学是安徽建校最早的高等学府，是安徽省人民政府与教育部共建高校、国家“中西部高校基础能力建设工程”项目建设高校、全国首批十所试点部校共建新闻学院单位和安徽省“地方高水平大学”项目建设高校。建校 90 多年来，学校坚持以服务经济社会发展为己任，大力弘扬“厚重朴实、至善致远、追求卓越、自强不息”的师大精神，落实立德树人根本任务，累计为国家和社会培养了近 30 万名全日制高等专门人才，为安徽省属高校之最，被誉为安徽高等教育的“母体”和基础教育的“母机”。

（二）创新创业教育特色

学校着重强化“双创”教育的相关工作，始终坚持以学生为核心、以教育为根本的理念，并把该理念深入教育工作的整个过程，创立了融合“五位一体”的“双创”教育体系，其中包含项层设计、队伍建设、平台搭建、过程指导和教学改革，形成了“三创理念引领、四级平台支撑、五个融合促进、六送举措扶持”的“3456”创业生态，为地区的经济发展提供了大量人力资源、技术支持及创新服务（见图 4-6）。学校一直以来重视教师教育和“双创”教育的互相作用和互相补充，致力于树立“双创”教育示范作用，持续强化新生代教师队伍的创新能力开发及整体素质提高，大部分毕业生在社会各界中小有成就，维护了以人才培养为核心的安徽师范大学育人形象。

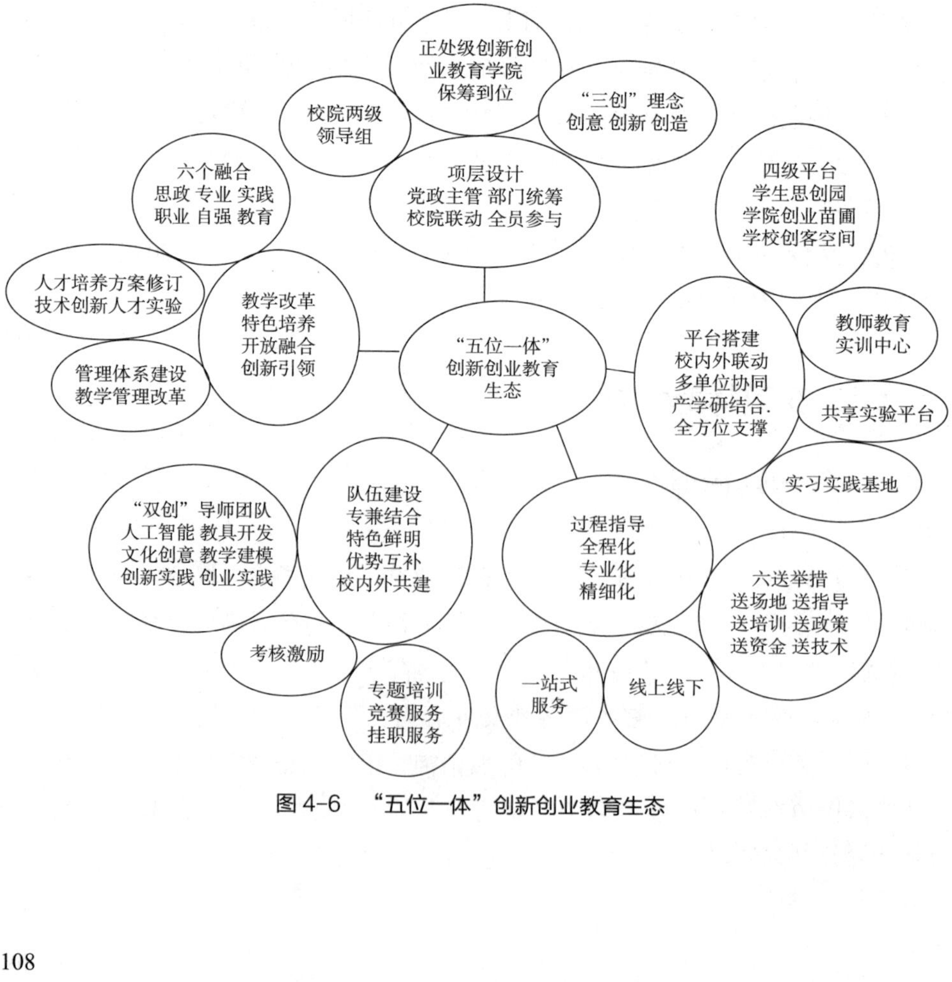

图 4-6 “五位一体”创新创业教育生态

1. 主要举措

抓顶层设计，健全“双创”体制机制。学校落实“一把手”工程，成立校级和院级两个层次的“双创”教育项目领导工程，设立与正处级持平的双创教育学院，以“双创”教育为校园人才培养改进升级的出发点，并将其作为校党委政务工作的重点之一，积极开展围绕教育、科技研发、社会实践与服务的协同育人工程。

抓教学改革，提升“双创”教育质量。学校根据人才培养定位和创新创业教育目标要求修订了人才培养方案，将“双创”教育融入人才培养的方方面面，从课程、课堂、竞赛、实践和培训等角度出发开展“双创”教育工作，促进通用知识培训与专业教育、“双创”教育与社会责任感教育的深入结合。从“双创”的思想、能力及实践等层面出发，打造拔尖创新人才实验班，小班化教学、个性化培养，努力提升学生的创新精神和专业素养。强化创新创业教学管理，推进“双创”学分模式升级及弹性学分机制。改进“双创”课程安排，面向全体学生开设 2 个学分创业必修课和 2 个学分创新思维与创业训练系列选修课。引入 MOOC 平台开设创新创业教育精品课程，选课学生累计达 30000 余人次。《创业基础》《管理沟通》《企业战略管理》等自主建设课程获批安徽省级质量工程大规模在线开放课程示范项目。

抓队伍建设，夯实“双创”育人基础。打造专业化师资队伍，聘任校内“双创”导师 208 人，拥有各类就业创业职业资格证书 110 人次。入选全国万名创新创业导师人才库 1 人、全国首席职业指导师 1 人、省级“筑梦”创业导师百人团 1 人；7 人获安徽省高校教师创业指导课程教学大赛金奖、2 人获银奖，学校连续四届获最佳组织奖。选聘校外兼职导师 80 人，共同组建人工智能、教具研发、文化创意、数学建模、创业实践、创新实践 6 支创新创业导师团队，形成了专兼结合、特色明显、优势互补、校内外共建的高素质教师队伍和团队。

抓平台搭建，拓展“双创”活动载体。学校全面开放校内 30 多个省级以上高端科研平台，构建多维协同的“双创”实践平台集群，实现专业教育和“双创”教育协同发展。以企业发展原则及创业培育原则为指导，创建由学生到学院再到学校最后到社会的逐步深入的实践环节。构建“学校 + 学院”创新创业实践实训教学体系，对有创业意向的学生开展校级创业模拟实训活动，开办院级创业意识培训班、创新创业培训班，重点强化学生创新创业意识及实践水平。创建学校与社会相融合的“双创”教育实践体系，出台就业创业导师聘任管理办法，邀请创业导师与创业学生结对帮扶指导。围绕部门、院校、社会组织，创建以科技创新、创业交流与竞赛为主导的大型活动，组织学生参加创新创业大赛和创新创业训练项目，学生覆盖面达到 80% 以上。

抓过程指导，完善“双创”服务体系。创建以“创在师大”为主题的“双创”教育网站，利用以微信为代表的新型媒体技术，从多个角度出发全面地宣传“双创”相关政策及“双创”模式下的成功典范，借助于网络资源向学生提供查询、学习与指导等服务。强化“双创”教育模式下“四个课堂”协同作用的培训规划，创建校级和院级、覆盖从初期创业意愿的形成到孵化成型的全过程网络与现实相结合的指导性服务系统，构筑集政策扶持、机构辅佐、资源统一于一体的双创教育生态模式。

2. 特色做法

教师教育与“双创”教育互融互促，打造“双创”教育师范特色。近年来，学校积极落实国家创新驱动发展战略，依托师范大学传统学科专业优势，将立德树人与创新创业教育紧密结合，推进教育教学升级进程，优化人才培养方案，主动创建具有师范形象的“双创”教育模式。一是坚持价值引领，确立互融互促育人理念。师范专业强调以德为先，学校将德育融入“双创”教育，将“双创”教育贯穿人才培养，以“双创”教育培养人、完善人、促进人的全面发展，培养学生成为创新思维的引领者、传播者和启迪者。二是深化教育改革，实施互融互促育人举措。学校以人才培养方案修订为契机，设立教师教育特色通识课程模块，拓宽培养口径；设立领导力课程模块，提升学生管理能力；设立跨学科专业选修模块，拓宽学生创新思维；鼓励学生用学术论文、专利、竞赛等成果获取学分，推进创新实践；以专业教育引领二三课堂，为创新创业能力培养奠定扎实基础。建设创业孵化基地和教师教育实训中心两大实践平台，致力于新时代创新型教师职前和职后培养，强化学生创新创业能力培养。三是构建协同育人共生体助推互融互促新发展。构建学校与政府、高校、中小学和其他企事业单位的协同育人共生体，打造创新实验区。依托省教师教育协同创新中心和教师教育合作委员会，打造全省教师教育理论与实践研究高地。依托附属学校优质教育资源，成立教育集团，打造集团化办学新标杆。

实施“3456”工程构建大学生创业生态链。学校坚持将创新创业教育融入人才培养的全过程，打造“3456”工程，构建集理念引领、平台支撑、教育促进、项目扶持为一体的大学生创业生态链，在校园内掀起了大学生创新创业热潮。一是坚持以“三创理念”引领创业。着力用创意、创新、创造的理念引领和带动大学生创业。通过“双创”课程的教学和培训，在创意端激发学生产生新思想；依托高端科研平台和实验室组织学科竞赛，在创新端促进学生开展新行动；以“双创”品牌活动和孵化基地为载体，在创造端推进学生转化新成果。二是坚持以“四级平台”支撑创业。搭建“学生思创区—学院创业苗圃—学校创客空间—社会创业孵化园”四级递进的创业实践平台链条。其中，第一级平台重视激发学生的创业意识，学院创业苗圃或创客空间注重创业种苗培育，学校创客空间注重创业项目扶持,社会创业孵化园注重市场运作帮扶。三是坚持以“五个融合”促进创业。始终将“双创”教育融入学校立德树人体系,作为推进“三全育人”综合改革的重要一环。坚持与思想政治教育融合，着力培养坚定的政治信仰和强烈的社会责任感。坚持与专业教育融合，着力在专业学习和实验实训中培养创新思维和能力。坚持与实践教育融合，着力培养创新精神和实践能力。坚持与职业教育融合，把“双创”浸润在学生职业发展规划之中。坚持与自强教育融合，培养学生自强、独立、诚信、勤劳等优良品质。四是坚持以“六送举措”扶持创业。通过“送场地、送指导、送培训、送政策、送资金、送技术”跟踪扶持创业项目，为初创企业的成长保驾护航。每年遴选 15~20 个学生创业项目入驻校内创客空间或校外创业孵化园，配备导师跟队指导。吸收创业学生参与创业模拟实训班，为其梳理学校和驻地政策。择优给予创业项目启动资金支持和融资帮助，依托学校科研平台为创业项目免费提供产品检测、研发、试验等技术支持和服务。

（三）创新创业教育成效

近三年来，学校本科毕业生初次就业率均稳居安徽省属高校前列，就业创业质量稳步提升。学校被教育部授予“全国毕业生就业典型经验高校”“全国高校毕业生就业工作先进集体”称号，被省人民政府评为“全省就业工作先进集体”,连续六年荣获“全省高校毕业生就业工作标兵单位”。学校荣获首批“安徽省普通高校大学生创新创业教育示范校”“安徽省首批省级创业学院”“安徽省首批创业模拟实训定点培训机构”，获批团中央“第二课堂”成绩单试点高校。近三年，学校获批国家级大学生创新创业训练计划项目数均位居全国师范类高校前两名，涌现出中国青少年科技创新奖获得者、小平科技创新团队、创业先锋安徽省“三八红旗手”等诸多创新创业学生典型。

学校深度融入和贡献区域经济社会发展，凝练形成纳米功能分子材料、电子信息、人工智能、环境评价、旅游规划等一批社会服务优势领域，建成安徽文化研究院、长江流域生态研究院等一批重点智库、工程实验室、工程技术中心和院士工作站，精准对接和服务芜湖市及周边区域汽车、水泥、新材料、电子电器、旅游等支柱产业发展。中央电视台、新华网、《人民日报》等国家级媒体报道安徽师范大学创新创业工作达300余篇次，创业教育典型做法“3456工程”获省领导批示并被要求在全省推广学习，有力地发挥了示范带头作用。

七、合肥学院

（一）学校概况

合肥学院是一所在“改革中诞生、开放中成长、创新中发展”的地方本科院校，其前身是创办于1980年的合肥联合大学。创办之初，学校实行“适当收费、不包分配、按社会需求设置专业、后勤社会化”的办学模式，被誉为中国高等教育改革的“小岗村”。1985年学校成为中德共建示范性应用型高校；2003年率先开展应用型人才培养模式改革，在全国发挥示范引领作用，被誉为“全国同类型院校第一方阵的排头兵”，教育部以“安徽现象，合肥模式”为题总结推广合肥学院经验；2009年获国家级教学成果二等奖，2014年获国家级教学成果一等奖，2015年获第四届全国教育改革创新特别奖。2015年，中德两国总理共同视察学校，李克强总理宣布：“中国政府决定在合肥学院设立中德教育合作示范基地、基金。”教育部、安徽省共同制定《中德教育合作示范基地和合作基金建设方案》报国务院，中德青年学生创业孵化中心是方案重要建设内容。

（二）创新创业教育特色

1. 深化人才培养模式改革，创新创业教育融入人才培养全过程

将“双创”教育纳入人才培养方案。将前沿性知识、研究机制深入专业课程。加大实践课程学分在总学分中的占比，成立以创新为主题的实验课。从大二暑期中抽调一部分假期作为实习认知学期。通过各类竞赛及“双创”项目的开展和经验积累发掘新课程，设立学生创新学分。校企共同制订人才培养方案，打破校企边界，实行校企学分置换。

围绕能力引导创建具有多模块的课程系统。将知识向导由输入型转换为输出型。加入关键能力板块，强化学生对职场和市场的适应能力。学校与企业共同创建企业—教学课程。引入学习负荷（Workload）概念。

优化“双创”教育考核评估系统。针对必修类创业公共课程，执行“N+2”考核办法，考核方向主要针对学生的“双创”能力，最终结果由40%的过程考核、10%的课堂笔记与50%的期末考核共同构成。

2. 大力推进产教深度融合，营造校企协同育人的创新创业环境

围绕企业搭建案例库，组织模拟企业实况培训活动，推进实践教学升级。实践考验题目均出自企业实践活动，学生结束企业实际项目内容后，学校与企业相关指导老师共同完成成绩评价。

共同设计实训项目，强化真实项目的训练。考虑到实际的生产活动，学校与企业共同参与现实项目的设计。毕业设计所选课题应产生于企业真实问题，学生通过实验模拟、实习实践及社会调研等流程完善毕业论文。毕业设计所选课题应超过50%产生于企业真实问题。鼓励教师的应用性研究项目吸收学生参与研究。

3. 第二课堂纳入培养方案，系统化推进创新创业教育全员覆盖

搭建第二课堂实践平台。以各类科技竞赛和创新创业活动为载体，以校企共建实践基地、共同开发平台、学校与企业联合实践教育基地、国家层面高等学校学生社会实践基地等为出发点，依托各类第二课堂实践平台，制订创新创业能力培养计划，建立创新创业档案和成绩记载系统，创新实践平台覆盖所有本科专业。

融入人才培养方案。2005年把人才培养作为第二课堂教育重心之一，在该项教育重心方面所有本科专业必须含有第二课堂12~16学分，其中6分为理论课程，6~10分为实践课程。相关实践课程应涵盖所有专业，全体学生都应参与。

4. 围绕激发创新创业活力，实施孵化器与教育基地一体化建设

通过创业沙龙和服务平台，加强创业指导与交流。建有校内外大学生创业共享服务平台。对入驻大学生创业园的创业团队，确定创业导师，开展“一对一”指导与服务，开展创业交流。

依托学生创业公司，打造微型创业教室。要求每个入驻创业园的创业公司必须承担创业教育职责，创业团队学生不仅仅是创业者，自身也是学生创业导师。

把创业课程和创业基地有机结合。将创业基地作为案例教学的平台，所有学生应在基地内完成不少于两个课时案例学习。2017 年，各专业 3000 多人在创业基地完成了 2 课时的现场教学。

5. 健全完善保障评价机制，建立全方位创新创业教育服务体系

完善促进创新创业教育的制度建设。成立合肥学院创新创业教育领导小组，将创新创业工作列入学校重点工作，每学期开展研究部署创新创业工作。同时，把创新创业工作作为一项重要指标，纳入系部年度考核，权重达 7%。学校出台一系列文件，给予师生创新创业制度保障。改革教师考核评价机制，支持教师投入创新创业指导工作。

系统建立资金保障。加大投入，支持创新创业教育教学，资助学生创新创业项目。2017 年投入 440 多万元用于创新创业工作。近三年，累计投入 2931 余万元建设 14 个与专业紧密结合的学生创新实验室，已建成 9 个。

打造双能型师资队伍。通过“双聘双挂”等方式强化“双能型”师资队伍建设，充实校内外创新创业教育教师队伍。制定“双能型”师资认定标准，注重引进具有企业背景和实践经历的教师，实施教师能力提升计划。建立创新创业专兼职教师队伍。与安徽省新兴产业协会等深度合作，建立“企业导师”制。

6. 发挥对外合作交流优势，构建开放式的创新创业教育平台

发挥中德青年学生创业孵化中心平台作用。中心总面积 1.2 万平方米，投资 2000 万元升级改造，已投入使用，既为中德青年学生创业提供孵化平台，也为创新创业教育的国际比较研究提供案例。

打造创新创业教育合作平台。一是打造省级合作平台，2008 年成立安徽省应用型高校联盟，开展创新创业教育深度合作。二是围绕长江地区创建交流平台。2012 年创建长三角应用型高校联盟，搭建“双创”教育合作交流制度。承办长三角地区高校创新创业教育改革研讨会。三是打造国际交流平台，成为中国教育国际交流协会应用型高校国际交流分会理事长和秘书长单位，促进中德应用型高校创新创业教育的深入交流。

形成创新创业教育校际交流机制。引进国（境）外优质的创新创业资源，

提升学校创新创业层次和水平。近五年邀请211人次德国专家来校进行教师能力培训和讲座。三位德国教授常驻学校指导学生创新创业。积极借鉴中国台湾地区高校学生“从创新到创业”、教师持有创新股份等经验。

（三）创新创业教育成效

1. 能力显著提升

近五年来，学生获省级以上奖2403项，其中国家奖779项，如“西门子杯”中国智能制造挑战赛全国总决赛特等奖（第一名）等，多个奖项是省内高校第一次。获省级以上大学生创新创业训练计划项目1991项，获省级“互联网+”大学生创新创业赛奖项41项，国家级铜奖6项。

学生创新创业能力的提升带来就业率稳居全省前列，2017届初次就业率全省第一，年终就业率98.2%。企业评价毕业生“下得去、留得住、用得上、离不开”，被誉为合肥市“工程师的摇篮”。

2. 典型不断涌现

近年来，选择自主创业的学生规模不断扩大。2017年共有86人选择自主创业，而作为参与方的毕业生为172人，选择自主创业的人数在2017年毕业总人数中的占比为2.3%，作为参与方的人数在该年度毕业总人数中的占比为4.5%。毕业年份小于5年的学生群体中已超过600人通过自主创业取得一定成就。

3. 产生显著影响

2017年1月获批教育部“深化创新创业教育改革示范高校”、安徽省级“创业学院”，是首批国家级大学生创新创业训练计划实施高校、安徽省创新创业教育示范校。2018年，学校获得全国普通本科类高校团学创业教育45强。

4. 形成示范推广

2015年8月，国家委派教育部于本校围绕长三角地区高等学校“双创”教育模式升级组织召开专业论坛会，合肥学院在会上做了专题报告。国内各省市教育部处级领导莅临合肥学院对“双创”工作展开深入调研。国内达527家高等院校分1000多次莅临合肥学院开展考察交流工作，其中有300多家高等院校与合肥学院开展“双创”相关工作的交流和研讨。安徽省教育厅大学生创新创业办公室和秘书处设在合肥学院，依托合肥学院资源开展对全省大学生创新创业相关工作的指导和研究。

八、青岛科技大学

（一）学校概况

青岛科技大学是国家“111 计划”立项建设单位、山东省属重点建设大学和山东省应用基础型人才培养特色名校，被教育部评估为“本科教学工作水平评估优秀高校”和“全国毕业生就业典型经验高校”，被社会赞誉为“中国橡胶工业的黄埔”。学校现有青岛、高密、济南三地五校区，校舍面积 92 万平方米，教职工 2600 余人，其中院士 2 人、双聘院士 11 人，有 5 个博士学位授权一级学科，5 个博士后科研流动站，22 个硕士学位授权一级学科，15 个硕士专业学位类别，设有 76 个本科专业，在校生 36000 余人，形成了以材料科学与工程、化学工程与技术、动力工程及工程热物理等为代表的多个优势特色学科群，其中化学、材料科学、工程学三个学科进入全球 ESI 学科排名前 1%。学校始终坚持走政产学研融合之路，通过科研成果转化或提供核心技术支撑而上市的公司已经达到 7 家，连续两次被评为“山东省产学研合作创新突出贡献高校”。

学校坚持将创新创业教育贯穿人才培养全过程，形成了“协同创新学科创业生态创赢”的创新创业工作特色体系，构建了“创业思维训练 + 大赛实践培养 + 创业精准服务”生态链条。创新创业典型经验被《新闻联播》《焦点访谈》《决策参考》《人民日报》《光明日报》等媒体深度报道，《国家教育行政学院学报》2018 年第一期刊发青岛科技大学党委书记、校长马连湘署名文章，对青岛科技大学开展大学生创新创业教育经验进行了深入报道。多名创业典型获评“科技部中国火炬创业导师”“全国大学生创业典型人物”“山东大学生十大创业之星”等荣誉。学校主张创新引导创业，创业推动就业质量，从就业人数及质量方面看，青岛科技大学连续多年名列山东省属本科高校前列，2018 年获评山东省就业工作先进集体，被省政府表彰，形成了被社会广为赞誉的创新创业“青科大模式”。

（二）创新创业教育特色

1. 协同创新，培养学生创新思维与创业意识

优化培养方案，创新创业教育贯穿人才培养全过程。学校结合山东省应用基础型人才培养特色名校与学分制改革，修订人才培养方案，新增创新实践学分，将创新创业教育贯穿人才培养的全过程。依托特色学科优势，成立大数据学院、智能制造学院、微电子学院、机器人学院四个新型学院；开设工商管理（创新与创业方向）辅修专业；依托“英才培养计划”“卓越工程师教育培养计划”“工程教育专业认证”等载体，四年不断线培养学生创新思维和创业意识。

建设“1+X”课程体系，创新创业教育与专业教育有机融合。学校以促进创新创业教育与专业教育有机融合为切入点，建设“1+X”课程体系，“1”是《创新创业基础》，“X”是专业和创新创业融合课。目前，已面向全体学生建成涵盖《创新创业基础》等 3 门 6 个学分的基础必修课、《创业管理》等 294 门专业必修课、《创新方法与创新设计》等 131 门选修课的创新创业课程群；获批 2019 年全国高校就业创业特色教材课题立项 1 项，《创新创业思维构建与方法论》获批全国就业中心 2018 年创业类慕课建设课题立项，3 门课程在国家级在线课程平台“中国大学 MOOC”上线运行，31 门课程入选山东省在线课程联盟平台。

内育外引相结合，加强师资队伍创新创业教学能力建设。坚持引育结合，组建了由创新创业教育专家、行业专家、成功企业家、杰出校友、风险投资人等 296 人组成的创新创业师资队伍。其中，1 人入选“全国万名创新创业导师人才库”，56 人入选“省创新创业教育导师库”。加强师资队伍建设，通过教师实践锻炼、人才引进、业务培训、团队立项、学习考察等途径，提升教师创新创业教育的意识和能力，先后组织了双创师资内训班、校内 KAB 创新创业师资培训班，培训师资 200 余人，57 人次参加全国、全省各类创新创业培训，均取得相应资格证书。

2. 学科创业，提升学生创新精神与创业能力

全覆盖的创新创业实践培养。一方面是学生全覆盖。学校设置科技创新奖学金，构建“一院一赛”“一专业一赛”的学科竞赛格局，同时引导学生参加“互联网 +”“挑战杯”“创青春”等国家省市各类权威赛事，不仅覆盖了在校生，而且毕业五年内的毕业生也纳入了该范围，形成了“赛学相促、赛教相促、赛

业相促”的学科竞赛实践机制。另一方面是教师全覆盖。深化人事制度分配改革，将创新创业全面纳入教师的评价体系，在职称评审、职务晋级、工作量计算等方面充分体现，鼓励教师带领学生参加创业实践，营造了专业课老师、实验工程系列、行政管理系列等人人参与、人人关心的氛围。

三到位的创新创业精准服务。学校依托一流学科优势，支持大学生借助教师科研成果、自身专业知识等资源优势，注册学科性公司进行学科创业，或者参与到教师学科性公司进行创新创业实践，探索出“项目 + 公司 + 创业人”的学科性公司孵化路线，并从以下三个方面进行精准服务：

（1）政策到位。学校出台了《青岛科技大学深化创新创业教育改革实施方案》等一系列文件制度 20 余个，涵盖了创新创业资金配备、平台管理、各类比赛支持等。整合政府、企业、高校、科研院所的各方资源，建立了集教学、导师、平台、网络、文化五位一体的创新创业指导服务体系，提供政策咨询、技术指导、项目开发、跟踪扶持等“一条龙”服务和代办工商注册等手续的“一站式”服务，为创新创业工作的开展提供了保障。

（2）平台到位。学校先后被评为国家级“高校学生科技创业实习基地”、国家级“众创空间”、“中国产学研合作创新奖”、“低碳山东行业领军单位”、首批“山东省大学生创业孵化示范基地”、“山东省大学生创业教育示范院校”等，加入“中国高校创新创业教育联盟”“中国高等教育学会创新创业教育分会”“中国高等学校创新创业学院联盟”“全国大学生创新创业实践联盟”。在校内建设了特有的“空间 + 苗圃 + 基地 + 园区”的递进式实践平台，可以满足不同学生不同时期的需求。其中，14 个校级“创客空间”是学生创意培养转化区，3 个“创业苗圃”是学生学科创业初创试水区，3 个“创业孵化基地”是学生学科创业孵化区，2 个“创业园区”是学生创新创业成长加速器，各类校内创新创业专门场所 25000 余平方米。“在青科大创业，与 500 强为邻”“敲敲邻居的门，生意送上门”成为青岛科技大学创业“创客”们口口相传的佳话。

（3）专业服务到位。申请山东省“双创教育中央教室”落户学校，提供专业创业教育；申请成为青岛市“大学生创业海鸥行动集训基地”，提供专业创业培训，同时申请创业补贴、小额担保贷款、岗位开发补贴等资金支持；委托橡胶谷、大学科技园等专业机构为创业学生提供专业服务。

目前，学校累计支持教师依托核心技术自主孵化了 20 余家企业，在校学生注册并实现良性运营的学科性公司已达到 120 余个，由学校提供核心技术支撑已经成功上市的公司达到了 7 家，“学科性”创新创业文化氛围日益浓厚，“学科性公司”这一概念已被政府作为官方用语固化下来。

（三）创新创业教育成效

生态创赢，培植学生创新创业基因。打造优质的创新创业环境和条件，保障学生不断增强“双创”精神及顺利开展“双创”实践工作。

纳入人才培养体系。全面修订人才培养方案，建立跨学院、跨学科、跨专业交叉培养创新创业人才新机制，建立“四层次、八模块”创新创业实践实训教学体系，充分利用课内、课外、社会三个课堂，使实践教学贯穿人才培养全过程。创新创业教育实现育人全覆盖、全过程、全学科。

健全组织实施体系。成立创新创业教育工作领导小组，由校长担任组长、分管副校长担任副组长。成立创新创业学院，专门负责全校大学生创新创业工作。学生处（就业中心）、教务处、科技处、财务处、校团委、研究生院等部门密切配合、齐抓共管。出台校企融合协同育人的指导意见和相关文件，鼓励工程认证专业和校企合作专业率先将企业资源、企业项目引入课堂教学环节，共同建立校企联合能力培养中心（ATC）。与珠海欧比特公司联合发射“青科大一号”卫星，用于大数据学科建设；与地方政府、社会、行业、企业建立实体研究院、实验室，合作办学等。

厚植文化引领体系。厚植创新创业文化，就是构筑“大众创业、万众创新”的沃土，让“双创”成为一种自觉习惯。学校始终注重创新创业文化的培育，无论是校训、校风，还是“科大精神”“橡胶品格”和“五有理念”，都蕴含了创新创业的要素，加上多年形成的政产学研融合模式，支持学生积极参加教师科研项目，既鼓励创新，又宽容失败，引领青年学生积极创业、理性创业，打造了蕴含科大家风的创新创业文化。通过学校 7 个上市公司创业经历、15 项国家科研大奖创新实践及学生身边的创新创业典型案例，激励大学生让锐意创新、踊跃创业成为实际行动。

九、武汉工商学院

（一）学校概况

武汉工商学院（原武汉长江工商学院）创建于 2002 年，办学 16 年来，学校始终坚持服务地方经济发展，持续强化大学生创新创业教育，已经发展成为湖北省首批高等学校创新能力提升计划（2011 计划）单位、转型发展试点本科高校、转设后首家通过教育部本科教学工作合格评估的民办高校、全国深化创新创业教育改革示范高校。

学校位于武汉市黄家湖大学城，毗邻武汉东湖高新技术开发区和武汉经济技术开发区，是武汉市重点开发的科研宣教、生态体验、休闲旅游区域，具有不可多得的交通优势、环境优势和产学研一体化优势。学校占地面积 82.7 万平方米，校舍面积 32.9 万平方米。学校设有 9 院 1 部，39 个本科专业，在校生 1.4 万余人，打造了现代商务服务、信息工程、文化创意、环境与生物工程、现代物流与电子商务等应用型专业集群。学校学科结构以新工科、经济、管理为主，文、法、艺等多学科协调发展。

学校拥有一支由资深教授专家领军、拔尖人才担当学术带头人、优秀人才担任学术骨干的高水平师资队伍。现有教师 761 人，其中专任教师 714 人，教授、副教授占 37.6%，硕士、博士教师占 71.1%，“双师型”教师占 34.5%。

在我国特色社会主义体制下，学校以社会需求为主导，以战略转型为机遇，质量立校、人才强校、特色兴校，秉承应用型、多元化、开放式、高质量的办学理念，坚持内涵发展，深化产教融合、校企合作，提升应用型人才培养质量、应用技术研究水平和服务区域经济社会发展能力，努力建设特色鲜明的国内高水平应用型工商大学。

（二）创新创业教育特色

办学以来，学校始终坚持服务地方经济发展和应用型人才培养定位，注重学生创新创业能力的培养，加强“双创”教育顶层设计，形成了“三维驱动、五化改革”的创新创业教育特色。

1. 统一思想、凝聚共识，做到“四个明确、五个保障”

学校通过开展大学习、大讨论和聘请专家讲座等方式，深入理解国家深化创新创业教育的实质内涵。全校统一了思想，凝聚了共识，提出“四个明确”引领创新创业教育改革与实践，做好“五个保障”营造良好创新创业生态与环境。

“四个明确”即明确了“营造良好双创生态、培育优秀双创人才”的“双创”教育的工作理念；明确了培养德智体美全面发展“就业有实力、双创有能力、发展有潜力”应用型人才培养目标定位；明确了“双教融合、三维驱动、多元协同、师生共创”“双创”教育的工作思路；明确了“双创”教育的重要作用。学校将“双创”教育作为教学改革和人才培养模式创新的试验田，校企合作、产教融合的催化剂，服务地方经济和社会发展的推进器。

“五个保障”指机构、制度、人员、场地、经费五个方面的保障。一是实施“双创”教育“一把手工程”，成立由校长任组长的“双创”教育领导小组；组建了由行业协会、著名企业家、优秀校友共同参与的“双创”教育咨询指导委员会；成立二级学院“双创”教育实施专班，形成了一把手挂帅、扁平化推进、可持续发展的保障机构。二是从战略全局的高度出发，将“双创”工作列为学校重点工作，纳入年度工作要点和目标考核体系，明确提出将创新创业教育打造成学校人才培养工作的新亮点。三是配备专职工作人员负责创新创业指导服务工作；完善“双创”师资建设与管理制度，组建了一支相对稳定、专兼结合的“双创”导师团队。四是经过八年的持续扩建、改造，建成了创新创业实训基地、大学生创新创业基地、弘云创新创业基地，为创新创业教育实践三个不同阶段服务，总面积 10000 余平方米，分别为学生创新意识和创新精神培养、初创团队指导服务与孵化、成长团队发展与扶持提供场地支持。五是将“双创”专项经费纳入学校年度预算，2015~2017 年总计投入“双创”专项经费 1448 万元，较好地满足了“双创”教育及指导服务工作需要。

2. 实施三维驱动，培养“三力”人才，构建“双创”教育新模式

以专业集群及创新实验班为示范，驱动“双创”教育普及化，促进人才培养模式创新。学校紧密结合地方经济支柱产业，打造现代物流与电子商务、环境与生物工程等专业集群。基于行业与产业，从纵向和横向两个维度同时出发，共同利用平台，相互监督、相互激励，专业设置与产业需求对接，提高专业集群服务行业的水平和能力。以“示范先行、整体渐进”为指导，自 2014 年起开办了涵盖三大专业集群的两批八类 28 个创新实验班，覆盖了 8 个学院的 14 个专业，学生 800 余人。学校每年为每个实验班提供 8 万元专项经费，支持实验班采用项目制、翻转课堂、个性化培养等方式实施创新创业教育改革，在挖掘、提升学生创新潜质和能力上取得了明显成效（见图 4–7）。

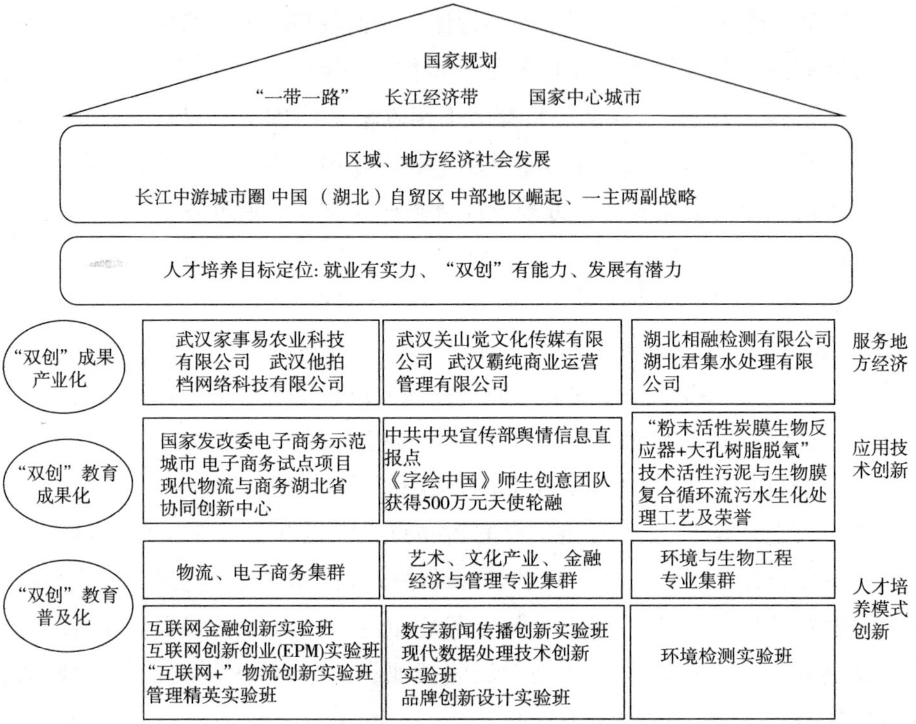

图 4-7　创新创业教育三维驱动模型

以科研创新平台为载体，驱动“双创”教育成果化，促进应用技术研究与创新。学校集聚创新要素，成立了湖北省网络社会发展研究中心（中宣部舆情信息直报点及湖北省舆情研究基地）等 16 个创新平台，将其作为“双创”教育的重要载体。近三年来，学校师生着眼产业发展急需和应用技术前沿，依托平台进行技术攻关与创新实践，成效显著，收获了包括污水处理、智慧城市建设与管理、文化创意、舆情研究与应用等方面的一大批“双创”教育成果，连续四届荣获全国大学生电子商务“三创赛”团队特等奖、一等奖及最佳创业奖等。文法学院共计有 60 余名学生参与湖北省网络社会发展研究中心工作，向中宣部、省委宣传部报送了近 9000 篇舆情报告，55 篇获中央领导人批示，2017 年有 5 篇获习近平总书记亲自批示，荣获湖北省大学生优秀科研成果奖一等奖。

以社会需求为导向，驱动“双创”成果产业化，服务地方经济社会发展。学校主办方依托学校专业集群优势和相关创新平台的成果，成立了湖北君集水处理有限公司、武汉家事易农业科技有限公司等企业。学校还与深圳他拍档电子商务集团合作，将专业对接产业，师生围绕几十个真实项目深度“嵌入”企业，开展创新创业实践，积极服务地方经济社会发展。环生学院16名教师长期带领学生参与湖北君集水处理有限公司浙江嵊州、汤逊湖、武汉阳逻等10多个污水处理厂建设项目，积极参与“美丽中国”建设，致力于实现当地的绿水青山，积极投身“污染防治攻坚战”；电子商务学院、物联网研究院10名教师与学生依托“现代物流与商务湖北省协同创新中心”参与武汉家事易农业科技有限公司的生产经营，共同研发了生鲜电商购物平台和无人交付系统，探索出了集低成本、高效率、新技术为一体的创新型农产品供应模式，实现了从种植到食用整个流程农产品质量的监控和管理。借助于他拍档集团培育，库尔班·铁木尔等学生分别创办了近10家企业，帮助家乡农户进行特色农产品的销售，一方面帮助农户脱贫致富，助力精准扶贫，另一方面积极传播家乡文化，在当地起到了很好的引领示范作用。

3. 推进“五化”改革，全覆盖全过程落实“双创”教育，营造良好的“双创”生态

系统化开设“双创”课程，全方位落实“双创”教育。学校在人才培养方案中，全程融入创新创业教育，设置了两个创新创业基础课必修学分，15个创新创业学分，构建了依次递进、有机衔接、双教合一、开放多元的“双创”课程体系：一是面向全体学生开设创新创业基础课培养学生创新创业意识与认知；二是面向专业开设专业“双创”融合课，培养学生与专业相关的“双创”知识；三是面向创业团队设置创新创业实务课程，提升学生“双创”能力。

常态化开办“双创”讲座，持续性营造“双创”氛围。学校紧密联系行业前沿，策划开展“博问大讲堂”“长江生态讲坛”“中部金融讲坛”“海峡两岸创客中心”“创新创业院士校园行”等“双创”论坛和平台，加强与行业的交流，营造浓厚的“双创”氛围。

模块化设置“双创”项目，递进式开展“双创”实践。学校贯彻“知识为先、实践为要”的思路，设置四大“双创”项目：一是在实验课内鼓励开设综合创新型实验项目，强化学生创新与解决问题能力培养；二是面向全体学生开设企业经营实训项目，促进学生体验企业经营流程；三是积极开发校园项目，将学校在文化宣传、环境治理、后勤服务等方面的实际需求立项，配套经费，交由师生团队制作运营，让师生在创业实践中学习创业；四是资助孵化有兴趣、有潜力的学生开办实体企业；近三年指导学生创新创业项目122个。

普及化开展“双创”比赛，竞争性开展“双创”训练。学校坚持“以赛促学、以赛促创”，近三年共投入200余万元支持学生开展多个学科、多种形式的竞赛，并与创新创业学分认定工作紧密结合。实行学校、教学单位和竞赛委员会三级运行机制，搭建了“互联网+”大赛、节能减排竞赛、挑战杯、世界技能大赛等重要竞赛平台，提出了学生在校至少参加一项赛事的要求。2017年组织参加各级赛事66项，其中省级以上45项，总计参赛6492人次，获省级及以上奖项283项、603人次。

多样化开展学业评价，全过程激发“双创”活力。学校坚持能力导向的学业评价理念，制定落实《关于课程考核方式改革的指导意见》等课程考核方式改革制度，鼓励任课教师设计突出创新能力评价的考核方案，如改为实验测试、作品制作、程序开发等方式进行考核。近三年实行考核方式改革课程135门，促进了学生结合课程知识进行思考与实践，较好地激发了学生的创新精神，明显提升了学生应用创新能力。

十、信阳师范学院

（一）学校概况

信阳师范学院是一所以教师教育为主体，文、史、理、工、经、管、法、教、艺、农等多学科协调发展，特色鲜明的省属本科高校。学校创建于1975年，时名开封师范学院（今河南大学）信阳分院，1978年经国务院批准为本科建制并改为现名，是我国改革开放后河南省创办的第一所本科高校，1998年经国务院学位委员会批准为硕士学位授权单位，2017年获批河南省“十三五”博士学位授权立项建设单位。

学校占地2260亩，全日制在校本科生2.4万余人，硕士研究生近千人，设有81个本科专业，15个硕士学位授权一级学科，8种硕士专业学位授权类别，与闽南师范大学、中国林科院等单位联合培养博士生。学校拥有双聘院士1人，学部委员1人，国家“万人计划”教学名师1人，享受国务院特殊津贴专家4人。学校在2007年教育部本科教学工作水平评估中被评为优秀等次；先后荣获国家级教学成果一等奖2项、二等奖3项；在全国第四轮学科评估中，马克思主义理论和数学2个学科进入榜单；在全国首次专业学位水平评估中，教育硕士获得C。

学校坚持以习近平新时代中国特色社会主义思想为指导，深入贯彻落实全国教育大会精神，始终坚守为党育人、为国育才的初心与使命，紧紧围绕立德树人根本任务，着眼于培养德智体美劳全面发展的社会主义建设者和接班人，把大学生思想政治教育与专业教育结合起来，把创新创业教育融入素质教育各环节、人才培养全过程，完善科教结合、产教融合、校企合作协同育人机制，着力培养学生创新精神和实践能力，构建了“八全”（全覆盖、全融入、全过程、全融合、全方位、全链条、全天候、全场景）、“四育人”（价值观、教书、实践、服务）创新创业育人体系（见图 4-8），紧密结合服务地方经济发展的职能和使命，主动对接大别山老区振兴和精准脱贫战略，在服务区域和国家发展战略方面取得了突出成绩。学校获批国家级大学生校外实践教育基地 1 个、国家级众创空间备案 1 个，荣获“全国普通高校毕业生就业工作先进集体”。

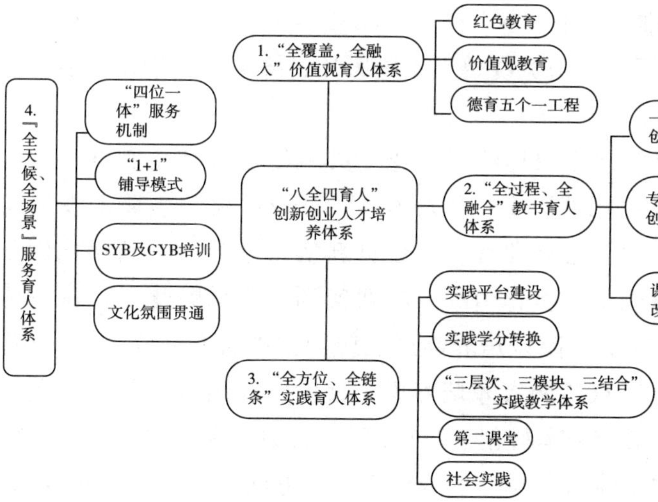

图 4-8 “八全四育人”创新创业人才培养体系

（二）创新创业教育特色

1. 抓好顶层设计，保障引领创新创业工作

学校确立了培养“厚基础、宽口径、强实践、重创新”的高素质应用型人才的人才培养目标，进一步完善学生创新创业和就业工作机制与评价体系，坚持实施“一把手”工程，建立完善的组织机构，确保创新创业工作“四到位”，从完善体制机制等方面强化创新创业保障工作，构建了健全有力的创新创业保

障机制。

2. 抓实教书育人，深化创新创业教育教学改革

挖掘大别山革命老区丰富的红色教育资源，构建“全覆盖、全融入”的核心价值观育人体系。利用大别山地区革命历史文化这座“红色富矿”，把革命传统教育与创新创业教育结合起来，形成了由“视”（参观革命遗址、博物馆、纪念馆）、“听”（听报告和革命故事）、“唱”（唱革命歌曲）、“读”（读红色经典）、“走”（重走长征路）、“研”（红色文化研究）构成的立体化红色育人模式。结合专业教育传承红色引领本源，实现红色资源融入专业教育。如传媒专业寓教于“微”，把精彩的核心价值观故事制作成“微故事”“微视频”“微电影”，让师生随时随地接受教育和熏陶。由师生拍摄录制的纪录片《十岁的夏天》2016 年获得北京大学生电影节最佳剪辑奖，2017 年先后获得希腊国际纪录片电影节唯一“中国梦”奖、入围第 74 届威尼斯国际电影节聚焦中国单元、洛杉矶华语电影节竞赛单元入围影片、第十九届华盛顿独立电影节入围影片。

一体设计模块化创新创业课程体系，建立灵活的学分转化制度，构建“全过程、全融合”的创新创业教书育人体系。开设《大学生职业发展与就业指导》和《创业基础》必修课程，专设创新实践学分。不断深化创新创业教育教学改革，形成了“教育引导、实践实训、成果孵化”三位一体的创新创业教育模式。如文学院以培养高层次应用型中文专业人才为目标，探索实施“知识 + 能力”双拓展人才培养模式，设立汉语言文学专业创意写作方向，成立“国内第一个本科创意写作班”，致力于在本科层次培养创作型人才。出台《“第二课堂成绩单”学分认定实施办法》，对学生思想成长、社会实践、志愿公益、创新创业、文艺体育、工作履历、技能特长七个方面全面认证，形成了贯穿学生四年学习生涯的第二课堂育人体系。修订《普通本科学生实践创新学分认定与管理办法》，设立“双创”学分累加及转化机制，学生参与“双创”实践培训活动能够获取 2~6 个学分；修订《学分制学籍管理办法》，实行弹性学制，学生开展创业实践，可以按照程序保留学籍，最长可以放宽修学年限至 8 年；制定《教学改革立项项目管理办法》，单列创新创业教学改革项目，单列就业指导序列职称评审，鼓励教师积极开展创新创业教育教学改革，以分组讨论、人人参与、项目带动等形式提升创新创业课的教学效果。

3. 抓牢平台建设，大力开展创新创业实践活动

整合校内外资源，建成了一批集群式、开放性创新创业实践平台，构建“课堂融入、创新提升、项目带动、服务引领”的“全融入、全链条”大学生创新创业实践育人体系，支持学生学以致用，通过实践实现教与学相统一、知与行相和一、理论与实践相归一。

对接大别山振兴战略，构建大学生社会实践共同体。2015 年，国务院批复《大别山革命老区振兴发展规划》，学校及时牵头成立由河南、湖北和安徽共 21 所高校组成的“大别山革命老区高校联盟”，整合大别山老区社会资源，建立社会实践共同体，创新协同育人模式，适应人才培养供给侧改革。利用信阳茶产业基地，设立茶学专业，建立河南省茶树生物学重点实验室；将作物学、畜牧学和生态学等多学科有机融合，建立“大别山农业生物资源保护与利用”省级优势特色学科群，成立大别山农业生物资源保护与利用河南省工程技术研究中心、水稻分子育种河南省工程研究中心等多个科研平台；与林科院合作成立大别山种群生态模拟与控制重点实验室及院士工作站；与河南羚锐制药股份公司共建国家级大学生管理学实践教育基地，先后建设国家级“南湖创星众创空间”（电子类专业化众创空间）、省级“谭山众创空间”（综合类众创空间）、省级大学生创新创业孵化园、因仑电子创新工作室等 89 个校内外创新创业实践场所，形成了校内外结合、突出专业化的“双创”实践培训与培育的结合，保证高等学校学生顺利开展“双创”实践培训学业。

对接大别山精准脱贫战略，推动大学生创新创业实践。学校联合省科技厅、省科协与信阳市政府签署支持信阳市实施脱贫攻坚计划战略合作协议，成立信阳发展研究院，充分发挥学校科学研究和智力支持作用，为信阳脱贫攻坚工作及当地经济实力提升事业提供更为优质的服务，为大别山地区的经济复苏与地方治理提供有力保障。联合中国科学院精准扶贫评估研究中心成立“河南省精准扶贫与乡村振兴软科学研究基地”，组织师生全方位为大别山老区乡村振兴与精准扶贫政策制定和乡村社会经济发展提供智力支持和科技支持。两年多来，8 个师生团队为老区做规划项目 54 项，为老区美丽乡村建设提供了有力的智力支持，为专业实践提供了完备的应用平台。高军波博士被聘为国家精准扶贫工作成效第三方评估专家，带领师生团队先后承担了 6 省共 18 个县的精准扶贫工作成效第三方评估任务，完成了甘肃省、陕西省 3 个县的贫困县摘帽退出第三方评估任务，评估报告作为党中央、国务院考核当地省政府精准扶贫工作成效的重要依据，为各地推进精准扶贫工作提供了重要参考，受到国务院表彰。

对接青年红色筑梦之旅，实现青年学生创新创业梦想。引导师生为祖国把自己创新创业梦融入帮扶苏区人民脱贫致富的行动中，实现广大青年学子红色筑梦之旅。驻村第一书记李向阳指导学生创办的金瓜奇果农业科技有限公司，帮扶贫困户成立栝楼种植合作社，借助“互联网+”，开展农产品种植技术开发推广、产品深加工出售等服务，累计帮扶103家贫困户种植栝楼面积突破200亩，户均增收近7000元。该项目荣获2018年第四届全国移动互联网创新大赛一等奖。毕业生朱志恒成立信阳启航信息科技有限公司，已取得3项国家授权发明专利、28项软件著作权，2018年取得高新技术企业证书。与学校建筑节能材料河南省协同中心、信阳林志世纪高新技术发展有限公司共同组建绿色智慧建筑物联网重点实验室，结合保护大别山濒危动植物方面，为河南省黄缘闭壳龟保护中心设计精细化管控体系，对国家级保护动物黄缘闭壳龟的生存和孵化提供智能监控；联合生命科学学院为濒危植物铁皮石斛定制智能生长环境；围绕服务信阳茶叶产业，在信阳市吴家店镇建成茶叶育苗智慧实验大棚，一期实施8个大棚，近3000平方米，每个大棚育苗约4万株，产值近70万元，提质增收效果明显。

4. 抓好体系建设，全程指导服务学生创新创业

学校着眼于服务学生的根本任务，重点强化对学生“双创”实践开展的服务质量，建立了条件完备、服务周全的“一站式”创新创业指导服务体系，形成了“全方位、全场景”的创新创业服务育人体系。

建立“四位一体”和“1+1”辅导指导服务体系。建立以谭山众创空间为引领、学院“微创空间”为主体的“1+N”创客空间集群；聘请创业成功优秀校友、企业家、社会成功人士担任兼职创业导师，打造学生、教师、学校、企业“四位一体”的创新创业服务机制，实现了分类和分层次服务目的。

创业辅导培训形式多样。开设“校友大讲堂”“创客沙龙”等创新创业专题讲座，对学生创业进行全方位指导；依托SYB及GYB创业培训提升学生创业能力，培训毕业生3000余人；利用众创空间为学生创业提供培训、综合孵化、融资洽谈等服务和指导，利用“微创空间”为学生提供专业实训和创新实践。

创新创业文化氛围浓厚。秉承“用深厚的校园文化打造创新的灵魂”的宗旨，通过“校友大讲堂”、“贤林讲坛”、“创业沙龙”、科技文化艺术节等创新创业校园文化活动，营造了浓厚的创新创业氛围。2017年，学校荣获教育部高校校园“创业文化建设优秀成果奖”。

第二节　应用型高校创新创业教育阶段性成果总结

通过上一节对我国10所应用型高校创新创业教育特色分析，得出各高校创新创业教育特色，如表4-1所示。

表4-1　创新创业教育特色汇总

序号	高校名称	创新创业教育特色
1	北京联合大学	多元发展 共融共兴 构建城市型应用型大学创新创业教育新格局
2	肇庆学院	构建“531”教育体系 实施“115”提升工程 积极探索地方院校创新创业人才培养新模式
3	重庆科技学院	坚定应用型高校发展道路 推进创新创业教育融入人才培养全过程
4	山东英才学院	深化创新创业教育改革 提升应用型人才培养质量
5	辽宁工业学院	构筑“345”创新创业教育体系 提高应用型本科人才培养质量
6	安徽师范大学	构建“五位一体”创新创业教育生态 培养新时代“创新型、复合型、应用型”人才
7	合肥学院	构建“全过程 全方位 一体化”创新创业育人体系，培养高素质应用型人才
8	青岛科技大学	协同创新 学科创业 生态创赢
9	武汉工商学院	全员参与 全程融入 全景熏陶 培育服务地方经济社会发展的创新创业人才
10	信阳师范学院	传承老区红色基因 构建“八全四育人”体系 大力培养勇于筑梦追梦的高素质应用型人才

第五章

地方应用型高校创新创业教育的现状与困境

第一节 我国高校创新创业教育发展历程

我国在创新创业教育方面的发展已经有一段时间，针对创新创业教育发展的不同时期，以下为几种较为权威的划分方式。侯慧君团队根据社会热点事件的发生将创业教育划为 11 个阶段：1978~1988 年为改革萌芽阶段，主要是通过法律途径促进创业；在 1989 年相关会议上提出“创业”的概念，学术界和企业界开始参与思考；1990~1991 年通过试点项目，开始研究制订规划；1992~1993 年借助市场发展推动创业相关研究成为社会普遍现象；1994~1996 年以农村为突破口尝试发展创业；1997 年通过组织学生竞赛的形式从教育事业中开启创业模式；1998 年跟随党中央及地方政府大力扶持校园竞赛活动；1999~2001 年竞赛模式成为校园主流，相关教研工作取得新的突破；2003~2005 年就业成为社会关注的热点话题；2006~2008 年创新的必要性上升至国家层面，国家通过设立特区扶持创业；2009 年至今创业教育不断取得成果，政府与社会各界共同推进创业教育的发展。孙惠敏团队主张将“双创”教育划分为四个时期：1989~1998 年为萌芽期；1998~2001 年为高等学府自主探索期；2002~2009 年通过政府的指导发展为多方面共同探索期；2010 年以后为全面发展期。李永山团队将“双创”教育发展全过程分为两部分：第一部分为 1997~2002 年，属于社会各组织自行研究阶段；第二部分为 2002 年至现在，属于发展初级阶段。刘海春团队表示，“双创”教育可划分为四个时期：1998 年之前处于启蒙状态；1998~2002 年处于萌芽状态；2002~2010 年处于探索状态；2010 年至今处于发展状态。侯慧君团队尽管从微观角度阐述了“双创”教育从外界引入校园的全过程，但是分解过程过于复杂。其他学者都把“双创”教育与高校教育自然地视为一体，同时把高校当作主场所，并没有太多考虑到“双创”教育和高等教育内在的现实关系。以上学者的研究没有全面地展示出“双创”教育在高校中的发展情况、困难程度或高校自身存在的发展障碍。本书以历史时间点为出发点全面梳理“双创”教育和高等教育之间存在关系的发展过程，从社会结构角度观察“双创”教育与高等教育，能够更直观地看到教育与社会之间存在的相互作用关系，一方面能够从宏观层面为“双创”教育的发展提供服务，另一方面可以为高校教育的升级转型提供依据。

一、处于高等教育范畴之外的创业教育（1988~1996 年）

1988 年，创业教育由胡晓风第一次提出，但这一词语的概念是从教师的角度出发，通过融合经济与科学教育学科，充分发挥教师的创造性。胡晓风于当年 5 月发表文章《更新教育思想进行创业教育的探讨》，文中通过对能够充分融合科学与经济的创业型人士进行培育的阐述，引出颠覆传统创业教育思想的观点。他的另一篇文章《创业教育简论》从比较全面的角度介绍了创业教育的三项基本规律：经济、教育、科技相互融合；教育为基础，创业为应用；学识需与职业保持一致。1992~1995 年，创业教育主要体现在中小学教育中。1996年，国家多个部委在北京共同召开了中小企业管理技能课程开发研究会议，围绕创业教育开展学术研讨，并确定了一些省市级职业学校为实验点。当时，我国高等教育模式属于精英教学模式，没有同社会经济产生直接的关联，因此，创业教育脱离于高等教育，与传统高等教育存在一定距离。该阶段的创业教育只存在于个别职业学校，其目的在于提高向社会输出人才的质量，以提升经济规模和市场效益。

二、作为高等教育附加元素的创新创业教育（1997~2010 年）

美国企业界率先应用创业教育推动了国内经济的复苏，在此之后越来越多的大学选择将创业教育课程作为高等教育的一部分，从而演变成一种全球性的教育发展趋势。在 1997 年，清华大学 MBA 教育规划首次引入了创业教育，设置与“双创”有关的专业，并于次年组织了创业计划竞赛，这一举措标志着国内创业教育与高等教育首次实现无缝对接。经教育部批准，九所高等学校成为创业教育试点单位，并于 2002 年 4 月试点工作正式启动，这充分体现了我国教育的发展新方向，即开始强化创业教育。随后由国家多个部委联合制定了一系列促进高校开展创业教育的相关政策。2009 年，各试点大学围绕第一和第二课堂逐步制定联合式创业教育制度。其中，第一课堂是指利用创业课程和专业吸引在校生加入学习团队；第二课堂是指设立创业教育的课外训练项目，以提高在校生创业能力。清华大学围绕技术与“双创”开办“清华—伯克利全球技术创业教育”项目。同时，其他试点院校增设与“双创”教育相关的各类专业课程，如创建创业基金、创业基地、创业教育辅导团队等，充分服务于学生创业，深入强化学生的创业意识。受到教育部推出试点运行的影响，各地方高校逐渐将“双创”教育加入到自身教育体系中，尝试性创建校园创业基地，对传统教育模式进行升级和优化。例如，贵州师范大学于 2006 年通过创建福特基金辅助贫困大学生参与创业教育，这一举措标志着贵州省的各大高校开始了对创业教育之路的探索。受国家政策和帮扶举措的影响，我国创业教育发展的初期阶段在东部高校较为集中，而中西部地区的发展相对比较滞后。这一阶段先是以部分高校为试点，但是由于理论依据和实践经验相对匮乏，高校仍未在传统教育中较好地融入创业教育思想，仅将创业教育视作高等教育的附加部分，视作独立存在的一个项目，没有实现教育与人才培育有机结合。也就是说，这一阶段的创业教育发展尽管把创业教育作为高等教育的一部分，但并没有很好地融入高等教育。

三、与高等教育日益融合的创新创业教育（2010 年至今）

从 2010 年开始，毕业生规模持续扩大，导致就业问题成为社会重点关注的问题，从而体现了创业教育与高等教育相结合的必要性，教育学术期刊等专业媒体促使政府持续加大对高校开展“双创”教育的作用，尝试性建立集学校、社会、政府于一体的“双创”教育新模式和新框架。在创新创业方面，大学生因知识的丰富自由，拥有学历上的优势和能力方面的潜力，但实际上大学生的创新创业意识还不够。2010 年，国家教育部围绕高校开展创新创业教育及大学生自主创业制定相关意见，意见中表示，通过在高校中推广创新创业教育理念，推动它们持续改变传统教育思想、改变人才培养方式、创新教学内容和手段，将人才培养与科学研究充分融入社会发展，由传统意义上的知识教学完成任务向素质教育及能力教育为重心转变，提高人才输出质量。这一意见的出台预示着之前的创业教育正式由创新创业教育所替代。本科教学质量工程为国家教育部连续多年开展的教育工程，该项工程于 2012 年 2 月以项目的形式启动大学生创新创业项目训练，旨在加强对大学生实践能力的培养，培育出更多符合国家经济发展和建设需求的高素质应用型人才。2015 年，国务院围绕高校创新创业教育深入改革制定相关意见，表示应加强高校推广创新创业教育，加强实践培训，利用创新创业教育提高就业率和就业质量。2016 年在北京召开的我国大学生创新创业峰会标志着创新创业教育由政策层面发展为学术交流活动，并逐渐发展成为高等教育的重要组成部分。通过分析这一发展阶段发现，创新创业教育既得到政府的大力支持，又得到高校的积极响应，意味着创新创业教育正式在高等教育体系中生根发芽。2017 年,创新创业教育取得重要进展，形成了科学先进、广泛认同、具有中国特色的创新创业教育理念，形成了一批可复制、可推广的制度成果，创新创业教育得到普及，实现了新一轮大学生创业引领计划预期目标。到 2020 年，建立健全课堂教学、自主学习、结合实践、指导帮扶、文化引领为一体的高校创新创业教育体系，人才培养质量显著提升，学生的创新精神、创业意识和创新创业能力明显增强，投身创业实践的学生显著增加。

第二节　我国应用型高校创新创业教育现状分析

一、我国应用型高校创新创业教育现状

2014 年，李克强总理发出“大众创业、万众创新”的号召，我国高校开始全面推进创新创业教育。由于时间短、投入少，高校课程建设与实践平台搭建等教学资源的整合尚存在诸多短板。

创新创业课程体量较小，层次性不强，创新创业课程体系是构建在足够数量且结构合理的课程群之上的。近年来，各高校十分重视创新创业教育，课程建设的速度令人瞠目。但整体来看，各高校创新创业课程数量相对不足，多数仅停留在“大学生创业基础”与“创新思维与创业基础”等课程的开设上，尚未完成量的积累，专业课与通识课不相融合，必修课与选修课不能补充，结构上也未能凸显基础理论与方法论指导的合理比例，层次性不强。因此，创新创

业课程体系建设需要在学校教务部门的整体规划下进行明确的目标定位，既要在数量上不断补充，丰富创业专业课与专业创业课，又要在结构上建立基础理论与方法论并进、选修课与必修课相融、通识课与专业课互补的课程体系，同其他创新创业课程紧密衔接，构成有机互补的整体。

由于缺少创新创业实践过程，创新创业教育暂时没有体现出较好的时效性，因此增强创业能力和企业精神是提升“双创”水平的关键。但是，目前“双创”教育相关的教师多为年轻教师或非专业教师，缺乏实际操作机会，实践经验不够丰富，课程大多停留在讲授、演示环节，实践环节设计不足，无法实现良好的教学成效。所以，应当加强任课老师创新创业实践能力，加强实践教学环节设计，才能有效地提升学生的创新创业综合素质。

理论与实践教学相分隔，融通性不够，学生创新创业综合素质的提升不仅需要具有扎实的理论知识，同时应具备一定程度的操作和实践经验。但现在创新创业相关的知识传授与实践训练没有实现相互融合，教师在课堂上讲授理论知识，团委、学生处、学生会各自开展创新创业活动，未能发挥理论学习在实践活动中的指导作用，更谈不上理论与实践的融通，难以激发学生的创新创业兴趣，也无法为学生奠定较为坚实的创新创业能力基础。因此，高校需要精心开发课程，充分整合教学资源，强化理论教学与实践能力的有机融合，达到知行合一。

二、地方应用型高校创新创业教育现状

2016 年印发的《国家创新驱动发展战略纲要》明确提出了科技创新是国家经济发展、社会进步的核心要素，而科技创新最关键的因素则是大批高素质的创新创业人才。在高校转型发展的大背景下，地方院校应立足地方经济发展，以培养服务地方经济发展的创新创业人才为目标。人才培养目标的改变决定了教育目标、教育方式、教学内容等，旨在通过多种途径培养和提升学生的创新创业能力。创新创业教育将增强学生的创新意识和思维作为突破口，在一定程度上推动国家经济、政治、文化各领域的创新发展。

创新创业教育也能在一定程度上缓解日益严峻的就业压力。“十三五”时期以来，我国高校应届毕业生人数连年呈现高增长态势，就业形势不容乐观，其中高校的人才培养模式传统单一、注重理论、忽视实践、缺乏创新精神，难以满足用人单位和社会的需求，这些因素是就业形势越发严峻的重要原因。实践证明，毕业生的就业水平和质量与高校人才培养质量密切相关，经济、科技、

社会的发展需要大量能做事、善思考、懂创新的高素质应用型人才。

这些年来，我国针对创新创业人才的培养出台了很多保障性、鼓励性政策，各大高校也依据自身发展特点和区域经济发展要求，不断摸索适宜自身发展的创新创业人才培养模式。不可否认，创新创业教育初显成效，人才培养目标日渐明确，课程体系日益完善，师资队伍建设日渐专业，但从社会需求和就业状况来看，目前高校所培养的创新创业人才仍然不能满足社会经济发展的需要，主要有以下三个方面的原因：

（1）创新创业教育思维理念存在偏差。一方面，各大高校没有形成对创新创业教育重要性和必要性的正确认识。部分高校甚至抱有消极态度，没有正确解读国家政策或只被动接受，从表面将创新创业教育视为就业引导，这类错误的理念直接将创新创业教育推向教育边缘，从需要高校各部门协调共同完成的工作转变成单一部门的内部工作。另一方面，绝大部分大学生受传统就业观念的影响，将择业目标限定在能提供稳定收入的工作上，不想尝试也没有勇气创业。可以说，大学生创新意识淡薄、思想观念保守、缺乏拼闯精神等才是导致创新创业教育实效不显的根本原因。

（2）创新创业教育体系不完善。创新创业教育是一项需要自上而下、多方共同推进的系统工程。当前国家虽然出台了多项鼓励性的政策、制度，但在具体配套政策上仍然存在指导不明晰、配套不完善等情况。目前多数高校的创新创业教育依然停留在表面，在制订人才培养方案时，绝大部分篇幅都倾向于专业教育的设计，并没有将创新创业教育真正纳入人才培养方案，也没有具体的学分和学时要求。创新创业教育课程建设薄弱，大多数高校将创新创业教育与就业指导教育等同化，开设了诸如“大学生就业创业指导”等公共选修课，由于选修课程与行业专业课程缺乏内在联系性，教学目标模糊，教学内容偏理论、轻实践，将课堂教学作为绝对的重心，严重缺乏创业实践培训，没有从根本上提高学生的创新创业能力。

（3）创新创业教育师资力量薄弱。创新创业教育急需实用性和行动力，其对实践参与的需求程度远远超过理论讲授。教师作为教育教学活动的主导者和组织者，在创新创业教育中承担着教学体系构建者和实践者的角色，一方面要求教师具有一定的理论知识及灵活多样的教学技能，另一方面要具有引导学生参与教学项目的创新能力和实践水平。但是从目前高校所开展的创新创业教育来看，创新创业教育师资队伍中存在较大比例的非专业教师，其流动性、不稳定性等问题已然成为影响创新创业教育发展的关键性因素。个别教师对创新创业教育理念及经验了解不够，甚至从未参加过企业学习与具体实践工作，教学内容拘泥于教材或陈旧的案例，缺乏感染力和说服力，难以引起学生的兴趣和共鸣。部分高校安排辅导员或就业指导中心的专职人员承担创新创业教学任务，但其缺乏相关专业知识，教材、授课模式与就业指导课程毫无区别，没有把握创新创业教育的特点。也有部分高校邀请企业家进校进行业余授课或开讲座，他们虽然有一定的创业实践经验，但没有经过正规的教学训练，授课方式不规范，缺乏稳定性，难以保证创新创业教育持续稳定的教学成效。

第三节　我国应用型高校创新创业教育存在的主要问题

创新创业教育也被称作“双创”教育，其作为一种新的教学理念与模式在于培养有创新意识、知识技能、创业能力等方面的人才，以满足经济和国家战略发展的需要。根据调查资料得知，我国约有 1% 的大学毕业生会选择创业，相对而言，以美国为代表的西方国家的该项数据让人叹为观止，是我国大学生数量的近 20 倍，所以与西方发达国家相比，我国大学生创业发展还有很大的提升空间。2017 年大学生创业调查报告显示，我国大学生并非对创新创业表现出完全冷漠的态度，恰恰相反，报告中表示有超过六成的大学生对创新创业表现出强烈的愿望。这表明，在创新创业方面我国大学生有着很大程度的发展空间和潜力，只是缺乏将想法转化为目标的推动力，致使创业意愿与创业率存在很大的差距。目前，高校所开展的创新创业教育深入程度和合理性决定了大学生创业率的高低，尽管创新创业教育已在各个高校生根发芽，但是依然存在很多缺陷，只有完全发掘并消除创新创业教育中存在的各种缺陷，才可以最大化发挥创新创业教育的本质作用。根据教育部的相关要求，我国大多数应用型高校陆续开展了大学生创新创业教育，但当前大部分独立学院还未构建出完善的创新创业教育课程体系。目前，应用型高校在创新创业教育方面普遍存在以下问题：

师资力量薄弱。想要提高创新创业教育水平，首先要有高素质的专业教师团队为前提。如今，较多应用型高校参与创新创业教育的教师缺少创新创业相关理论知识及实践技能，多数教师为政治辅导员或者其他专任教师，经过短期培训后上岗教学，缺乏创业经历和创新创业意识。卓越的师资队伍是创新创业教育能顺利开展的基本保障。很多应用型高校目前还没有配备足够的教师队伍来专门负责创新创业教育工作，所以各高校在创新创业教育方面的教学水平也呈现不一致的状态。较多高校从事创新创业教育课程的教师是由经济学或管理学的教师队伍中抽出来的，有的甚至从未接触过创新创业教育方面的专业培训。他们在授课时自然地向理论课程倾斜而忽略了实践教学，因此高校创新创业教育的工作效率和质量相对较低。据相关研究统计，至 2019 年 9 月，全国各类高校在校人数达到 4002 万人，共有 12.1 万余名创新创业教育专职教师和兼职导师，这其中的生师比为 330 ： 1。师资队伍的薄弱也是影响创新创业教育停滞不前的关键因素。

教学体系不完善。教学体系是指教学过程中的基本结构、框架及教学内容、方法、过程、评价等组成的统一体，包含的教学基本要素涵盖了教学过程与方法、教学计划与策略、教学反馈与评价等。在创新创业教育的教学体系中，理应包含以上各个要素，在学科设置、课程编排、培养目标和教育评价方面要求有一定的统整性，应用型高校教学体系“混沌不定”，在具体的教学体系安排上容易出现结构性问题。一是创新创业教育课程与专业课程和通识课程之间的衔接关系问题。创新创业教育课程与专业课程脱节，尽管许多高校创办了众多“双创”教育相关科目，但没有将“双创”教育有效地融入专业教育中，开设的创新创业教育课程只是在原来专业课程基础上的简单相加，创新创业课程之间也不具备严谨的逻辑关系，并且基本以选修课的形式开设，没有真正纳入专业培养课程体系中，没有做到创新创业教育与专业课程的有机融合。创业课程与其他课程既相互独立又紧密相连，对于应用型高校的创业教育课程设置占总课程的比重如何设置、其划分标准的依据是什么尚不明确。二是创新创业教育的内容编排如何协调的问题，即如何设置理论知识与实践经验的教学内容。在以实践为主的应用型高校创业教育教学体系上，容易忽略创业理论知识的教授，而只重视对实践操作的训练。应用型人才并不是只注重操作技巧的人，而要兼备良好的创业素养和实践能力，只有两者有效结合，才能符合创新创业本质的培养目标。三是创新创业教育的学科定位应如何安排。对于创业教育类的专业，各类高校各执一词、莫衷一是，在学科体系上也形式多样，有的高校另开一个院系，称为创新创业教育学院（系），有的高校将其放在企业管理系或经济管理系中，这种混乱的学科安排既制约了学科的有序发展，也模糊了学生的专业定位，还可能割裂学生对自我专业的认识。目前，创新创业教育主要以课程形式进行，重点进行创业理论的讲授，而且很多仍然无法与专业课程有效结合，对学生综合素质的培养与提高仅起到有限的作用。不管是哪种教学模式，均以课堂教学为依托实现其教育目的。目前，各高校开办的创新创业教育课程教学方式是通过专业课教师向学生传授相关知识同时根据各种专业开展适当的分析和预判，为学生将来发展方向的选择和人生规划提供指导性服务，所以课堂是学生获得知识的重要渠道。而现实是绝大多数传授的课业内容不够丰富且跟不上时代的步伐，教学内容过于单一，大部分侧重于理论层面的教学，而无法拓展学生的视角，使学生无法获得社会中有关实践方面的相关信息，课程教学过于单调，脱离了实际的社会发展，所开设的课程缺乏创新，从而无法提高学生的自主创新能力和创新意识。大部分教学课程继承了传统教学理念，着重于理论知识的传授，而缺乏实践活动相关环节，因此学生得不到实践训练，对于创新创业教育仅仅是具有理论层面的认识。创新创业课程培养目标不明确，没有针对独立学院的创新创业课程体系进行深入细致的研究，只是照搬母体学校的经验与模式，没有真正找准自身定位，挖掘独立学院学生需求，这样的课程自然不切实际，收效甚微。

学生重视程度不够。学生对专业课、思政课及公共课重视程度较高，而对创新创业教育的重视程度较低，与通识课（素质拓展课）相当。归结其原因，一方面是学校对该类课程重视程度不够，另一方面是学生自身不够重视。在高校教育的教学模式下，课程体系主要由专业课及公共课组成，而创新创业教育相关课程所占比例很低。个别高校所开展的创新创业教育工作仅仅面向即将毕业的本科生或研究生，对于低年级大学生极少有机会能够接触创新创业教育。不同大学所创办的创新创业相关课程的质量存在较大差距，有的高校仅以 1~2 门固定的课程的方式对学生强加创新创业教育的相关课程。目前，许多高校采用开展创新创业竞赛的方式实施创新创业教育，然而这种类型的竞赛通常存在多种缺陷，例如竞赛缺少专业性指导，导致学生只为了追求竞赛成绩而参加竞赛活动，使竞赛失去原有意义，另外学生也无法从比赛中获得相关的实践经验。有的高校成立了创新创业教育服务中心或平台，但未在职能和责任层面进行规范与运用，导致创新创业教育缺少行政管理且盲目实施。

考评方式不合理。创新创业教育以课程形式进行教学，而考核方式多为“考查”，学生无须掌握具体理论知识点，在学期末提交一篇相关论文或者作业即可取得成绩获得学分，使学生缺少动力去认真学习相关知识，也降低了学生对该课程的重视程度。

创新创业教育重理论缺实践。应用型高校培养的应该是应用型人才，而目前创新创业教育中，理论教学是主要途径，由于缺少创新创业实习基地，导致实习和实践教学不足。目前高校所实施的创新创业教育的基本形式只是一种单独存在的形态，而缺乏与人才培养的关联性。在现实的授课系统中，人才培养策略、专业建设与创新创业的联系和互补性相对匮乏，高校在这方面没有建立完善的创新创业教育框架，创新创业教育工作的开展基本与专业教育分离，创新创业教育教学系统的建设具有一定程度的随意性。在创新创业教育倡导下，应用型高校更应围绕专业人才培养的目的去完成创新创业教育教学系统的建设和优化，但是有的应用型高校未对创新创业教育和人才培养关联的必要性形成认识，同时没有完全理解两者的根本关系，所以将创新创业教育同专业教育置于平行面内使其不相交，由于不具有关联性导致其教育目标无法实现或发挥较小的作用，从而使创新创业教育不具备长期实效性。在如今的互联网时代下，高校应注重将创新创业教育融入学生所学专业，充分考虑到专业的特点及发展水平，建立科学的创新创业教育教学体系。创新创业实践教学缺失。大学生创新创业实践活动大部分是由学校的一些社团组织的，这些活动较为分散，多数都流于形式，没有形成一套完整的创新创业实践模式；有些课程只是请专家或成功创业者做个讲座，缺乏创新创业实践教育活动，无法从根本上提升学生的创业能力。大多数高校拥有并不健全的创新创业授课系统，在创业教育方面主要依赖创业型比赛项目使学生被动接受创业相关的理论知识，从而激发对创业的积极性。尽管人才培养规划中加入了各类创业相关课程，但在种类、课时、学分方面所占的份额相对较小，很难获得大学生的重视。高校创办的创业相关课程注重思维层面的能力提升而与专业人才培养规划存在较低关联性，从而导致创业教育所主张的创业精神、意识、能力等无法与人才培养方案充分结合。

应用型高校管理体制单一化。创新创业教育注重培养的是复合型、高素质人才，这对高校的管理体制也提出了更高要求。有些高校教学管理的权、责、利没有厘清,权力过分集中,容易束缚学生的主动性和创新性。一方面是对“双创”理念的误读，在管理层面理解创新创业教育，旨在培养具有创业能力和素养的企业家或高管人员，所以在培养目标和培养方式上只注重突出对学生组织领导力的培养，而忽视对学生创新意识和创业素养的培养。这样培养出来的人才不一定是专业的创新创业人才，反而使其与创业本质相背离。另一方面，单一的评价标准制约了创新型人才的综合发展。创业教育课程既要关注专业知识和专业技能的培养，也要注重学生实践能力的培养。这就要求学生应具备“双创”的知识、技能、素养甚至是批判思维和合作探究等综合能力。然而，相关部门或高校对“双创”人才的评价更多地看重领导能力与实践能力，更多地体现在对结果的评价，而忽视了对创新创业人才成长的过程性评价，因而，对创新型人才的培养过程缺乏重视。

创新创业教育资源分配不合理。高校对于创业教育资源的分配存在不合理性，很难产生良好的创业实践成果。创业教育改革的中心思想是将以老师、课本、课堂为主要教学内容和主体的传统教育模式转变为围绕学生、实践及能力训练为主导的全新教育模式。创业教育成效应当以实践作为检验标准。如今，学生创业实践的主要渠道有参加创业竞赛活动及利用学校建立的创业实践园区参加实践，高校学生期待在创业实践阶段获得资金、与之匹配的基础设施及专业教师指导等支持，而实际上诸多高校并未建立创业教育协作模式，绝大多数高校依然处于简单的推动时期，没有对学习、社会及企业等各类资源进行有效利用和整合，导致创业实践出现资金支持力度不足、缺少对口指导教师、实践基地基础建设不完善、校企合作效应不理想等问题，使较多的“双创”实践活动成为一种表象，而缺少了本质意义。

总的来说，当前创新创业教育在我国应用型高校如火如荼地进行。截至2016年底，各级政府、各高校共安排创新创业教育专项资金70.4亿元，受资助的学生创新创业项目数超过26万。虽然大学生创新创业取得了一定的成效，但在创新创业教育理念和实践探索中仍然存在诸多问题。究其根源在于创新创业教育理念与应用型高校特点之间的矛盾冲突使然。创新创业教育内外部的主客体之间“冷热不均”的矛盾冲突，应用型高校在创新创业教育实践推动过程中也存在“冷热不均”的矛盾冲突，即外在教育主体的热切推动，积极开展创新创业教育活动，在财政、人力、物力等平台上尽可能地给予大力支持，但在创新创业教育利益相关者中（学生、家长、一线教师）却存在消极面对的窘境。麦可思对我国近五年（2013~2017年）大学生创业情况做了调查，数据显示创业率为2.9%左右，与美国大学生22%的平均创业率相比相去甚远。这与创新创业教育内外部的主客体之间“冷热不均”的矛盾冲突存在必然的联系。一方面表现在应用型高校学生的创新创业理念尚未及时转变。有研究者基于北京市31所高校大学生求职意向的调查数据发现，87%的被访者把就业方向局限于政府机关、事业单位、国有企业和外资企业，而且有27%的被访者从未考虑过以创业方式来择业。这一调查数据预示着较大部分大学生的创新精神不足、创业意识薄弱及创新创业理念固守的现实状况。另一方面表现在学生家长在创新创业教育上的支持力度仍然不够。学生的择业观在很大程度上深受家长的直接影响，家长对创业的观念和态度是学生是否愿意创业的重要影响因素。在中国传统的家庭文化中，家长对于创业的风险、孩子承受压力的能力存在固守考虑，对孩子入职体制内单位存在较高期望，这无形中也是影响孩子规避创业高风险的较大因素。

创新创业教育存在主体方面的缺陷。部分地方应用型高校并非自愿开展创新创业教育，而仅仅是为了应对教育部门下达的实践教学任务指令。以这样的工作站位，地方应用型高校就不会积极主动落实创新创业教育政策，而更多地流于形式，为应付上级部门检查而刻意营造出活跃的创业实践指导氛围。这种实践课程教育方式作用非常有限，且存在严重的同质化现象。之所以会发生这样的情况，与认识不到位有一定关联，但是究其根本还在于地方应用型高校实践课程中的创新创业教育的内部主体存在缺陷。一是实践课程教学缺乏足够专业的师资队伍。目前，地方应用型高校教师主要是通过传统教育培养出来的，没有接受专门的创业实践课程培训，自身缺乏创新创业经验。这样的师资队伍自然难以向学生分享创业经验或者提供真正有帮助的创业实践指导建议。二是实践课程实施时“貌合神离”。一些高校创新创业教育课程在开设时并未经过系统的论证，与人才培养方案中的课程设置缺乏应有的相容性、体系化，同时实践教学课程开设也很不稳定。因为缺乏教学资源，要求具有很强实践性、操作性的“双创”教育课程，结果依然采用传统的理论教学方式，这样很难达到实践教学要求，学生也无法亲身体验，得不到创新创业教育经验积累。

创新创业教育和专业教育未能有机融合。教育部直属高校大部分都是重点院校，往往会获得更多的教育资源及社会青睐，这是地方应用型高校所不具备的，因此这些重点院校在创新创业教育工作方面成绩斐然，走在其他高校前列。而比较起来，地方应用型高校虽然数量众多，但是创新创业实践课程教学工作相对欠缺很多，创新创业教育和专业教育两者间存在明显脱节，创新创业教育往往是由学校的创新创业部门单独管理。有些地方应用型高校甚至将创新创业教育孤立起来，没有将其纳入大学生课程教育中。创新创业指导教育仅仅是开设了几门相关课程，然后再组织一些零散的课外实践活动，究其原因还在于地方应用型高校并未真正把握住创新创业教育的精神内涵。

将创新创业实践教学等同于组织学生参加竞赛。由于创新创业涉及面广，而地方应用型高校对于创业实践课程中如何培养学生的创新能力理解不够深入，导致高校没有系统地开展创新创业实践课程建设。有些高校甚至直接省去了课程建设环节，把创新创业实践教育工作等同于“让少数学生参加各类技能竞赛”。部分地方应用型高校为了提升学校的知名度，往往会热衷于组织学生参加全国、省市级竞赛，这种急功近利的教育理念严重影响到高校的创业实践课程教学。面对竞赛训练，学生仅仅是完成教师所设计的用于应付竞赛的训练方案，其主观能动性无法充分发挥。而对于那些没有机会参加竞赛的学生来说，创新创业实践课程形同虚设。面对这样的发展情况，学生的创新创业能力很难得到实质性的提升。

将创新创业实践教学等同于就业指导。随着大学生毕业人数的急剧上升，全国高校毕业人数屡创新高，大学生面临更加艰难的就业形势，尤其是对于那些所谓“排名”相对靠后的地方应用型高校更是如此。大学生就业率成为衡量高校教学质量高低的重要指标之一，而高校为了让毕业生更好地就业，纷纷开设了许多专门的就业指导课程，而创新创业教学也是诸多指导课程的一部分。“创新创业”实践课程主要由高校的学生管理中心专门负责，大部分参与创业实践课程的学生更多是为了竞赛得奖，而真正有创业想法并愿意付诸实践的学生占比很小。所以，对于很多学生来说，开设创新创业实践课程的意义并不大，学生只是被动接受。

第六章

地方应用型高校创新创业教育生态系统的结构功能及构成指标分析

第一节　地方应用型高校创新创业教育生态系统的结构功能

一、创新创业教育生态系统的主要原理

（一）高校创新创业教育生态系统的提出

纵观国内外高校创新创业教育从萌芽阶段到成熟阶段的全过程，创新创业教育从微观层面逐渐发生转变，由体系化开始向生态化过渡。国际上一部分学者在相关研究中提出了“创新创业教育生态系统”的概念，这一系统的创建逐步进入教育工作者和科研人员的视野。

首先，创新创业教育生态系统定义的设计与创新理论的发展存在着重要的关系。科技不断进步、国际竞争激烈程度不断加大对生态问题的影响，创新创业对经济发展有着至关重要的作用，同时创新的模式逐步发生变化，企业、科研机构、高等院校等创新的表现形式及政府出台的与创新相关的政策都发生了很大程度的改变，创新生态系统的研究正在不断崛起，并发展为创新形态的优化与转变。创新理论所衍生的一个全新领域即为创新生态系统。从西方国家经济与管理相关学术角度出发，创新模式的发展过程经历了三个阶段：第一阶段，以新古典学说及内生增长理论为基础的线性创新形态，主张创新战略和影响的观点为创新的外部性。这一创新形态具有密集化、内向化、封闭化等特点。第二阶段，以国家创新理论的确立与发展为起始标志。20 世纪 80 年代后期，创

新模式融入系统方法，1987 年，英国学者弗里曼首次提出国家创新系统，它是熊彼特创新理论的继承者和衍生者，同时加入了由李斯特提出的国家系统理论元素，其定义是集技术创造、引入、改进和传播于一体的一种机制网络。从 1990 年开始，该体系作为一项政治工具对各国推动科技进步、经济及社会发展起到了重要作用。1997 年，经济合作与发展组织围绕这一新体系做出相关报告：创新是由各主体以及机构通过一系列互相影响所产生的新事物。技术变革的表现形式并非绝对的线性，而是由系统自身各构成元素间相互影响和反馈所产生。这一系统的关键要素为企业，是企业生产与创新、吸收外界知识的形态。外界知识通常来自于其他企业、公有或私有研究院所、高等学校及中介等。国家创新体系作为一个网络，其主要组成元素为科研机构、高等学校、企业及政府机构，它将科学技术与社会经济完全融合，并使其协同发展，使创新能力和效率得到进一步提升。从创新角度来说，国家创新体系结合了外部要素来进行开放式创新，并结合外部要素实现协同发展。第三阶段，从最近几年内出现的创新生态系统出发，为了更加全面、细致地分析创新要素及环境演变，相关学者逐步引进了生态学以研究创新生态。这些学者表示，创新来自多元化系统共同演变，既包含技术演变，也包含诸多其他因素的升级。创新由不同利益参与者的共生模式拓展到生态层面的环境系统，由国家层面上升至全球，例如美国著名城市洛杉矶创建了健全的创新创业生态系统，硅谷则升级为全球范围内创新创业生态系统的代表。创新模式的升级在一定程度上影响了教育事业，教育工作者同时对创新创业系统中各个利益共同体之间的关系、教育与经济文化间相互作用的关系投入更多关注。

其次，在当今的知识经济大环境下，创新与创业之间存在较多密不可分的相互作用关系，但是也存在以教学科研为核心的高等学校依然没有厘清创新与创业之间的相互作用关系的问题。在创业学中有许多成果的美国学者蒂蒙斯表示，创业已脱离了简单意义上的创建企业。通过深层次挖掘创业的内涵，其中有利用创新知识获得新产品成功创业；从思维角度出发，利用创新方法发掘新的产业达到成功创业；融合创新知识与方法，打造全新产品产业模式达到成功创业。不管从哪个角度出发，创业都是围绕“创新”的实践过程，并在创新过程中伴随着许多的风险。从经济学层面出发，熊彼特率先给出了创新与创业相互作用的关系。他表示，创新需要依托创业才可获得成功，同时创新也是创业的结果。更多专家表示，虽然从理论层面上看创新与创业具有一定差别，但在现实的创业过程中创新与创业缺一不可。如果缺少创业，则创新的成果无法转变为现实的社会资源；如果缺少创新，则创业缺少立足之地及竞争力，难以获得成功。所以，创新与创业相互作用，前者推动后者，后者反作用于前者。然而，在高等学校开展的创新创业教育实践活动中，创业与创新存在一定的距离。通过深入调查目前高等学校创新创业教育的发展状况发现，围绕创新建立的创业教育模式依然没有较好的成果，创新与创业教育的关联度依然没有达到足够高的水平，创新创业教育相关课程、实践活动及成果转换依然没有发展成为相互融合的一个整体性。由于地方经济的发展需要应用型人才来支持，地方应用型高等学校从宏观和系统的层面出发，在探讨创新创业教育发展规划时一方面分析并利用特殊的区位优势和环境，另一方面通过优化制度及整合资源打造了校园内优质的创新创业文化环境，目的是创建一个集活力、可持续性发展于一体的创新创业生态体系。

最后，在经济创新大环境下，全球范围内许多国家越来越提倡和重视创新，把科技创新作为经济发展的第一动力，提高创新推动发展速度与进程，同时持续优化和改进扶持以科技、教育为代表的“一篮子”政策系统，优化国家创新与网络、创新的融合关系，推进创新生态系统的产生与成长。人作为组织要素是创新创业教育活动最关键的组成部分。很多国家都对人才的培养赋予了重要地位，极度重视教育尤其是高等学校教育对创新创业生态系统所发挥的重大作用。国家与地区生态系统是创新生态系统的重要组成部分，它的形成与成长为高校创建创新创业教育生态体系打造了优质的外部环境。以此为基础，高校创业教育事业应协同创新驱动向同一目标方向发展，基于创新创业过程与体系具有强烈的动态性，将创新创业教育各个要素作用关系比作具有生命体征的生态体系，主动创建和优化创新创业教育生态体系。

（二）高校创新创业教育生态系统的原理

“生态”一词源自生物学和地理学，其定义是生物以自然环境为依托与其他的生物共同形成一种生存状态或是地理环境，以及生物与其他生物、生物与自然环境的关系的集合。以生物与环境为研究对象，以科学的态度探究其辩证关系即为生态学。考虑到习惯性用语，通常将生态系统作为生态的定义，但其真正的关系是系统论属于生态系统研究范畴并且是最关键的要素。“生态系统”所指的系统是各组成要素形成的整体。一个系统是更高一级系统的组成要素或为其子系统。这一观点出自系统理论，从形成与成长的角度出发，生态系统与系统论有着高度关联性。初期的系统论被称作一般系统论，它是一项依托数学和逻辑研究一般系统变化规律的理论，以系统为出发点，解释了不同事物之间相互作用、关联的统一本质及自身存在的规律。从狭义角度看，一般系统论中的系统是指具有相互作用关系的多个组成要素形成的集合。根据这一狭义性层面的定义得出具有组织功能的特殊概念，例如相互作用、集合等，并将其应用于现实事物中。系统论的形成成为科学发展的理论依据和基本应用方法，相关学者逐渐打破传统的方法论，基于对系统普通模式及构成的研究，从总体层面出发研究部分组织的作用关系、运作及调整原则等。

从学术研究的视角出发，生态学中最为重要的概念即为生态系统。根据级别的高低可以将生态学研究的层面划分为个体、种群、群落及生态系统，其中生态系统是学术研究中最主要的结构和功能性单位，是学术研究中的最高段位。1935 年英国学者亚坦斯利率先提及了生态系统相关概念，从系统的角度分析了生物和其所处的自然环境之间的关系，并表示生态系统是存在于统一地理位置或空间的全部生物与环境相互影响、相关关联的集能量转化、循环及信息传播等功能于一体的集合，其中能量运作、物质循环信息传播是生态系统的主要功能。通常情况下，生态系统的组成要素有无机物、有机物、气候特征、制造者、消费者、消化者等。根据功能的不同可以将生态系统分解为制造者、消费者及分解者。生态系统基本规律通常来源于生态学与系统论，生态系统理论应用于研究过程中最需要注意的事项是掌握生态系统的核心观点。

其一，整体性和系统性。系统论的创始人美国生物学专家冯·贝塔朗菲表示，所有的系统都是一个有机结合体，而不是由各个组成部分简单罗列构成，系统所具备的整体功能是各组成要素在单独存在情形下所不具备的。所以，整体之和不小于部分之和，而且绝大多数情形下前者要大于后者，这表示整体特征不可以用个体或单独部分的特征来描述。另外，所有生态系统均为其子系统间通过物质、能量及信息的循环传递，产生主体与其所处的环境高度关联的集合体。最后，生态系统又作为一项子系统是更高一级生态系统的组成部分，与范围更广的外界环境之间形成错综复杂的网状格局。

其二，循环与演变。以自然生态系统为例，绿色植物利用光合作用将阳光转换为能量，进而以能量转换与传递的方式在生态系统各组成要素中开展物质、能量的交换，推动系统中所有生命的成长。而系统中的循环过程具有非线性的特点，是从生态系统的形成开始向平衡发展，然后平衡被打破，继而再次形成新的平衡这一循环发展过程，同时这一追寻平衡的动态发展也是生态系统成长的过程，在学术界中又被叫作生态演变。这一演变过程既存在外界环境变化的干预，又存在内部生物群体竞争的影响。所以，生态系统的发育是一个既简单又复杂的生态演化过程。

其三，生态位和生态链。围绕一个物种建立的集合体，要获得生存与发展，应当在环境中占据满足自身生存需求的地位，所有的事物都有特殊的生态定位。生态位的特征具有波动性，要加快发展进程或缩短与成功的距离应灵活扩充资源与需求层面的生态位，从而更好地打造和适应生态环境。生态链理论是基于对自然生态的食物链理论推导而形成的。依据生物在自然界中的功能和地位，可将食物链分解为生产者、消费者、分解者及催化剂，各要素间具有相互作用、相互依赖的关系并利用这种关系完成物质与能量的循环使用或转换。生态链反映出生态系统中能量的变化或传递轨迹同时产生了相互交织的格局，表现出生态系统所有要素的关联性及能量阶梯式传递的过程。

其四，限制性与适度性。生态系统各构成要素经过一定时期的发展，对自身所处环境的各生态因子形成一定的适应，而这一适应性具有一定的范围边界，只有保持在适应范围内才可以实现生态的稳定发展。生态系统一旦陷入超负荷状态，便逐渐开始向对立面靠拢。所以，生态发展应以生态系统承载力为前提，同时持续弱化限制因子的干扰，才可以保持稳定健康发展。

二、创新创业教育生态系统的结构功能

创新创业教育生态系统的创建应以对研究对象进行充分、细致的理解为前提。该项系统组成要素主要包括教育主体、接受的教育者、教育目标、内容方法、制度及教育环境等。这些构成要素所产生的组合方式及相互作用的关系能够从整体层面体现出创新创业教育生态体系的框架和功能。以创新创业教育生态系统理论为指导，归纳该系统的内涵、基本框架及基本功能，基于此建立起地方应用型高等学校创新创业教育生态系统。

（一）创新创业教育生态系统的内涵阐释

创新创业教育生态系统是由创新创业教育组成要素构成的具备特殊功能同时可以形成整体效应的生态系统。在该系统中，创新创业教育各要素与环境形成相关作用的关联关系，同时依托能量、信息及物质相互间的联系构成一个整

体。借助于生态学的基本特征，创新创业教育生态系统可以开展教育问题的相关研究，基于教育生态学的原则性特征来发掘并消除传统教育系统中存在的缺陷，以全新的角度探究创新创业教育的优势与劣势。

第一，创新创业教育生态系统是由创新创业教育系统通过升级演化而来。创新创业教育体系的侧重点在于创新创业教育的组成要素，而生态是一个持续成长、不断变化的过程，系统自身及外界各个要素通过相互作用、相互交流推动系统整体与外界环境共同演变。创新创业教育生态系统的前身为教育生态系统，其一方面传承了教育生态系统的全部组成要素及功能特性，另一方面也具有生物学的功能和特征。从生态系统论方面来看，系统有序源自系统自身形成的非线性作用，生态系统自身持续与外部因素产生交流与互换，对外开放流入与流出的渠道，加大信息与能量相互传递的速度与规模。所以，相比于传统的创新创业教育体系，这一范式在创建方面的侧重点是生态系统化，即将系统中所有利益参与者视为同等重要，同时重视系统自身的发展。该教育范式的演化与正在发生的科技改革、创新驱动等有高度的关联性，对于将来高校教育的发展而言具有重要意义。

第二，创新创业教育生态系统中各种创新创业要素表现为共同生存与成长的关系。生态系统中所有的事物不会单独存在，而是一种共生模式，换言之，所有事物与现象间必然存在一种或多种相关作用、相关关联的关系，任何一个生态要素在同一时间可能受到一个或多个其他因子的作用。生态系统中各组成要素之间并非表现为简单的相加关系，而是存在一种相关交织、多方面共同影响的耦合关系。创新创业教育生态系统是依托某个既定的地区环境及区域内全部教育元素而产生的纽带关系，它是由多个创新创业参与方共同组合而成，各参与方之间具有一定的内在联系，同时经常产生繁杂的动态交流和互动。创新创业教育生态系统各组成要素通过相互依赖、相互作用实现协同发展。

第三，创新创业教育生态系统突出了外界要素对教育产生的作用，从整个系统的角度出发，社会层面的创新创业教育生态系统的级别更为高级，从隶属关系上看，创新创业教育生态系统属于社会创新创业生态系统或是其一个子系统。最近几年内，越来越多的学者表示新制度及政策的推出有利于系统向着满足自身需要的方向成长，如今高校创新创业教育的改革多表现为从上至下、从外至内的升级形态，文化环境、公共策略、多方资源、政府等社会因素与高校的关系很大程度上决定了创新创业教育生态系统的组建。所以，在创建创新创业教育生态系统的过程中，一方面要考虑教育自身的因素，另一方面还要考虑政治、经济及文化等社会层面的因素，同时还应从整体的角度出发来构建该系统。

（二）创新创业教育生态系统的基本结构

研究创新创业教育生态系统的主要方向是研究其结构和功能。各个系统所具有的特质有所不同，而系统中各要素通过相互影响和结构组成方式表现出系统特有的功能。所以，在研究创新创业教育生态系统的构建之前，应先确立其基本的结构。基于创新创业教育生态系统的基本构建要素，由微观到宏观的顺序来分解研究生态系统的结构，从而得出该系统由教育教学生态、组织机制生态和环境生态三个层面组成。

1. 教育教学生态

从微观层面出发，高校创新创业教育的一、二年级课堂是高校开展创新创业教育的直接表现形式。在大一、大二创新创业教育的相关课堂里，可以分解为多个方面，例如课程教学、教师队伍、教学方法等，所有这些要素会共同交织在一个系统中通过相互作用构成教育教学生态。与自然生态相对照，如果把学生比作植物、把教师比作园丁，那么所有类型的课程集合则是自然生态中的养料或有机肥，将高校的教育教学基础设施比作土壤，教学活动则是耕种工具，教师通过耕耘使学生的创新创业教育活动萌生根系并逐步成长。学生与老师作为教育教学生态的主体，在生态的成长和发育过程中存在相互参照的关系。在系统中，老师与学生并非简单的教育与接受教育的关系，而是相互影响、相互进步的共同成长关系，例如，在创新创业教育实践教学中，教课老师通常只传授办法与技术并起到指引作用，大多数创新活动或产品相关工作流程都将由学生自行完成。

2. 组织机制生态

从中间层面来看，地方应用型高校对组织进行统一管理，逐步形成了集创新创业教育的教学、实践、比赛等多个要素于一体的系统。这一组织运作的流程包含计划、决策、执行等，运作流程中通过对人力、财力、物力和知识等资源分配产生了相应的组织模式，从而达到了资源规范化管理与应用。为了方便资源的整合，组织管理者利用多种方法控制组织的运作以保障组织工作顺利开展，同时实现组织目标。这个依托组织运作而形成的系统被叫作“组织机制生态”，该生态包含自身的管理制度、外部协调制度及组织开展创新创业教育的相关利益者之间的协调制度。在该生态系统中，由校级领导、创新创业教育机构领导、相关工作者、活动组织者及志愿者等组成的组织管理团队对系统的运营和发展有着很大程度的影响。管理团队不仅负责组织协调参与创新创业教育的在校学生，还要对接资源提供者与支持者，其中包括科研工作者、校友、企业家、投资者等，以上人群能够提供多种资源和服务满足高校创新创业教育各流程的运转，为学生创新创业的顺利开展和获得成功起到一定的保障作用。借助于生态系统，各个参与方能够形成与之相符的组织主体中心，基于一定的资源和目标，所有的组织通过合理运作能够衍生出全新的组织，从而共同形成创业项目下的组织系统，例如建立创新创业管理协调部门，搭建各种形式的创新创业服务平台。高校创新创业生态系统中各个参与者存在相互作用的关系，基于周边环境，个体与组织通过相互交流、作用，又催化出校企合作、评估激励等制度要素。组织机制的有效性是生态系统产生健全的生态链和规范的生态位的前提，能够保障系统自身的各个要素形成和谐共生关系，从而形成完整、统一的有机整体。

3. 环境生态

从宏观层面出发，创新创业教育依托于社会经济与高等教育的发展并与之形成密切关联，从隶属关系上看，创新创业教育生态是创新创业生态的一个子系统，一方面受到教育体系自身环境的作用，另一方面还受到社会创新创业系统环境的作用。生态的环境体系不仅包含高校自身的文化建设、环境建设，还包含高校以外的环境建设，而这里所讲的“环境”通常是指高校以外的环境对创新创业教育生态系统各要素的运作所产生的影响。在这一层面上与环境存在高度关联性的生态系统即为“环境生态系统”。具体而言，环境生态可以分解为政治环境生态、文化环境生态及经济环境生态，大部分是为创新创业教育提供服务的生态要素：在政治环境生态方面，国家推行的创新创业战略规划及总体部署、创新创业相关政策机制及政府为创新创业教育提供的服务；在文化环境生态方面，高校创新创业教育定位、教育目标、文化建设，以及高校推出的创新创业教育战略与方针、围绕创新创业打造校园文化环境、学校主体开展创新创业的激励机制等；在经济环境生态方面，地区范围创新创业相关的市场经济、相关产业、金融服务等。基于生态系统所具有的共生性和整体性，高校开展创新创业教育既需要外界环境提供服务，又能够向外部输出教育成果和人才资源，同时对外部环境产生作用。

（三）三者之间的关系

基于教育生态系统理论，创新创业教育生态强调的是教师与学生等教育主体同环境之间存在的相互作用关系及教育体系各构成要素间的运作。分析创新创业教育生态系统不应只认识到其构成要素，还应充分了解各要素之间的关系，从整体、系统的层面掌握要素与要素、各子系统间的相互作用、依存关系及在功能方面表现出的协同性，才能创建更为有效、健全的创新创业教育生态系统。

首先，从创新创业教育生态系统整体角度出发，教育教学生态被赋予的任务是生产与传递，承担制造和传授创新创业相关知识的任务，利用创新创业课程与实践相互交替的教学方式把创新精神和创业能力传递给学生，激发他们对创新创业的兴趣，提高他们的创新创业意识和能力。创新创业教育最为基础的教育方式是课堂教学和实践教学，生态系统中价值地位最高的子系统是教育教学生态系统，因为它承载着为生态中全部生物的生存和发展提供所需的物质与能量从而实现生态自身的成长的任务，是创新创业教育的核心层面。其次，组织机制生态通过“分解”与“协调”功能实现创新创业教育生态系统的运作和发展。基于创建的制度，各机构需要通过合理运作完成系统中物质与能量的分解和传承工作。假如组织并未实现有效运作，则系统中的各类物质无法得到生产和消费，地方应用型高校所具备的创新知识就不能实现转化且其成果不能被合理利用，从而就无法反作用于创新创业教育人才培养事业中。作为创新创业教育的运行层，组织机制生态为生态系统中创新创业教育各要素及资源搭建了关键的联结枢纽。再次，环境生态系统存在于创新创业教育生态系统中，创新创业教育生态系统建立的全过程都与环境有着密切关系，环境只有提供了足够的阳光、雨水及空气等能量才可以使生态系统不断促使教育主体和受教育主体开发出全新动力与活力，从而保障生态系统健康成长。所以，环境生态系统对于创新创业教育整体而言具有保障功能。最后，环境生态系统可以看作生态系统中的“无机环境”。创新创业教育生态系统的构建离不开环境的影响，生态系统只有在充足的阳光、空气和雨露等环境下才能持续激发师生的创新创业动力和活力，实现整个生态系统的健康发展。因此，这个层面的生态系统是创新创业教育的保障层。图 6-1 所示为创新创业教育生态系统整体构成。

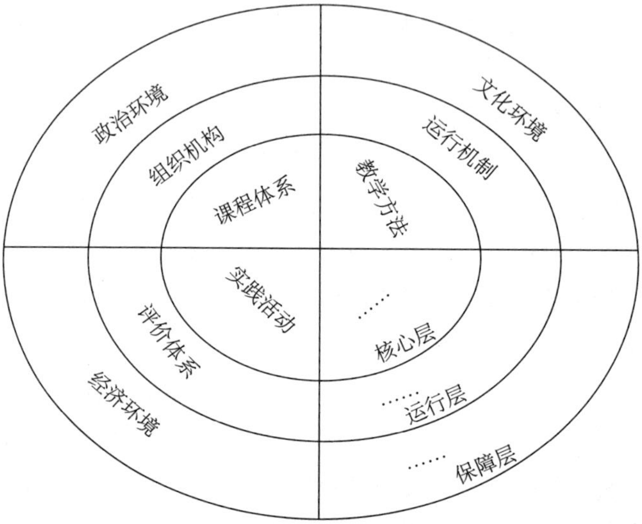

图 6-1　创新创业教育生态系统的基本结构

从总体角度出发，教育教学生态、组织机制生态、环境生统作为创新创业教育生态系统的三个层面，通过层与层之间相互影响、作用、渗透，逐步在整个系统中衍生出全新的生态链。这些层面的生态同高校自身现有的人才培养、社会服务及科研等持续调整、适应与融合，通过动态的发展促使创新创业教育实现新的生态平衡。

三、创新创业教育生态系统的应然功能

生态发展是一个动态过程，随着过程的推进其系统各项功能变得逐步完善。生态系统演变是以优化功能为目的，并不是构成要素的简单增加；系统生产以发挥功效或作用为目的，并不仅仅是规模的扩大。系统达到目标的表现形态是系统功能得以发挥，是系统和外界因素相关作用、关联过程中展现出来的水平、功能成效及性质。高校创新创业教育生态系统构成的原动力通常来源于环境对教育提出的更高级的要求，或者说是由高等教育功能做出的选择。在创新创业教育生态系统中，教育对人和社会所产生的发展意义是教育生态系统功能的具体表现，高校的本质职责是创造知识，并不是创建企业，系统的首要功能是为社会各界培养和输送优秀的创新创业型人才，这也是系统的本职功能。经过长

期的演变，系统还具有其他两项衍生功能，即为地方经济发展提供相应的服务和强化高校教育改革。

（一）激发学生创造潜力，培养创新创业人才

现代高等学校特别是地方应用型大学承载的责任是满足地方社会经济发展的需要而培养高素质应用型人才。高校教育的目的一方面是为了向学生传递基本和必需的专业知识与技能，另一方面也是最重要的一方面，即促使学生深度理解并利用他们所接受的知识与技能服务社会并促进社会的发展，不但使自我价值得以体现，而且为社会提供具有意义的服务。但是，更多的教育界相关人士和专家发现，学生缺乏创新创造能力，目前教育事业迫切需要解决的问题之一是培养创新创业型人才。作为培养创新创业型人才的重要基地，相较于研究型大学，地方应用型高校培养的大量服务社会和实现价值的创新创业型人才、毕业于国内应用型高校的学生严重缺乏创新创业能力。教育培养模式过于标准、单一，限制了学生的个性化发展，特别是创造能力的培养。社会的进步需要具备专业知识和技能储备的优秀人士参与，同时更需要具备创新意识和创业能力的高素质应用型人才的参与，这同样是地方应用型高校的办学目的。创造是人与生俱来的能力，创新创业的关键在于创造能力，与其他功能相似，其也是能够经过学习和锻炼而激发出来的。尽管天赋在一定程度上影响了创造力水平，但其决定性因素是后天的学习、锻炼和实践。针对创业家的创业能力是与生俱来的还是后天形成的，部分学者表示：创业能力既有天生的成分也有后天培养的成分，或是不具有天赋只具有后天成分，即便个别人具有较高的创业天赋，但在缺少激发机会及没有创业氛围的环境下，其潜能很大概率下得不到发挥；而即便某个人不具有创业天赋，但在对激发创业潜能有利的环境下他也能够成功实现创业。所以，地方应用型大学可以通过激发学生已具备的创造潜力，为社会培养出一批批具备创新意识、创业能力的高素质应用型人才。

（二）完善高校内部管理，推动大学教育改革

基于生态系统理论，生态系统可以实现自我调整及自我维持，但生态系统保持平衡状态并不代表该系统一成不变，当系统受到内部或外部因素干扰时，

会导致某一部分发生改变，系统失去平衡。通过人为因素或系统自身的调节机制的作用，又将呈现出不同的平衡状态。正是因为这一从平衡状态转变为不平衡再到呈现新的平衡的循环过程，使生态系统不断向前生长。从教育生态自我发展的角度出发，一个健全的教育生态系统并非完全受到各类环境因素的作用而发生变化，事实上系统会结合社会发展进程及未来的发展方向实时地自我调整和自我改变内部构成，同时以主动的态度引导和推动社会的进步。教育不等同于其他事物的适应物，教育在于追求更高的实用、现实、既有、规律及自身。相对于传统教育，创新创业教育拥有全新的教育理念和实践方式，同时创新创业教育要想得到发展，需要突破以往的教育生态平衡。一方面，借助于政府的大力扶持，创新创业教育不断引导和带动课程系统、教学模式、教师团队、人才培养、评估制度等方面的升级和改进。另一方面，将创新创业教育平台作为连接纽带，高等学校与政府、企业及社会组织搭建起联系网络，高校不断发展为开放式合作模式，同时深化内部治理系统的优化。生态系统成长过程中，系统主体与环境不断发生互动的行为，地方应用型高校通过升级优化自身教学模式及自我管理体系，逐步创建顺应时代进步和社会发展的全新教育系统，推动了高等教育事业的可持续发展。

（三）汇聚创新创业要素，服务国家创新发展

从生态系统自身的角度出发，高校不可以把自身的存在与创新分开，教育生态系统作为整个社会系统的一个子系统，它与其他子系统之间不断发生着资源交换，更多的高校投入到与政府、企业形成的共生共赢生态链中，将知识转化为成果带动社会经济的进步。在新时代的社会背景下，创新创业对世界经济发展的意义越来越大，从国家层面出发，通过大力发展创新创业型人才规模，能够提升人们的物质生活质量和文化素养，从而有效地推动国家的进步。从地方应用型高校角度出发，创新创业教育所培养的创业者多为机会型。这类创业者大部分能够创造新的企业，很大程度上推动了地方经济的进步。地方应用型高校创建创新创业教育生态系统的目的在于最大化发挥高校自身的优势，培养和强化受教育主体的创造能力。通过打造健全的生态环境，推动创新创业组成要素向集中化发展，建立融合学科、技术创新及产业的生态链，为国家发展提供更加优质的服务。

第二节　地方应用型高校创新创业教育生态系统构成指标遴选

生态系统的构建受到各个方面因素的影响，同时，生态系统的构建又是一个动态发展的过程，在不同的发展阶段，生态系统各要素产生的影响也存在差异。由于我国创新创业教育生态系统构建尚处于探索与发展阶段，对其构成指标及其在现阶段的影响程度还缺乏清晰的了解。为此，本章从教育生态“要素—系统”“环境—系统”“结构—功能”的范畴来对创新创业生态系统构成指标进行分析，并找出现阶段我国地方应用型高校创新创业教育生态系统指标的权重，为当下应用型高校的创新创业教育生态系统构建提出科学依据。

一、基于文献分析和访谈法的指标遴选

在前五章中，本书已经初步获得一些创新创业教育生态系统的构成指标。为了进一步论证，首先要对以往研究者的相关观点进行梳理。其次，根据因变量遴选的系统性、可操作性、有效性等原则，通过对参与创新创业教育的师生、创新创业教育领域的专家和学者进行访谈和问卷调查的方法对相关指标加以修改或补充。对专家问卷调查获得的数据，运用隶属度分析方法对数据进行实证遴选，得出创新创业教育生态系统的主要构成指标，并尽可能提高指标体系的合理性。

根据生态系统理论，当主体与环境形成一个不可分割的相互联系和相互影响的整体时，生态系统也就由此产生。教育作为人类不可或缺的总体性实践，其自身也是一个由若干相互联系、相互依存的结构性要素所构成的生态系统。从“要素—系统”的范畴来看，在这个系统中，要素是系统的组成部分，要素与系统的关系是对立统一的，是相互联系、彼此制约的，通过要素可以确定系统的边界和边界内的成员。可见，要素是创新创业教育生态系统的组成部分，不同的要素组合的系统具有不同的功能。从“环境—系统”的范畴来看，生态系统作为一定的有组织的整体，总是独立于一定的环境，但是生态系统与环境具有交互响应的特点，系统只有不断地与环境进行能量、物质和信息的交换，

才能维持生态的发展。大学创新创业教育是伴随世界高等教育发展而产生的，同时也是在创新型国家建设、社会经济发展转型时代背景下社会、经济、文化等多种变革力量共同影响的结果。各类环境因子对创新创业教育生态系统的构建存在不同程度的影响，需要进行区分才能把握重点。再次，从“结构—功能”的范畴来看，创新创业教育生态系统是一个由许多子系统（生态圈）构成的有组织的多层次的复杂系统。生态系统的整体属性还取决于生态系统的结构。综上，可以根据上一节对创新创业教育生态系统的结构，即教育教学生态、组织机制生态、环境生态体系三个维度来进行要素指标的遴选。此外，地方应用型高校创新创业教育的影响因子等也可以纳入指标体系。

基于上述理论分析，指标的遴选主要来自以下两个方面：一是根据创新创业教育生态系统文献研究；二是根据创新创业教育指标构成访谈和问卷调查结果。由于创新创业教育生态系统的文献研究在第二章已经进行了详细阐述，本节不再重复。在访谈实施中，首先，根据地方应用型高校创新创业教育生态系统现状及相关文献研究设计了访谈提纲，主要包括对创新创业教育生态系统的理解、生态目标及由哪些要素构成生态系统等；其次，在地方应用型高校中选择了 30 位访谈对象，其中在校学生 12 人、创新创业一线教师 9 人、高校职能部门团委教务处相关领导 9 人、在访谈之前提前一周将访谈提纲发给访谈对象，在梳理访谈记录的过程中选取有代表性的相关描述的关键词进行重新编码，并按照三个维度进行合并和归类，最后检测所列的关键词是否覆盖全部的访谈内容。第一轮文献及访谈得出的主要指标如表 6-1 所示。

表 6-1 创新创业教育生态系统的主要构成指标（基于文献分析和访谈结果）

构成维度	指标（子维度）	编码样例	来源
教育教学	教育理念	创新创业教育的定位、学校重视程度、创业兴趣与意识、创新精神、创新思维、推动力及影响力	黄兆信（2017）；刘海滨（2018）；访谈
	课程体系	人才培养方案、创新创业专业知识、创业时间管理、创新创业课程管理、课程数量和教材	成希和张放平（2017）；张超和张育广（2018）；访谈
	师资力量	创新创业教育师资队伍的数量、结构、专业背景，教师投入、经验、培训和进修；企业导师—校内导师互动情况	刘海滨（2018）；访谈

续表

构成维度	指标（子维度）	编码样例	来源
教育教学	教学方法	创新创业教育教学方式的选择、改革与创新；学分互换；项目式教学	卓泽林和赵中建（2016）；访谈
	学科平台	创新创业教育学科发展、学科平台、学科地位、研究水平	张辛雨（2017）；访谈
	活动竞赛	创新创业大赛、“互联网 +”、创青春、创新创业训练项目	刘海滨（2018）；访谈
	实践平台	创新创业实训基地、实践平台、创业园、孵化基地	胡家保（2018）；访谈
	文化活动	社会实践活动、公益活动、创业社团、交流会、外出考察学习	访谈
组织机制	学校政策	创业资金扶持、奖励政策、优享政策、环境及场地支持、创业咨询服务	访谈
	组织模式	高校创新创业教育的负责部门、组织结构、组织模式	成希和张放平（2017）；访谈
	协调机制	创新创业教育在高校中的统筹协调机制、专门负责单位、人员配备、与利益相关者的协调机制	许涛和严骊（2017）；访谈
	成果转化	专利申请、保护，成果转化机构、人员配备，专业队伍和组织运行	访谈
	校企合作	校企合作机制、模式、实效性	黄兆信和李炎炎（2018）；访谈
	校友资源	利用校友网络及资源、校友参与面或参与程度、投入程度、协同力量	谢羚（2018）；访谈
	校地互动	高校与地方互动机制、参与所在区域的经济社会活动、创新创业活动	卓泽林（2016）；访谈
	激励评价	高校创新创业教育的激励、评价体系及政策	张辛雨（2017）；访谈
环境生态	国家战略	国家层面的创新创业战略目标、支持条件	访谈
	人才环境	科技或技术人才、人力资本、人才引进政策、人才发展平台	赵伟（2016）；访谈

续表

构成维度	指标（子维度）	编码样例	来源
环境生态	法律法规	国家制定的与创新创业相关的法律法规	访谈
	政策支持	政府出台的与创新创业相关的政策，其落实、稳定、实效性，降低创业风险	黄兆信和李炎炎（2017）；张辛雨（2017）；访谈
	经费支持	政府对创新创业教育的经费支持，创新创业基金、地方财政在创新创业方面的科技投入	徐小洲和王旭燕（2016）；访谈
	金融服务	创新创业的投融资环境、企业融资或贷款服务、投资服务	黄兆信和李炎炎（2017）；访谈
	地方经济	地方经济基础、经济与产业发展、研发环境、技术基础、市场的了解	访谈
	公共服务	政府建设的众创空间、孵化基地、创新创业中介服务机构及辅助设施	徐小洲，倪好(2018)；访谈
	其他资源	社会机构、投资人、创业渠道、企业家等相关协会	访谈

二、基于问卷调查和数据分析的指标遴选

（一）从学生视角分析地方高校创新创业教育生态系统构成要素

1. 数据来源

采用网络问卷形式，从全国 31 所地方应用型高校收回有效问卷 1864 份，调查的学生对象涉及理工类、文史哲类、师范类、医学类、财经类等院校的大学生。

2. 样本统计分析

为了解样本的基本情况，本章选取在读年级、学校所在地、就读的学科类型、创新创业意愿、选修过创新创业教育课程、参加过创新创业相关活动、尝试过自己创办或参与创办企业及对“创新创业”项目的态度来了解调查对象的基本信息，如表 6-2 所示。

表 6-2　调查对象基本信息

	频数	百分比（%）
在读年级		
大一	643	34.50
大二	762	40.88
大三	298	15.99
大四	161	8.64
硕士研究生		
学校所在地		
区首府	40	2.15
区内地级市	1490	79.94
区内县城	334	17.92
学科类型		
工科	24	1.29
理科	66	3.54
经管类	26	1.39
文史哲类	323	17.33
艺术类	45	2.41
医学	1222	65.56
其他	158	8.48
创新创业的意愿	960	51.50
选修过创新创业教育课程	1627	87.28
参加过创新创业相关活动	669	35.89
尝试过自己创办或参与创办企业	169	9.07
对“创新创业”项目的态度		
感兴趣并期待参与	420	22.53
感兴趣但是担心表现不好	1132	60.73
不感兴趣	312	16.74

表 6-2 中的统计数据显示，大部分学生为在读大一、大二、大三学生，占比 91.36%，79.94% 的高校所在地为区内地级市，所有学科类型都有学生填写，51.5% 的学生表示有创新创业意愿，87.28% 的学生选修过创新创业课程，35.89% 的学生表示参加过创新创业相关活动，只有 9.07% 的学生尝试过自己创办企业与参办企业，然而对创新创业项目的态度，22.53% 的学生表示感兴趣并期待参与，60.73% 的学生表示感兴趣但是担心表现不好，只有 16.74% 的学生表示不感兴趣，通过这些数据对当下学生的情况和态度有了初步的了解。

3. 样本认可度分析

由于地方应用型高校创新创业教育生态系统构成要素与他们对高校在创新创业教育方面的认可度之间存在较大的关联性，本章选取创新创业内涵与定义、创新创业教育的认同感、创新创业教育对个人能力提升、创新创业教育课程内容、创新创业教育授课教师、创新创业校内实践活动及平台、创新创业校外孵化基地或实践平台、创新创业计划和竞赛、创新创业文化活动、创新创业课程及活动的参与度、创新创业政策及氛围、创新创业特色等 18 个问题进行问卷设计，采用李克特量表形式设置 5 点选项衡量一个陈述的回答，给每个项赋予分值，从非常不同意到非常同意的分值依次是 1、2、3、4、5，通常情况下，李克特量表比同样长度的量表具有更高的信度，为了方便陈述，设每个问题对应一个变量，并将这些变量依次记为 a1，a2，…，a12。本章选取了与大学生对高校创新创业教育认可度相关的 10 个条目利用 SPSS22.0 数据分析软件对收集数据进行统计分析，得到地方高校大学生对学校的认可度调查表（见表 6-3）。

表 6-3 地方高校大学生对学校的认可度调查

	样本数	极小值	极大值	均值	标准差	均值 / 极大值 ×100%
a3	1864	1	5	3.58	0.8	71.6
a4	1864	1	5	3.36	0.75	67.2
a5	1864	1	5	3.44	0.76	68.8
a6	1864	1	5	3.52	0.77	70.4
a7	1864	1	5	3.57	0.78	71.4
a8	1864	1	5	3.60	0.76	72.0

续表

	样本数	极小值	极大值	均值	标准差	均值 / 极大值 ×100%
a9	1864	1	5	3.56	0.74	71.2
a10	1864	1	5	3.44	0.74	68.8
a11	1864	1	5	3.49	0.75	69.8
a12	1864	1	5	3.46	0.76	69.2

表 6–3 反映出影响地方高校创新创业教育的要素中，创新创业教育对个人能力提升、创新创业教育课程内容、创新创业教育授课教师、创新创业校内实践活动及平台、创新创业校外孵化基地或实践平台、创新创业计划和竞赛、创新创业文化活动、创新创业课程及活动的参与度、创新创业政策及氛围和创新创业教育特色这 10 项指标的均值与极大值的比例都低于 75%，说明这些都是影响高校创新创业教育生态系统构建的主要要素。

4. 基于主成分的因子分析

在因子分析之前，首先要判断各原始变量之间的相关关系是否适合因子分析，一般采用巴特利特球度检验（Bartlett Test of Sphericity）和 KMO（Kaiser–Meter –Olkin）检验方法对原始变量 a1，a2，…，a18 的相关程度进行研究，得出 KMO 和 Bartlett 的球形度检验结果如表 6–4 所示。

表 6–4　KMO 和 Bartlett 的球形度检验

	指标	值
	KMO	0.947
Bartlett 球形度检验	近似卡方	26056.360
	df	153
	Sig.	0.000

由表 6–4 中的检验值可以看出，本问卷中涉及的 18 个原始变量的统计数据的 KMO 值为 0.947，大于 0.9，属于非常适合的情况，Bartlett 值为 26056.36，显著性值为 0.000，小于 0.05，属于适合情况，结果表明原始变量的相关程度高。

因子分析是主成分分析的推广，下面通过 SPSS 20.0 软件对问卷中 18 个原始变量进行因子分析，综合因子 m=18，这里计算得到的是地方高校创新创业教育构成要素的三个主成分：第一个主成分为创新创业教育建设；第二个主成分为创新创业教育的教学模式；第三个主成分为创新创业教育的教学方法。各主成分的特征值及累计贡献率见表 6–5。由表 6–5 可以看出这三个主成分的累计贡献率为 71.097%，大于 70%，表明因子分析的结果能较好地代替 18 个原始变量（见表 6–6）。

表 6–5 主成分提取

成分	初始特征值			旋转平方和载入		
	特征值	方差贡献率 %	累计 %	特征值	方差贡献率 %	累计 %
1	9.144	50.803	50.803	7.191	39.949	39.949
2	2.612	14.509	65.312	2.842	15.787	55.736
3	1.041	5.785	71.097	2.765	15.361	71.097
4	0.803	4.462	75.559			
5	0.571	3.173	78.732			
6	0.469	2.607	81.339			

表 6–6 归属

条目	成分		
	1	2	3
a1	0.773		
a2	0.805		
a3	0.706		
a4	0.836		
a5	0.784		
a6	0.737		
a7	0.710		
a8	0.726		
a9	0.715		
a10	0.770		
a11	0.778		

续表

条目	成分		
	1	2	3
a12	0.774		
a13		0.649	
a14			0.771
a15			0.723
a16		0.799	
a17		0.863	
a18		0.863	

因为创新创业教育的构成要素与高校大学生对学校创新创业教育的认可度存在较高的关联性，将地方应用型高校大学生对学校的认可度依据相关程度高低进行划分，相关程度较高的指标是a8、a11、a6、a7、a9、a12和a5，重新定义为y1，将指标a3、a4和a10重新定义为y2。在此基础上，将1864个样本分为10组，得出的y1和y2值没有太大变化，说明这两组数据越一致，数据的稳定性越高。表6-7是地方高校创新创业教育的主成分及认可度分组。

确定认可度维度：

y1 高“a8”“a11”“a6”“a7”“a9”“a12”“a5”

y2 低“a3”“a4”“a10”

表6-7　地方高校创新创业教育的主成分及认可度分组

随机分组	主成分1	主成分2	主成分3	y1	y2
第1组	34.79	15.09	19.81	3.52	3.47
第2组	35.06	15.01	19.76	3.54	3.47
第3组	34.77	14.56	19.55	3.53	3.47
第4组	34.21	14.93	19.47	3.46	3.41
第5组	34.73	14.9	19.67	3.51	3.45
第6组	34.65	14.76	19.65	3.52	3.43
第7组	34.86	15.07	19.87	3.51	3.48
第8组	35.11	15.1	20.06	3.56	3.48

续表

随机分组	主成分 1	主成分 2	主成分 3	y1	y2
第 9 组	35.11	14.76	19.91	3.57	3.46
第 10 组	34.59	14.9	19.62	3.49	3.46

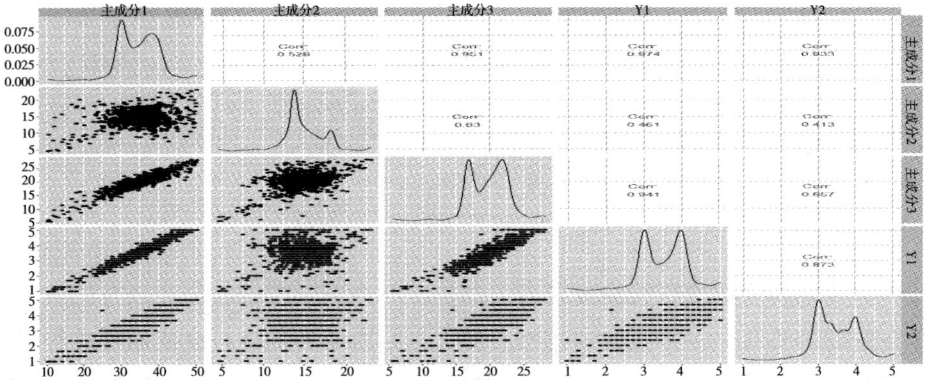

图 6-2 相关分析

从图 6-2 可以看出，三个主成分所包含的条目分别和认可维度的条目有交集，相关分析结果显示相关系数值 r > 0.4，两者之间的变化趋势总体上和其他变量间相关趋势一致，呈现出正向线性相关关系。这表明了主成分提取的合理性。

（二）从教师视角分析构成地方应用型高校创新创业教育的要素

1. 数据来源

采用网络问卷形式，从全国 31 所地方高校回收教师填写有效问卷 356 份。调查对象涉及的岗位类型有专任教师岗、实验技术岗、行政管理岗和专职科研岗。

2. 样本统计分析

为了解样本的基本情况，本章选取岗位类型、职称、学历、学科类型、参与过创新创业教育、曾经创办或参与过创办企业来了解调查对象的基本信息，如表 6-8 所示。

表 6-8　调查对象基本信息

	频数	百分比（%）
岗位类型		
专任教师岗	206	57.87
实验技术岗	8	2.25
行政管理岗	140	39.33
专职科研岗	2	0.56
职称		
初级	161	45.22
中级 / 讲师	86	24.16
副高 / 副教授	18	5.06
正高 / 教授	161	45.22
最高学历		
大学本科	87	24.44
硕士研究生	203	57.02
国内博士研究生	32	8.99
海外博士研究生	34	9.55
学科类型		
工科	58	16.29
理科	42	11.80
经管类	82	23.03
文史哲类	129	36.24
艺术类	9	2.53
医学	12	3.37
其他	24	6.74
参与过创新创业教育	211	59.27
曾经创办或参与创办企业	67	18.82

表 6-8 中的统计数据显示：调查对象的大部分岗位为专任教师岗和行政管理岗，分别占 57.87% 和 39.33%；职称分布情况为初级教师（助教）占 45.22%，中级（讲师）占 24.16%，副高（副教授）占 5.06%，正高（教授）占 45.22%；学历分布情况为大学本科占 24.44%，硕士研究生占 57.02%，博士占研究生 18.54%；学科类型包括理工科类、经管类、文史哲类、艺术类、

医学类等，其中文史哲类占比最大，为 36.24%；参加过创新创业教育的教师为 211 人，占 59.27%，而曾经创办或参与创办企业的教师为 67 人，占总数的 18.82%。这组数据包含了丰富的基本信息，且每个指标都有数据占比，表明问卷获得的数据是有效的。

3. 样本认可度分析

由于地方应用型高校创新创业教育的影响因素与教师们对高校的认可度之间存在较大的关联性，因此选取创新创业内涵与定义、对创新创业教育的认同感、创新创业教育融入人才培养、创新创业课程体系、创新创业课程与专业课程的融合、创新创业教师师资队伍建设、创新成果转换机制、创新创业指导服务体系、鼓励教师创业、成果纳入职称评聘、创新创业宣传力度、创新创业教育特色和创新创业氛围 13 个问题进行问卷设计，采用李克特量表形式设置 5 点选项衡量一个陈述的回答，给每个项赋予分值，从非常不同意到非常同意的分值依次是 1、2、3、4、5，通常情况下，里克特量表比同样长度的量表具有更高的信度，为了方便陈述，设每个问题对应一个变量，并将这些变量依次记 a1，a2，…，a13。利用 SPSS 22.0 数据分析软件对收集的数据进行统计分析，得到地方高校教师对学校的认可度调查表（见表 6–9）。

表 6–9　认可维度得分

	样本数	极小值	极大值	均值	标准差	均值 / 极大值 ×100%
a2	356	1	5	3.23	0.9	64.6
a3	356	1	5	3.34	0.96	66.8
a4	356	1	5	3.15	0.89	63
a6	356	1	5	3.34	0.84	66.8
a7	356	1	5	3.23	0.91	64.6
a11	356	1	5	3.35	0.93	67
a12	356	1	5	3.29	0.89	65.8
a13	356	1	5	2.94	0.89	58.8

表 6–9 反映出，从教师的视角影响地方高校创新创业教育的因素中，对创新创业教育的认同感、创新创业教育融入人才培养、创新创业课程体系、创新创业教师师资队伍建设、创新成果转换机制、创新创业宣传力度、创新创业教

育特色和创新创业氛围这 8 项指标的均值与极大值的比例都低于 75%，说明这些都是影响高校创新创业教育的主要方面。

4. 基于主成分的因子分析

在因子分析之前，首先要判断各原始变量之间的相关关系是否适合因子分析，一般采用巴特利特球度检验和 KMO 检验方法对原始变量 a1，a2，…，a13 的相关程度进行研究，得出 KMO 和 Bartlett 的球形度检验结果如表 6-10 所示。

表 6-10　KMO 和 Bartlett 球形度检验

	指标	值
	KMO	0.945
Bartlett 球形度检验	近似卡方	3328.794
	df	78
	Sig.	0.000

由表 6-10 中的检验值可以看出，本问卷中涉及的 13 个原始变量的统计数据的 KMO 值为 0.945，大于 0.9，属于非常适合的情况，Bartlett 值为 3328.794，显著性值为 0.000，小于 0.05，属于适合情况，结果表明原始变量的相关程度高。

因子分析是主成分分析的推广，下面通过 SPSS 20.0 软件对问卷中 13 个原始变量进行因子分析，在提取综合因子时，一般选取 m（m<16）个主成分，m 的取值与累计贡献率有关，通常取 m 使累计贡献率达到 70% 以上，综合因子 m=13，计算得到影响地方高校创新创业教育的三个主成分：第一个主成分为对创新创业教育的理解及认同；第二个主成分为学校在创新创业教育方面的投入程度；第三个主成分为教师在创新创业方面的经验。各主成分的特征值及累计贡献率见表 6-11。由表 6-11 可以看出，这三个主成分的累计贡献率为 73.988%，大于 70%，表明因子分析的结果能较好地代替 13 个原始变量（见表 6-12）。

表 6-11　主成分提取

成分	初始特征值			旋转平方和载入		
	特征值	方差贡献率（%）	累计（%）	特征值	方差贡献率（%）	累计（%）
1	7.707	59.283	59.283	7.707	59.283	59.283
2	1.120	8.613	67.896	1.120	8.613	67.896
3	0.792	6.092	73.988	0.792	6.092	73.988
4	0.550	4.228	78.216			
5	0.466	3.584	81.800			
6	0.424	3.262	85.062			

表 6-12　归属

条目	成分		
	1	2	3
a1			0.872
a2			0.731
a3			0.632
a4	0.643		
a5	0.770		
a6	0.800		
a7	0.735		
a8	0.788		
a9		0.851	
a10		0.786	
a11		0.663	
a12	0.600		
a13	0.569		

因为创新创业教育的影响因素与高校教师对学校的认可度存在较高的关联性，将地方高校教师对学校的认可度调查表 6-13 依据相关程度高低进行划分，相关程度较高的指标是 a12 和 a7，重新定义为 y1，将指标 a2、a3、a4、a6、a11 和 a13 重新定义为 y2。在此基础上，将 356 个样本分为 10 组，得出的 y1 和 y2 值没有太大变化，说明这两组数据越一致和稳定，数据的稳定性越高。

表 6-13 所示为地方高校创新创业教育的主成分及认可度分组。

确定认可度维度：

y1 高“a12”“a7”

y2 低“a2”“a3”“a4”“a6”“a11”“a13”

表 6-13　主成分维度认可度

随机分组	主成分 1	主成分 2	主成分 3	y1	y2
第 1 组	23.3	18.11	16.46	3.36	3.37
第 2 组	22.86	17.65	15.9	3.29	3.26
第 3 组	21.46	16.68	15.1	3.13	3.05
第 4 组	21.16	16.58	15.15	3.09	3.06
第 5 组	23.23	17.73	16.26	3.34	3.35
第 6 组	22.56	17.4	15.6	3.31	3.2
第 7 组	21.54	16.57	15.15	3.07	3.06
第 8 组	23.5	17.86	16.4	3.4	3.39
第 9 组	23.46	18.34	16.39	3.39	3.38
第 10 组	22.48	17.46	15.66	3.3	3.18

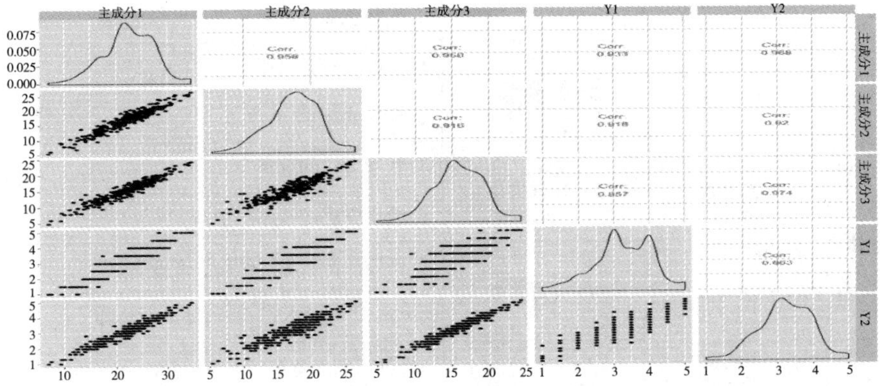

图 6-3　相关分析

从图 6-3 可以看出，三个主成分所包含的条目分别和认可维度的条目有交集，相关分析结果显示相关系数值 $r > 0.4$，两者之间的变化趋势总体上和其他变量间相关趋势一致，呈现出正向线性相关关系，表明了主成分提取的合理性。

三、创新创业教育生态系统构成指标确定

经过文献梳理、访谈分析、问卷调查、数据分析及隶属度分析的层层筛选，本书从创新创业教育生态系统结构的三个维度遴选出创新创业教育生态系统的主要构成指标，形成了创新创业教育生态系统的指标体系：一是教育教学生态，构成指标主要包括教育理念、课程体系、教学模式、教学方法、师资力量、活动赛事、学科平台、实践平台、文化活动9个指标项。二是组织机制生态，构成指标包括学校政策、组织模式、协调机制、成果转化、校企合作、校友资源、配套设施、教师发展、校地互动、激励评价10个方面。三是环境生态体系，构成指标主要包括国家战略、人才环境、法律法规、政策支持、经费支持、金融服务、公共服务、地方经济、社会认同、其他资源10项。根据对创新创业教育构建框架的考察和指标遴选分析，创新创业教育生态系统构成指标如表6-14所示。

表6-14　地方应用型高校创新创业教育生态系统构成指标

一级指标	二级指标	三级指标	四级指标（具体条目）
地方应用型高校创新创业教育体系	教育教学	X1 教育理念	1. 创新创业教育的定位
			2. 学校重视程度与推动
		X2 课程体系	3. 人才培养方案
			4. 创新创业课程管理
		X3 教学模式	5. 实践+理论教学
			6. 项目式教学
		X4 教学方法	7. 教学方法的选择
			8. 教学方法的改革与创新
		X5 师资力量	9. 师资队伍数量、结构、专业背景
			10. 培训进修情况、校内外企业导师
		X6 活动赛事	11. 创新创业竞赛
			12. 创新创业训练项目
		X7 学科平台	13. 创新创业教育学科发展平台
			14. 学科地位及研究水平

续表

一级指标	二级指标	三级指标	四级指标（具体条目）
地方应用型高校创新创业教育体系	教育教学	X8 实践平台	15. 校内实践平台、大学生创新创业实训室
			16. 校外实践基地、创业园、孵化中心
		X9 文化活动	17. 创业社团、社会实践活动
			18. 交流会、外出考察学习
	组织机制	X10 学校政策	19. 创新创业管理政策、资金扶持政策
			20. 奖励政策、优享政策
		X11 组织模式	21. 高校创新创业负责部门
			22. 组织机构及模式
		X12 协调机制	23. 统筹协调机制
			24. 人员配备及与利益相关者协调机制
		X13 成果转化	25. 成果转化的专业队伍及组织运行
			26. 专利申请与保护
		X14 校企合作	27. 校企合作的机制与模式
			28. 校企合作的实效性及成果
		X15 校友资源	29. 校友网络与资源
			30. 校友参与面及协调力量
		X16 配套设施	31. 学校环境及场地支持
			32. 创业咨询服务
		X17 教师发展	33. 教师创业或参与创业
			34. 树立典型案例、职称评定认可创新创业成果
		X18 校地互动	35. 与地方的互动机制
			36. 参与所在区域经济社会活动
		X19 激励评价	37. 高校对创新创业教育的评价体系
			38. 高校的师生创新创业的激励政策
	环境生态	X20 国家战略	39. 国家层面的创新创业战略目标
			40. 国家层面的创新创业支持条件
		X21 人才环境	41. 人才引进政策
			42. 人才发展平台

续表

一级指标	二级指标	三级指标	四级指标（具体条目）
地方应用型高校创新创业教育体系	环境生态	X22 法律法规	43. 与创新创业相关的法律法规
			44. 法律法规的保护、降低创业风险
		X23 政策支持	45. 政府支持的创新创业相关政策
			46. 政策落实、实施的稳定与实效性
		X24 经费支持	47. 政府对创新创业的经费支持
			48. 创新创业基金及科技投入
		X25 金融服务	49. 投融资环境
			50. 投资及贷款服务
		X26 公共服务	51. 政府建设的众创空间、辅助设施
			52. 创新创业中介服务机构
		X27 地方经济	53. 地方经济基础、经济与产业发展情况
			54. 技术基础、研发条件
		X28 社会认同	55. 社会认同创新创业理念
			56. 社会认同创新创业行为
		X29 其他资源	57. 投资人、创业渠道
			58. 社会机构、企业家协会等

第三节　地方应用型高校创新创业教育生态系统构成指标权重分析与确定

一、调研组织与实施

（一）问卷发放与收集

本书在地方应用型高校创新创业课题组成员的共同努力下开展问卷调查。按照问卷设计的依据、流程及注意事项：首先，课题组召开问卷调研的设计和讨论会，来自不同学科的专家与课题组成员就目前中国创新创业教育生态系统中的主要要素和测量指标等问题进行了深入探讨，并就发放对象、范围、方式征求了他们的意见。最终，根据上述关于地方应用型高校创新创业教育生态系统构成指标的调研分析结果，按照李克特量表 1~5 分的赋值拟定了“地方应用型高校创新创业教育生态系统构成指标问卷调查表”，完成了调研问卷的编制工作。调查问卷发放范围按地理区域划分覆盖了中国东部、中部、北部、西部等 13 个省市的 30 所高校，被调研人员主要包括专任教师、政府官员、企业家或企业员工、在校大学生及其他社会人士。

研究采用简单随机抽样方法进行，调研对象中，男性占比为 31.33%，女性占比为 68.67%；大学生占比为 45.33%，高校教师占比为 16.71%，公务员占比为 9.95%，企业家或公司职员占比为 21.25%，社会其他人士占比为 6.76%；曾经参与创办企业的占比为 19.66%，不曾参与企业创办或没有企业创办经验的占比为 80.34%。数据收集日期为 2019 年 11 月 1 日至 12 月 31 日，共发放问卷 900 份，有效问卷 814 份，问卷有效率为 90.4%。

（二）研究方法与技术

定量研究中通过调查研究所得数据是科学决策的依据，选择适当的数据分析方法和数据分析软件是保证科学决策的有效手段。根据研究需要和研究问题，本书将采用描述性统计分析、信度分析、验证性因子分析、主成分分析法（PCA）和熵权法等方法确定地方应用型高校创新创业教育生态系统构成指标的权重。其中，在权重分析中主要采用的是主成分分析法（PCA）和熵权法。在具体数据处理时，采用 SPSS 22.0 和 AMOS 20.0 等统计分析软件作为主要的分析工具进行数据分析。具体的数据统计分析步骤如下：首先，将“地方应用型高校创新创业教育生态系统构成指标”问卷发放到各个高校，被试对象为高校老师和学生，并将调查数据录成电子档。其次，根据问卷作答情况，将作答不完整、数据规律作答、作答时间很短、前后自相矛盾的问卷数据进行剔除，得到符合要求的有效问卷。再次，运用 SPSS 统计软件将所得数据进行处理，对问卷进行描述性统计分析和验证性因子分析，以确定问卷具有良好的信度和效度。最后，采用主成分分析法和熵权法进行组合赋权来确定地方应用型高校创新创业教育生态系统构成指标的权重，以帮助高校管理者更好地确定工作重心。

二、描述性统计分析

描述性统计分析是基础的统计分析方法，对于整理好的有效数据来说，通过描述性统计分析可以挖掘出很多统计变量的特征，在一定程度上反映出调查样本是否具有总体代表性、抽样是否存在系统偏差等。根据各指标的调查状况，对各指标的重要程度进行初步描述性统计，结果如下：

（一）教育教学

该指标各项指标的均值得分相对于中间值 2.5 分来说，均值较大，即介于重要和非常重要之间，从各指标的偏度值来看数值并非呈对称分布。该模块中“地方应用型高校创新创业课程的教学模式应该是理论 + 实践教学”（a5）得分最高，为 4.28 分，说明在目前的教育体制下学校对创新创业教育的教学方法、教学模式认识程度比较高，认为高校应该采取理论联系实践的教学模式来对创新创业教育进行改革，所以教学模式是开展创新创业教育的关键指标，在生态系统构建中，高校应对教学模式给予重视。“地方应用型高校应对创新创业教育有明确的定位”（a1）的得分相对较低，为 4.13 分，且与其他题项有一定的差距，说明当前地方应用型高校对创新创业教育学科的定位还不够明确，在生态系统构建中作用还不明显，学校师生及社会人士对创新创业教育学科建设关注度较低。具体结果如表 6–15 所示。

表 6–15　教育教学描述性统计分析

条目	最小值	最大值	平均值	标准差	偏度	峰度
a1	1	5	4.13	0.921	−1.330	2.238
a2	1	5	4.19	0.886	−1.494	3.066
a3	1	5	4.14	0.916	−1.414	2.615
a4	1	5	4.18	0.890	−1.496	3.026
a5	1	5	4.28	0.892	−1.691	3.580
a6	1	5	4.18	0.894	−1.498	3.034
a7	1	5	4.15	0.886	−1.415	2.797

续表

条目	最小值	最大值	平均值	标准差	偏度	峰度
a8	1	5	4.20	0.873	−1.564	3.462
a9	1	5	4.21	0.877	−1.571	3.432
a10	1	5	4.22	0.862	−1.587	3.634
a11	1	5	4.15	0.882	−1.349	2.597
a12	1	5	4.16	0.873	−1.396	2.789
a13	1	5	4.17	0.867	−1.442	3.057
a14	1	5	4.16	0.860	−1.437	3.139
a15	1	5	4.17	0.859	−1.474	3.266
a16	1	5	4.23	0.863	−1.586	3.545
a17	1	5	4.17	0.862	−1.406	2.906
a18	1	5	4.19	0.876	−1.438	2.920

（二）组织机制

该指标各项指标的均值得分相对于中间值 2.5 分来说，均值较大，即介于重要和非常重要之间，从各指标的偏度值来看数值并非呈对称分布。该模块中“地方应用型高校应该鼓励创新创业成果申请专利与保护”（a26）和“地方应用型高校应该注重校企合作的实效性及成果”（a28）得分最高，都是 4.22 分，说明创新创业教育的成果与校企合作模式正在备受关注。“地方应用型高校应该树立师生创业典型案例，同时职称评定认可创新创业成果”（a34）的得分相对较低，为 4.10 分，且与其他题项有一定的差距，说明学校在创新创业组织机制的建设中，树立创业典型案例，同时学校职称评定认可创新创业成果还没有得到关注。如果能在社会上或者学校树立创新创业成果典型案例，并且在职称评定的时候与创新创业成果挂钩将能较大幅度地提升组织机制的整体水平。具体结果如表 6–16 所示。

表 6-16 组织机制描述性统计分析

条目	最小值	最大值	平均值	标准差	偏度	峰度
a19	1	5	4.21	0.905	-1.517	2.911
a20	1	5	4.21	0.884	-1.539	3.178
a21	1	5	4.17	0.844	-1.470	3.414
a22	1	5	4.13	0.868	-1.371	2.838
a23	1	5	4.13	0.869	-1.381	2.857
a24	1	5	4.12	0.876	-1.335	2.586
a25	1	5	4.16	0.838	-1.381	3.091
a26	1	5	4.22	0.865	-1.495	3.121
a27	1	5	4.20	0.849	-1.472	3.278
a28	1	5	4.22	0.863	-1.510	3.250
a29	1	5	4.17	0.858	-1.374	2.862
a30	1	5	4.13	0.880	-1.301	2.439
a31	1	5	4.16	0.853	-1.425	3.146
a32	1	5	4.13	0.857	-1.377	2.947
a33	1	5	4.08	0.900	-1.276	2.240
a34	1	5	4.10	0.876	-1.281	2.477
a35	1	5	4.14	0.869	-1.402	2.914
a36	1	5	4.14	0.859	-1.393	2.963
a37	1	5	4.12	0.849	-1.295	2.697
a38	1	5	4.18	0.857	-1.450	3.166

（三）环境生态

该指标各项指标的均值得分相对于中间值 2.5 分来说，均值较大，即介于非常重要和重要之间，从各指标的偏度值来看数值并非呈对称分布。该模块中“地方政府应该提供创新创业人才发展的平台”（a42）得分最高，为 4.23 分，这一结果与现实背景相佐证，说明创新创业人才的发展平台很重要。“社会上应该有创新创业的中介服务机构”（a52）的得分相对较低，为4.02分，且与其他题项有一定的差距，说明社会上的创新创业中介服务机构还不多，未能为创新创业教育提供较好的服务，还得不到社会的关注与普及，所以在生态系统构建中可适当予以关注。具体结果如表6-17所示。

表6-17 环境生态描述性统计分析

条目	最小值	最大值	平均值	标准差	偏度	峰度
a39	1	5	4.20	0.861	−1.526	3.400
a40	1	5	4.19	0.854	−1.476	3.289
a41	1	5	4.20	0.836	−1.512	3.594
a42	1	5	4.23	0.841	−1.544	3.613
a43	1	5	4.20	0.848	−1.531	3.546
a44	1	5	4.17	0.861	−1.466	3.209
a45	1	5	4.20	0.842	−1.546	3.672
a46	1	5	4.21	0.842	−1.525	3.546
a47	1	5	4.20	0.847	−1.477	3.315
a48	1	5	4.20	0.832	−1.470	3.447
a49	1	5	4.22	0.835	−1.592	3.942
a50	1	5	4.19	0.830	−1.483	3.528
a51	1	5	4.14	0.846	−1.436	3.328
a52	1	5	4.02	0.920	−1.061	1.370
a53	1	5	4.17	0.844	−1.443	3.269
a54	1	5	4.16	0.846	−1.444	3.237
a55	1	5	4.18	0.845	−1.444	3.248
a56	1	5	4.17	0.836	−1.460	3.429
a57	1	5	4.20	0.829	−1.545	3.815
a58	1	5	4.19	0.834	−1.503	3.545

三、信度和效度分析

（一）信度分析

信度（Reliability）即可靠性，是指采用同样的方法对同一对象重复测量时所得结果的一致性程度，一般以 Cronbach's α 信度系数作为测量标准，Cronbach's α 系数的值在 0 和 1 之间。如果 Cronbach's α 系数小于或等于 0.6，一般认为内部一致信度不足，达到 0.7~0.8 时表示量表的信度可以接受，达到 0.8~0.9 时说明量表信度非常好。题项总体相关系数（CRRC）应大于 0.5，各指标之间相关性要大于 0.3。

1. 教育教学信度检验

借助 SPSS 20.0 软件对教育教学模块的各个题项进行 Cronbach's α 信度检验，具体结果如表 6–18 所示，CRRC 均大于 0.5，各个题项之间的相关性均大于 0.5，删除题项后的 Cronbach's α 系数大于 0.9，说明教育教学部分的量表具有非常高的信度。

2. 组织机制信度检验

借助 SPSS 软件，对组织机制模块的各个题项进行 Cronbach's α 系数的信度检验，具体结果如表 6–19 所示，CRRC 均大于 0.5，各个题项之间的相关性均大于 0.5，删除题项后的 Cronbach's α 系数均大于 0.9，因此组织机制部分量表具有非常高的信度。

3. 环境生态信度检验

借助 SPSS 软件，对环境生态模块的各个题项进行 Cronbach's α 系数信度检验，具体结果如表 6–20 所示，CRRC 均大于 0.5，各个题项之间的相关性均大于 0.5，删除题项后的 Cronbach's α 系数均大于 0.9，因此环境生态部分量表具有非常高的信度。

借助 SPSS 软件，对教育教学、组织机制、环境生态等变量分别进行总体的信度和相关分析，各信度系数如表 6–21 所示，教育教学的信度为 0.983，组织机制的信度值为 0.986，环境生态的信度值为 0.987，总体量表的信度值为 0.994，大于 0.9，说明该量表具有非常高的信度。

表 6-18　教育教学条目信度检验结果

	a1	a2	a3	a4	a5	a6	a7	a8	a9	a10	a11	a12	a13	a14	a15	a16	a17	a18	CRRC	删除后 α
a1	1	0.78	0.70	0.67	0.64	0.66	0.58	0.59	0.59	0.59	0.59	0.59	0.57	0.59	0.57	0.58	0.58	0.55	0.79	0.98
a2		1	0.77	0.77	0.73	0.73	0.66	0.69	0.67	0.68	0.65	0.67	0.66	0.65	0.65	0.66	0.65	0.62	0.86	0.98
a3			1	0.76	0.70	0.70	0.63	0.67	0.63	0.66	0.63	0.63	0.62	0.63	0.64	0.64	0.63	0.59	0.83	0.98
a4				1	0.78	0.76	0.68	0.70	0.71	0.71	0.69	0.66	0.68	0.67	0.67	0.68	0.67	0.64	0.88	0.98
a5					1	0.75	0.67	0.69	0.69	0.72	0.65	0.65	0.66	0.65	0.67	0.71	0.65	0.65	0.88	0.98
a6						1	0.72	0.74	0.72	0.75	0.70	0.71	0.71	0.70	0.70	0.70	0.69	0.65	0.89	0.98
a7							1	0.80	0.73	0.73	0.71	0.68	0.67	0.68	0.67	0.68	0.68	0.65	0.87	0.98
a8								1	0.78	0.78	0.72	0.71	0.70	0.73	0.71	0.70	0.70	0.68	0.89	0.98
a9									1	0.79	0.67	0.68	0.67	0.69	0.70	0.68	0.69	0.67	0.88	0.98
a10										1	0.73	0.70	0.72	0.70	0.72	0.71	0.69	0.68	0.89	0.98
a11											1	0.73	0.71	0.69	0.68	0.66	0.69	0.66	0.86	0.98
a12												1	0.80	0.74	0.71	0.70	0.69	0.68	0.87	0.98
a13													1	0.78	0.75	0.73	0.71	0.71	0.87	0.98
a14														1	0.76	0.74	0.74	0.69	0.88	0.98
a15															1	0.78	0.69	0.70	0.87	0.98
a16																1	0.71	0.71	0.88	0.98
a17																	1	0.74	0.87	0.98
a18																		1	0.85	0.98

表 6-19　组织机制条目信度检验结果

	a20	a21	a22	a23	a24	a25	a26	a27	a28	a29	a30	a31	a32	a33	a34	a35	a36	a37	a38	CRRC	删除后 α
a19	0.81	0.75	0.72	0.74	0.7	0.7	0.71	0.71	0.68	0.7	0.68	0.7	0.67	0.63	0.67	0.66	0.65	0.64	0.71	0.85	0.99
a20	1	0.76	0.75	0.73	0.72	0.7	0.69	0.7	0.69	0.69	0.69	0.7	0.67	0.63	0.67	0.67	0.66	0.65	0.71	0.86	0.99
a21		1	0.78	0.79	0.76	0.73	0.7	0.74	0.71	0.69	0.69	0.69	0.7	0.64	0.69	0.68	0.65	0.71	0.71	0.88	0.99
a22			1	0.84	0.82	0.76	0.72	0.71	0.71	0.72	0.73	0.72	0.74	0.65	0.69	0.69	0.7	0.73	0.72	0.89	0.99
a23				1	0.84	0.76	0.71	0.73	0.75	0.72	0.73	0.75	0.73	0.67	0.7	0.72	0.71	0.72	0.73	0.89	0.99
a24					1	0.77	0.71	0.75	0.74	0.72	0.74	0.75	0.75	0.67	0.72	0.72	0.7	0.73	0.74	0.9	0.99
a25						1	0.74	0.76	0.74	0.75	0.71	0.7	0.72	0.66	0.72	0.68	0.72	0.73	0.71	0.89	0.99
a26							1	0.72	0.75	0.72	0.7	0.69	0.68	0.61	0.68	0.69	0.68	0.67	0.71	0.85	0.99
a27								1	0.81	0.74	0.7	0.73	0.72	0.68	0.71	0.69	0.69	0.69	0.72	0.89	0.99
a28									1	0.77	0.71	0.71	0.71	0.66	0.68	0.71	0.71	0.7	0.73	0.89	0.99
a29										1	0.77	0.7	0.74	0.69	0.71	0.68	0.73	0.69	0.71	0.88	0.99
a30											1	0.75	0.8	0.71	0.76	0.72	0.72	0.73	0.75	0.89	0.99
a31												1	0.78	0.73	0.74	0.73	0.71	0.73	0.74	0.89	0.99
a32													1	0.76	0.76	0.75	0.74	0.75	0.75	0.89	0.99
a33														1	0.75	0.71	0.69	0.72	0.7	0.83	0.99
a34															1	0.71	0.72	0.74	0.76	0.87	0.99
a35																1	0.78	0.78	0.72	0.87	0.99
a36																	1	0.78	0.74	0.87	0.99
a37																		1	0.76	0.88	0.99
a38																			1	0.89	0.99

表 6-20　环境生态条目信度检验结果

Variable	a40	a41	a42	a43	a44	a45	a46	a47	a48	a49	a50	a51	a52	a53	a54	a55	a56	a57	a58	CRRC	删除后 α
a39	0.81	0.77	0.74	0.71	0.73	0.76	0.73	0.69	0.69	0.69	0.67	0.68	0.64	0.67	0.69	0.65	0.7	0.65	0.69	0.87	0.99
a40	1	0.8	0.78	0.74	0.73	0.78	0.74	0.73	0.72	0.71	0.7	0.68	0.62	0.7	0.71	0.67	0.7	0.69	0.68	0.88	0.99
a41		1	0.82	0.77	0.75	0.74	0.73	0.72	0.72	0.73	0.71	0.69	0.65	0.71	0.72	0.68	0.72	0.71	0.7	0.9	0.99
a42			1	0.76	0.75	0.74	0.76	0.7	0.72	0.7	0.71	0.72	0.66	0.73	0.73	0.68	0.72	0.71	0.7	0.9	0.99
a43				1	0.78	0.75	0.74	0.71	0.74	0.71	0.68	0.7	0.64	0.7	0.72	0.71	0.7	0.71	0.69	0.89	0.99
a44					1	0.74	0.77	0.72	0.74	0.71	0.69	0.73	0.64	0.72	0.72	0.71	0.73	0.68	0.7	0.88	0.99
a45						1	0.82	0.77	0.73	0.76	0.71	0.68	0.69	0.74	0.74	0.72	0.72	0.74	0.73	0.9	0.99
a46							1	0.75	0.77	0.74	0.71	0.7	0.66	0.73	0.74	0.71	0.73	0.7	0.73	0.9	0.99
a47								1	0.79	0.78	0.74	0.73	0.66	0.7	0.73	0.68	0.7	0.72	0.7	0.88	0.99
a48									1	0.78	0.76	0.72	0.65	0.72	0.72	0.67	0.71	0.71	0.73	0.89	0.99
a49										1	0.77	0.75	0.67	0.72	0.73	0.71	0.74	0.75	0.73	0.9	0.99
a50											1	0.78	0.7	0.75	0.76	0.72	0.74	0.74	0.72	0.88	0.99
a51												1	0.72	0.76	0.74	0.72	0.75	0.7	0.71	0.87	0.99
a52													1	0.69	0.71	0.7	0.68	0.66	0.65	0.8	0.99
a53														1	0.81	0.76	0.77	0.75	0.77	0.88	0.99
a54															1	0.74	0.78	0.77	0.78	0.89	0.99
a55																1	0.79	0.77	0.73	0.87	0.99
a56																	1	0.76	0.76	0.89	0.99
a57																		1	0.8	0.88	0.99
a58																			1	0.88	0.99

表 6-21 量表信度汇总

维度	Alpha
教育教学	0.983
组织机制	0.986
环境生态	0.987
总体	0.994

（二）效度分析

本书通过 AMOS 24.0 软件对整个量表进行验证，采用 χ^2、RMSEA、CFI 和 TFI 等拟合指标来衡量模型的拟合效果。其中，χ^2/df 值在 8 左右，大于 3，CFI、TFI 等指标均大于 0.90，且 RMSEA 值在 0.05 附近，说明该模型具有较好的拟合效度。具体结果如表 6-22 所示，该模型拟合度较好，说明测量模型具有良好的效度。

表 6-22 验证性因子分析模型拟合

CFI	TFI	卡方	自由度	SRMR	RMSEA	90%CI
比较拟合指数	Tucker Lewis 指数			标化残差均方根	近似误差均方根	90% 置信区间
0.93	0.93	3977.304	489	0.025	0.043	0.041~0.045

通过 AMOS 软件继续对整个量表进行验证性因子分析的条目标准化回归系数分析，各因子的回归系数均大于 0.4，说明每个测量值和潜变量之间相关关系很强，说明本量表具有很好的拟合度（见表 6-23）。

表 6-23 验证性因子分析的各条目标准化回归系数

维度 1			维度 2			维度 3		
条目	标准化回归解	标准误	条目	标准化回归解	标准误	条目	标准化回归解	标准误
a1	0.79	0.02	a19	0.86	0.02	a39	0.88	0.01
a2	0.85	0.02	a20	0.86	0.02	a40	0.89	0.01
a3	0.82	0.02	a21	0.88	0.02	a41	0.90	0.01
a4	0.88	0.01	a22	0.90	0.01	a42	0.90	0.01

续表

维度 1			维度 2			维度 3		
条目	标准化回归解	标准误	条目	标准化回归解	标准误	条目	标准化回归解	标准误
a5	0.88	0.01	a23	0.90	0.01	a43	0.90	0.01
a6	0.90	0.01	a24	0.90	0.01	a44	0.88	0.01
a7	0.88	0.01	a25	0.89	0.01	a45	0.91	0.01
a8	0.90	0.01	a26	0.86	0.02	a46	0.90	0.01
a9	0.88	0.01	a27	0.90	0.01	a47	0.89	0.01
a10	0.90	0.01	a28	0.90	0.01	a48	0.90	0.01
a11	0.87	0.02	a29	0.89	0.01	a49	0.90	0.01
a12	0.88	0.01	a30	0.89	0.01	a50	0.89	0.01
a13	0.89	0.01	a31	0.89	0.01	a51	0.88	0.02
a14	0.89	0.02	a32	0.90	0.01	a52	0.80	0.02
a15	0.89	0.01	a33	0.84	0.02	a53	0.89	0.02
a16	0.88	0.01	a34	0.87	0.02	a54	0.89	0.02
a17	0.88	0.01	a35	0.88	0.01	a55	0.88	0.02
a18	0.86	0.01	a36	0.88	0.01	a56	0.89	0.02
			a37	0.89	0.01	a57	0.89	0.02
			a38	0.90	0.01	a58	0.88	0.02

四、权重分析与确定

为进一步确定创新创业教育生态系统中各级指标对其影响程度，运用 PCA 和熵权法进行组合赋权，以便通过权重大小来采取适当的解决措施。

由此可知，创新创业教育生态系统构成的三级指标中，权重最大的前十个因素依次是教育教学中的教育理念（0.035）、课程体系（0.035）、教学模式（0.0355）、教学方法（0.035）、活动赛事（0.035）、学科平台（0.035）和组织机制中的学校政策（0.0355）、协同机制（0.0355）、教师发展（0.0355）、校地互动（0.035）（见表 6–24）。总的来看，教育教学在生态系统中占有较大比重，说明在地方应用型高校中创新创业教育的主要内容依然是课程与教学，地方应用型高校要充分发挥创新创业教育的“教育性”，以创新创业人才培养为目标，着力解决当前人才培养中创新创业元素不足的问题。同时，注重教育教学与组织运行、支持体系两个层面之间的相互配合、相互协作，发挥整个生态系统的功效。其次是组织机制的权重指标也凸显，说明在大学治理结构中，大学管理层积极发起或参与到创新创业教育生态，能依靠社会资本努力促使生态系统的资源源源不断输入，从而保持系统的良性可持续发展。在创新创业教育中，学校应该更加重视学校的政策鼓励、协调机制、教师发展和校地互动，地方应用型高校主要是服务于地方社会和经济，所以组织协调机制指标项说明创新创业教育组织机制在系统中有着极为重要的作用，校地互动指标说明地方应用型高校应不断通过与外界的互动合作来实现生态系统中的能量和信息的流动。环境生态部分的指标相对来说没有那么凸显，但是总权重值相差也不大，作为整个系统的保障层为地方应用型高校创新创业教育起到指导和保障的作用。

表 6-24　地方应用型高校创新创业教育生态系统指标权重总排序值

一级指标	二级指标	三级指标	PCA	熵权法	总权重
地方应用型高校创新创业教育生态系统	教育教学	教育理念	0.031	0.039	0.035
		课程体系	0.033	0.037	0.035
		教学模式	0.034	0.037	0.0355
		教学方法	0.034	0.036	0.035
		师资力量	0.034	0.035	0.0345
		活动赛事	0.035	0.035	0.035
		学科平台	0.035	0.035	0.035
		实践平台	0.035	0.034	0.0345
		文化活动	0.035	0.034	0.0345
	组织机制	学校政策	0.034	0.037	0.0355
		组织模式	0.035	0.034	0.0345
		协同机制	0.035	0.036	0.0355
		成果转化	0.035	0.032	0.0335
		校企合作	0.035	0.034	0.0345
		校友资源	0.035	0.034	0.0345
		配套设施	0.035	0.034	0.0345

续表

一级指标	二级指标	三级指标	PCA	熵权法	总权重
地方应用型高校创新创业教育生态系统	组织机制	教师发展	0.034	0.037	0.0355
		校地互动	0.035	0.035	0.035
		激励评价	0.036	0.033	0.0345
	环境生态	国家战略	0.035	0.034	0.0345
		人才环境	0.035	0.033	0.034
		法律法规	0.035	0.034	0.0345
		政策支持	0.035	0.033	0.034
		经费支持	0.035	0.032	0.0335
		金融服务	0.035	0.031	0.033
		公共服务	0.034	0.035	0.0345
		地方经济	0.034	0.033	0.0335
		社会认同	0.034	0.033	0.0335
		其他资源	0.034	0.032	0.033

第七章

国外应用型高校创新创业生态系统构建经验与启示——以美国百森商学院为例

第一节　美国百森商学院创新创业教育研究

百森商学院成立于第一次世界大战期间，创始人是著名创业家罗杰·百森，也是美国创业教育的奠基人。20 世纪 60 年代，百森商学院针对创业教育开设了专门的课程，是世界范围内首个向研究生提供创业教育的高等院校。百森商学院拥有先进的教育理念、独具特色的课程设计、高水平的教师团队，在创业教育领域独占鳌头，在各大排行榜中位居前列。百森商学院在面向本科生的创业教育方面也非常优秀，在长达二十几年的时间里位居全球前列，并被《金钱杂志》(*Money Magazine*) 认为是全球最专业、最优秀的商科专业院校。百森商学院在创业教育领域占据举足轻重的位置，取得一系列卓越的成绩，主要是由于它拥有前瞻性的发展眼光、与时俱进的教育理念、系统化的课程体系、开放性的探索教学模式、高水平的专业教师团队、生态链式的教育基地及资源丰富的创业培育中心。百森商学院在创业教育方面积累了大量成功经验，对国内创业教育的发展具有显著的参考价值和借鉴意义。

一、具有战略性的创新创业教育理念

理念是教育的根基，对创新创业教育而言也不例外，优秀的教育理念是其快速发展的重要基础。百森商学院将创业精神视为特定的逻辑与行动模式，关键在于帮助学生建立发现或创造机会并能牢牢抓住机遇的能力。百森商学院认为，创业更像是一种生活方式，反映了一种生活态度，学院需要做的是向学生传递创业精神，希望能够培养出富有开拓意识与创新意识的创业者。与致力于

培养“小老板”相比，百森商学院的教育理念更加富有战略性，这种战略性体现在其日常教学过程中，包括创新创业知识的传授、技能的训练、精神的培养及实践的引导四个方面。

（一）创新创业知识传授

创新创业知识通常表现出以下几个典型的特征：首先是逻辑性，这是创业的本质属性之一，一个成功的创业者必须在充满不确定性的复杂环境中利用正确的逻辑做出快速而有效的判断；其次是整合性，一个成功的创业者必须兼具诚信、多元、创新、协作和卓越等优秀品质；最后是跨学科性，创业的整个过程必然涉及多方面的学科知识，因此创业者要求是博学的，对多个领域的知识都有所涉猎甚至精通。对应创新创业知识所具备的几大特征，百森商学院认为在新的经济环境下，创业者应掌握四个核心能力：一是充分认识到任何事物都具有两面性，具有较强的逻辑推理能力并将其进一步发展为创造性逻辑；二是在不断变化的环境中保持清醒，挖掘自己及创业同伴的优势与不足，了解内外部环境的竞争因素，正视每一个挑战并从错误中得到锻炼；三是发现同伴、建立团队并妥善处理团队之间的关系、带领团队协力完成任务；四是善于将灵感、思路转化成充满潜力的商机，及时把握好机遇。

为了使学生掌握以上创业者所应具备的几个核心能力，百森商学院要求学生掌握以下创新创业知识：第一，创业型的思维和行动。学生应当在瞬息万变的复杂环境中发现各种可能的机会并对其进行评估、创造和行动，从而充分把握机会并付诸行动。第二，社会、环境与经济责任。学生在决策的过程中应当协调好各方利益共同体之间的关系、处理好社会伦理的问题，尽可能地使自己的行动对社会、环境、经济有利，可以为三者带来价值。第三，自我和语境意识。学生应当对自我目标、背景等建立正确的认识和理解，并在此基础上进行正确的决策。第四，具有深厚的综合能力。学生应掌握充分的学科知识，具备深厚的综合能力，面对创新创业过程中的挑战与困难能积极应对。第五，在全球环境下管理。学生应着眼于全球商业环境并进行机遇评估，同时考虑文化背景的影响。第六，领导能力和团队合作。学生应学会带领团队，尊重不同成员的观点，了解不同成员擅长的技能，促进团队之间的相互合作，在复杂环境中实现组织的目标。为了更好地向学生传授以上知识，百森商学院提供了核心、选修、拓展等不同类型的课程。

（二）创新创业技能训练

成功的创业者应掌握必要的创业技能，比如谈判、领导、裁决等。为了使学生更好地适应不断变化的经济环境，百森商学院坚持追求改变和发展，不断对其原有的课程体系进行调整，从而通过课堂上的讲授和课外的训练帮助学生提升创新创业技能，为其创业生涯的发展奠定坚实的基础，积极承担应有的社会责任，尊重不同的观点，帮助学生成长为合格的领导者。具体要做好以下七点：第一，发挥学生的辩论能力。学生在辩论的过程中可以进行深层次的思考、分析和探索，辩论能力是创业者不可或缺的重要素养。第二，发展定量分析能力。学生在创业过程中必然会遇到很多问题，对这些问题进行定量分析可以更加全面地认识问题、理解问题，从而更好地解决问题。第三，培养学生的创业思维与行动。创新创业思维能够使学生在复杂的环境中发现机会并加以识别、评估、采取行动和借助机会创建企业。第四，培育全球化、多元化视野。在经济全球化的时代，学生的创新创业应着眼于全球市场，了解不同国家、不同地区、不同民族的文化，求同存异，尊重对方的文化习俗，更加妥善地处理好人际关系。第五，提升社会、经济、环境等方面的认知。学生在创业过程中，需要在利益相关者的考量下，争取让企业为社会、经济、环境的可持续发展做出贡献，使企业的价值与社会、经济、环境协调统一。第六，培养领导能力与团队意识。学生作为创业者，首先需要明确目标，加强团队领导，保持团队工作的高效运转，这是创业成功的基本前提。第七，发展学生的批判性和整合性思维。合格的创业者必须学会用批判性思维认识问题，从大局出发更好地做出决策。

（三）创新创业精神培养

精神是行为的原动力。百森商学院的教育理念是用创业精神包围每一个学生，认为创业精神可以作为遗传代码造就富有革命性的创业一代。百森商学院致力于打造全球最卓越的创新创业教育机构，培养出不同类型的创业家，将创业精神转化为能够创造社会经济效益的力量源泉，使创业者为社会和经济的发展创造更多的价值。从百森商学院的宣言中可以看出：第一，欢迎来自全球各国、全国各地区的创业者。百森商学院致力于将创业精神传递给每一位学生，希望将创业精神传递到整个国家乃至全球，以包容的态度对待不同类型的企业家，提倡用创业精神促进社会经济价值的增长。第二，希望学生成长为世界领先的创业者。学院想要培养的不是“小老板”，而是创业领域的领导者，特别是将社会经济价值的增长作为目标的富有企业家精神的创业者。第三，学生是富有创业精神的领导者，而非企业的创办人。百森商学院的教育理念、教学特点及其所倡导的创业精神是通过特定的教育方式，将类似于比尔·盖茨的创业观念、能力、特质等传递给学生，并将这种观念、能力、特质转化为独特的创业素质。

（四）创业实践引导

百森商学院所要培养的是全球领先的创业者，而非这一学科的领头人；是从学校迈入社会的创业者，而非一直停留在学校的学术大师；是对社会经济价值的增长具有重要贡献的创业者，而非相关著作、论文的撰写者。百森商学院为了实现培养目标，选择理论与实践并行，注意加强对学生的实践引导，通常包含以下四个方面：第一，师资队伍建设。百森商学院在师资队伍建设方面一般采取一名教师负责理论教学、一名教师使用实践引导的方式，使学生可以受到更加全方位的实践指导。第二，案例教学。学院在培养学生的过程中采用的教学案例全部来源于企业的实际经历。第三，实践教学。可以让学生通过切身体验对创业建立更加深刻的理解。第四，项目参与。学院为学生创业提供了丰富的项目选择，涉及不同行业、不同领域，学生可以自由发挥获得充分的实践锻炼。百森商学院建立了专门的电子大厦，本科生就已经开始做好创业的准备，大厦不仅拥有创业所需的各项软硬件设施，而且还配置了丰富的娱乐设施。大厦鼓励竞争，入驻大厦的创业小组需要定期进行工作总结向上汇报，做好报告的递交，必须在限定的时间内完成预期目标才能保持入驻资格。

战略性是百森商学院教育理念的一大特色，这种特色具体体现为：第一，教育目标并非帮助学生成长为独立自主的社会成员，而是帮助学生成长为具备创新创业意识、拥有卓越的创业能力与优良品格、可以不断适应社会变化的创业者。第二，教育内容并非某一专业领域的知识、技能，而是创业的普遍规律、主要原理、基本素养等。第三，教育功能不是提高学生的就业能力，而是打造富有革命性和创造性的“创一代”，可以为社会经济价值增长助力。若将百森商学院的学生比喻为一株幼苗，则创业知识是其扎根生长的土壤，是其成长为一名创业者的基础；创业技能是养分，是创业成功的重要条件；创业精神是阳光，是锻炼创业能力的原动力；创业实践则是最终的果实，是教育的最终目标。

教育理念的贯彻和落实则离不开与之相适应的课程体系。

二、具有系统性的创新创业教育课程

系统的课程是创业教育理念得以贯彻的基本途径，课程结构的设计与课程内容的设置对创业能力的培养与锻炼发挥着关键性的作用。百森商学院的课程体系包含核心、选修、拓展、聚焦课程不同的类型。

（一）核心课程

百森商学院认为，要在瞬息万变的全球经济中占据一席之地，为经济和社会的发展做出贡献，首先要逻辑清晰地对创新进行分析，其次要思维敏捷地对目标进行定位，最后要对机会进行准备和识别。所以，核心课程的中心思想是培养学生有关创新创业的基本素养，比如锻炼学生的基本工作技能、提高学生的管理水平、引导学生学会处理团队关系等。核心课程分为一年级、二年级课程及自习、混合式学习共四种交互模式。课程内容涉及会计、大数据、金融、营销等多个学科。

（二）选修课程

百森商学院在诸多 MBA 学院中向学生提供了规模最大的选修课程，内容丰富、全面、综合，帮助学生形成正确的创新创业思维模式。选修课程分为基础级、专业级和支撑级三个不同的层次，其中基础级选修课程从全局的角度出发，内容以创业技能的讲授为主，适合所有想创业的学生；专业级选修课程则针对某一学科，具有较强的专业性，可以面向某一领域提供更为深入的知识或技能；作为支撑级的选修课程则是针对特殊的领域提供非常深入的知识或技能。

（三）拓展课程

为了从实践层面锻炼学生的创新创业能力，使学生可以切身参与不同规模的商业活动，提高学生应对实际问题的能力，百森商学院与多种组织建立战略合作关系，为学生提供多元化的拓展课程，使学生可以参与实际的创业教学，在亲自参与创业活动的过程中积累创业技能、学会带领团队、提高职业洞察力，这些经验为其真正踏入社会后的创业活动奠定了牢固的基础。

（四）聚焦课程

聚焦课程通常是面向积极创业并将其作为职业生涯重要部分的学生，这一类课程内容往往是新时代经济环境下占据重要地位领域的课程。

（五）课程改革

百森商学院自成立以来，就以课程改革闻名于世。学院认为，在经济快速发展、环境日益复杂的背景下，一名创业者必须具有高度的敏捷性，必须以综合的方式从商业学科中获取知识与经验，学会参考与借鉴。在这样的信念驱动下，百森商学院积极开展课程改革，并多次打破传统课程与教学，创造了一个个“第一”，改革具体涉及以下方面：第一，在世界范围内率先向学生提供与创业周期相对应的具有集成化、模块化特点的 MBA 课程；第二，率先提供了世界领先的、混合式的 MBA 课程，对课堂活动、在线教学、写作技术等进行优化整合，实现最佳的教学效果；第三，是首个也是唯一提供基础管理经验课程的学院，课程周期为一年，主要面向大学一年级的本科生；第四，为本科生提供专门课程，从综合艺术、科学等多学科出发，对当前以及未来的世界主题进行探讨；第五，率先面向研究生提供创新轨迹与咨询联盟计划。从以上可以看到，百森商学院在课程改革方面勇于争先，在创业教育领域打破了多个纪录，在教学过程中强调理论与实践密切结合，重视学生团队合作与创新能力的培养，关注信息技术的发展与实际应用。

1. 本科阶段的创新创业教育课程设置

（1）一、二年级发现创业机会。一、二年级的本科生需掌握好基础课程，奠定创业所必需的理论基础，为管理和创业做好准备，在学习相关理论知识的过程中，学生还可以通过职业发展中心参加研讨会，与同学、老师、校友等进行密切交流，在丰富自身知识的过程中寻找创业机会。

本科生入学之初，必须参加管理和创业基础课程，该课程不仅包含课堂上的理论教学，还包含课堂之外的实践教学，老师在讲授经济学知识、统计方法等理论知识之余，学生需要自行组建创业团队并运用所学知识创建一个公司，学校将为这些公司提供最高 3000 美元的创业启动资金。一年学习结束后，学生需要对所创建公司的盈利情况进行清算，并将获得的利润捐献给“社区服务计划”。该项目首先将理论知识传递给学生，然后引导学生在创业实践的过程中对这些知识进行消化，最后将盈利回馈给“社区服务计划”，在教育的初始阶段就已经做到了理论联系实际，并且通过最后的盈利捐献环节让学生更加深刻地理解创业所能创造的价值。

（2）二、三年级学习拓展课程。对于二、三年级的本科生，需实时拓展文科知识，百森商学院通常要求学生新修一门语言，如西班牙语，以加强学生的沟通能力。学生还可以在完成拓展课程后尝试独立完成一个系列主题的设计，如信息技术与营销，进一步提高对机会的识别与洞察能力。

百森商学院于 2001 年设立了“创业精神培养强化课程”，主要目标是加强创业精神的教育。该课程面向二年级本科生，选择有创业潜力的学生加强培养，使学生深入认识到一个成功的创业者所应具备的素养，引导学生学会如何识别创业机会并对这些机会进行调查，在调查的基础上对机会进行评价，并根据评价结果制订创业计划书。百森商学院为低年级本科生提供了大量参与形形色色创业项目的机会，有助于引导学生领会创业的基本原则，为其毕业后的创业之路奠定良好的基础。

（3）三、四年级聚焦于某个方向的课程。经过两三年的学习，学生已经积累了比较丰富的创业经验，对自己的创业生涯有一定的思考，可以结合自身的兴趣、规划等选择毕业后的职业，学院提供的学习与咨询项目可以帮助学生了解真实的世界，从而更加理智地对未来进行选择，学生可以通过高年级课程的学习进一步巩固自身的兴趣。

高年级本科生可以灵活选择不同方向的选修课程，其内容可以是社会创业，也可以是现代企业管理，还可以是财务金融等，学生结合自身的实际情况选择感兴趣的课程开展跨学科学习，从而不断提高自己的创业能力，提升创新创业意识。

2. 研究生阶段的创新创业教育课程设置

对于研究生创业教育，为了使学生在创业过程中拥有更多的选择，确保学生可以在创业生涯中实现自身的人生目标，百森商学院为研究生提供了不同类型、不同领域的创业项目，包含MBA、MSBA等。以MBA为例，自20世纪90年代开始，学院就已经将创业作为MBA教学的中心内容，系统、完善的课程设置是帮助学生强化创业思维、提高创业能力的关键基础要素。

一、二年级核心课程包含三个基本模块：第一，创业思维与行动。该模块课程的重点是帮助学生更加有效地管理创业与创新思维，要求全体研究生切身参与到创业、法律、数据等学术交流的集体活动中，可以有效培养团队意识与协作精神。第二，价值创造管理。该模块课程涉及营销、管理、财务、领导力等不同领域，学生通过这一模块的学习可以初步掌握价值创造的基本要素，并引入到不同的案例教学，与其他课程结合在一起进行反复锻炼，学生需要分别扮演股东、客户等不同利益相关者，从不同角度出发进行价值创造。第三，创建和维持组织的有效性。该模块课程包括管理会计、宏观经济、技术和运营等，主要任务是增强学生的竞争力，使其在日益复杂的环境中保持良好的组织力与创造力。

选修课程包含五个相互衔接的模块：第一，创业者。该模块的教学内容是成功创业者普遍具备的基本素质，如发现机会的敏锐嗅觉、对抗风险的担当、面对问题或困难的冷静思考等；教学目的则是帮助学生发展创业品质，使学生在之后的创业生涯中顺利克服困难。第二，战略与商业机会。该模块的教学内容是锻炼学生寻找创业机会，让学生更好地识别有助于发展有潜力企业的机会，引导学生建立正确的创业思维和态度，正确认识到自身的创业能力；教学目的是增强学生的创新创业意识，培养学生准确识别创业机会并抓住机遇。第三，资源需求和商业计划。该模块的教学内容是讲授商业计划制定的基本思路、步骤、资源获取渠道及寻求合作伙伴的方法；教学目的是帮助学生明白创业应具备哪些知识。第四，创业企业融资。该模块的教学内容是新创建的企业在融资方面可能面临的一些核心问题，例如如何了解债务资本市场的最新实际情况、如何制定融资战略、如何实施投资、如何获得投资者的青睐、如何顺利从金融市场中获得发展所需资金等；教学目的是帮助学生掌握融资与资金管理的能力。第五，快速成长。该模块的教学内容是企业在发展过程中可能面临的危机，包括新创建企业在不同发展时期所面临的困难及这些困难的主要特点；教学目的是帮助学生在创业阶段更加理智地处理遇到的情况，并遵循创业的基本规律。

百森商学院每一门选修课程都包含以上五个模块，具有高度的整合性，具体体现为四个方面：首先，机会的发现与利用、资源的集约与整合、创业资金的筹集、创业团队的组织，对创业者所应具备的基本品质进行最佳整合。其次，理论教育与实践教育相互整合。再次，智力教育和非智力教育相互整合。最后，专业知识和社会知识相互整合。下文将以“学生咨询项目”为例进行介绍，这是百森商学院最受欢迎的拓展课程之一。

每年百森商学院参与该项目的研究生超过 400 名。项目指导老师将学生以 3~7 人为单位组成一个团队，结合学院一贯坚持的系统性创业思维基础，发挥在学院引导形成的批判性思维，运用所学的问题解决技巧与团队领导技能，为遇到困难的组织提供咨询，帮助其顺利解决问题。第一，咨询小组项目。课程周期为 14 周 / 学年，每个小组通常包含 5~7 名学生，为已经和学院建立合作关系的组织提供咨询服务，该项目是学院一年级研究生非常重要的一门课程，学生完成该项目可以获得相应的学分，并且可以通过课程积累丰富的实践经验。第二，管理咨询领域项目。该课程的时间周期为 7 周 / 学年，从第 7 周开始，每个小组的学生数量在 4~5 名不等，为超过 30 个与学院有合作关系的组织提供咨询。课程在时间安排上较为灵活，一、二年级研究生或夜间学习学生都可以修习。合作组织将自己在经营过程中遇到的难题反馈给学院，学生结合自身的研究方向与个人兴趣选择服务的组织并给出可行的解决方案。灵活的时间安排使学生可以以团队协作的形式解决实际问题。第三，战略分析咨询项目。课程周期为 9 周 / 学年，每个团队包含 3~6 名学生，为十余家有合作关系的企业提供战略分析方面的咨询服务。该课程是创业领导方向研究生必选的一门课程，每个学生团队配备一名专门的指导老师，与需要咨询的企业相互协作完成咨询工作，最终为企业提供增值解决方案。第四，全球连接项目。该课程共 7 周，由 4~5 名学生建立一个团队，为 50 家左右的合作企业提供咨询。该课程是学院 MBA 研究生必须接受的课程，研究生与企业或组织之间是一种相互合作的关系，前者为后者提供技术方面的解决方案，结合不同组织的特点创建相应的技术计划，但在创建的过程中需要注意对重点操作性技术进行鉴定和改进、建立新的网站或对原网站进行修改、对信息技术进行分析和营销策略。

聚焦课程主要面向对创业极具兴趣的学生，该类课程具有很强的专业性。第一，商务分析。该课程的主要目的是向学生提供针对某专业和一般性业务问题的知识、技能，让学生可以在不同类型、不同领域、不同规模的公司中对创业之路进行规划，可以对不同的商务问题做出正确分析并制定合理的决策。第二，创业。该课程希望在不同类型的环境中发现机会、识别机会、评估机会及利用好机会。该项课程的重点是培养学生的创业思维，提高创业的执行力。基本技能包括对机会进行评估、资源配置与优化、团队建设、企业管理与发展，学生可以从更深的层次对创业的不同形式进行探索，如初创公司、公益企业，甚至收购一个企业等。第三，财务。该课程的重点是提高学生的金融分析水平，为其决策提供正确的依据，同时为金融领域网络连接的建立奠定基础。第四，全球管理。帮助学生理解不同文化的背景与内涵，提高学生跨文化交际的技能，指导学生对国际商务进行研究，不断提高全球商业智慧，使学生对全球管理具有更加充分的理解，进一步拓展在营销、金融等领域的深度。第五，市场。该课程的主要目的是帮助研究生在不同类型、不同规模的组织中都可以得心应手地做好营销工作，使学生更加充分地了解客户、市场、营销计划等内容。

百森商学院在课程设置方面具有很强的系统性，具体表现为以下四点：第一，从知识传授的角度来看，学院向学生提供的核心课程与选修课程均由若干个模块相互整合而成，有助于学生更加系统、全面地掌握创业所需知识；第二，从创业技能培养的角度来看，学院开设的拓展课程为学生提供了消化、融合、领会所学知识的平台，实现了理论与实践的相互统一，帮助学生进一步巩固创业知识并积累实践经验；第三，从创业精神塑造的角度来看，从本科生引导到研究生培养，从核心课程到聚焦课程的过渡，整个培养体系由易到难，有助于在有计划的学习过程中不断强化学生的创业精神，巩固创业信念；第四，从实践引导的角度来看，学院自始至终坚持理论与实践并重，积极为学生提供实践的平台，使学生在实践中得到蜕变和成长。总之，百森商学院在课程设置方面力求使学生发展为既充满积极的竞争性又擅长社会协作的优秀竞争者，既有领先的创新思维又能够贯彻前人成果的创造者，既有包容不同观点的态度又坚持自身最初理想的包容者。百森商学院除了富有战略性的教育理念和系统性的课程设置外，还发展了一套先进的教学方式，全方位促进学生创新创业精神的塑造与创业能力的增长。

三、具有探究性的创新创业教育教学方法

为了帮助学生强化创新思维、增强创业意识、提高创业能力，百森商学院率先在创业教育领域引入了“双向”教学模式，教师在教学过程中将其知识和经验与学生分享，学生积极开动脑筋提出自己的观点和建议。学院认为，学生必须开展不同形式的有意义的探究性学习，才能真正成长为富有革命性和开创性的创业者。

（一）在案例分析中实现探究

百森商学院在研究生教学中非常注重采用案例教学法，在教学过程中由学校提供案例公司的实际情况，让学生结合实际情况与所学知识做出各项管理决策。采用案例教学法，可以在课堂教学中构建仿真环境，使学生更加充分地带入到创业者的角色，通过反复训练强化其问题应对能力，提高反应速度与解决问题的能力。案例教学法所使用的案例应尽可能保证其真实性与代表性，学院采用的案例往往来自合作企业职业经理的报告，要求学生对实际案例进行分析，发现问题、分析问题，思考应对策略、解决问题并对整个过程进行综合和回顾，积累经验，让学生通过实际案例感受创业理念、启发创业思维、认识创业的普遍规律，进而提升创新创业能力。百森商学院建设的是向本科生与研究生开放的体验式教育项目，学生参与项目时首先需要接触一个老师提供的通过实际创业历程总结得到的成败经验，学生对案例进行思考并相互讨论，交流看法和观点，最后开展创业模式测试。

在教学过程中采用实际案例，不仅可以引导学生将课本上的理论知识与企业实际管理结合起来，而且可以帮助学生积累创业经验，在之后的创业生涯中如果出现类似的问题可以及时找出有效的解决策略。

案例教学转变了传统课堂以教师讲授为主的教学模式，采取真实的教学案例作为素材，学习的过程也是思考、解决实际问题的过程，可以在一定程度上提高学生的积极性，并且可以使学生获得满满的成就感。对精挑细选的案例进行分析和探讨，可以避免单方面讲授的枯燥氛围，使教学过程更加鲜活，而且可以提高学生解决问题的兴趣，提高其问题分析与处理能力。

案例教学需要学生主动收集实际案例，然后在课堂上与同学进行相互讨论，在提高学生问题分析能力、积累相关经验之余，还有助于培养学生的团队合作能力。

不同学生收集的实际案例往往涉及多个行业、多个领域、多个情境，将这些案例汇集在一起可以使学生接触到不同类型的问题，在之后的创业过程中，很多情况下遇到的难题可能在百森商学院学习的过程中已经有所接触，有助于快速找出有效的解决方法。

案例教学要求教师和学生针对实际案例展开深入的分析和讨论，与传统上教师单方面灌输知识、学生被动接受的教学模式相比，可以更好地将理论知识、概念、方法与具体的实际问题结合起来，达到学以致用的效果。

（二）在实践教学中进行探究

百森商学院的教育目标是帮助学生学会如何管理一个企业，而非学好管理学相关课程；学院希望学生成为有能力的企业管理者，而非知识深厚的管理学专家；学院培养的是可以直接为社会经济的增长创造价值的企业家，而非推动学科发展的学术带头人。百森商学院致力于将学生打造为追求实干、为了实干而学、具有突出实干能力的企业家，这和国内创业教育的“学院派”培养模式恰恰相反。

（1）在日常教学中贯彻实践引导。百森商学院在师资力量配置上坚持每一门课程至少配备一名理论功底深厚的教授及一名拥有丰富实践经验的教师，从教师配备的层面首先保证理论和实践的相互协调。百森商学院的教师配备原则为学生扎根到创业企业进行亲身体验和深入学习奠定了良好的基础，并且学院也非常支持学生发挥主观能动性制订创业方案，并将这些方案带到企业中，检验这些方案的可操作性，还创造条件让学生在某个岗位上学习，通过练习进一步巩固所学的理论知识，丰富自身的实践经验。海外课程是学院开设较早的一门选修课程，将创业教学、实地调研、文化体验等相互联系起来，具体在教学过程中由教师负责讲授相关知识，然后组织学生参观、考察不同公司的企业文化，课程通常还包含由企业方代表提供的创业讲座。

（2）在课堂之外进行实践锻炼。20 世纪 90 年代末，学院组建了商业发展孵化基地，向本科生和研究生开放，为其提供高度专业的创业场地，入驻孵化基地的学生可以创建属于自己的公司并负责管理和运行，孵化基地为教师与学生、学生与学生、创业者与管理者提供了信息共享的空间，也是各种创意相互碰撞的平台。学生要入驻孵化基地，需要以团队为单位拿出可以证明团队有能力创业的证明，此外还需要有一名老师推荐，可以在一定程度上对想要进入孵化基地的学生创业团队进行筛选。孵化基地是学院创新创业教育至关重要的一个环节，也是日常教学与相关研究的重要平台。

（三）在项目参与中形成探究

有学者通过研究指出，学生所在的环境创业氛围越浓厚，越容易取得较高的学习成效，而创业氛围，比如参加相关竞赛或学生社团对创业学习非常有帮助。为此，百森商学院向学生提供丰富多元的课外活动及拓展活动，学生通过参与各种形式的项目可以学以致用，实现从知识到实践的转变，将创意、构思转化为具体的行动，将课堂上学习的理论知识转化成可以创造社会经济价值的创新成果。

（1）面向新生的创业教育项目。学院针对新入学的学生专门设立了一系列项目，新生参与这些项目可以更加充分地感受创业的艰难、享受创业成功带来的喜悦，为之后的创业之路奠定良好的基础。比如，“创业基础”项目就是面向新生设计的，要求所有新入学的学生都必须参与该项目，时间周期为一年，使学生在接受相关理论知识教学的同时参与创业实践，有助于对创业建立全方位的认识和理解。

（2）面向有突出创业潜力学生的项目。针对创业积极性强、潜力较高的学生，百森商学院提供相应的创业项目供学生发挥主观能动性，参与这些项目可以使学生进一步了解创业的基本原则，为其走向创业的道路做铺垫。比如，“创业精神培养强化课程”项目就是专门面向创业潜力突出的学生，项目内容涉及创业机会的发现和鉴别、创业计划的制订与实施等。2005年，百森商学院设立了成功跨代创业实践项目，该项目主要针对家族跨代创业进行研究，重点在于创业精神、能力及财富如何一代代传承，而非简单地将继承权传递给下一代。目前很多来自全球各地的学者、企业家加入了该项目，与学院的教师、学生共同展开实践探索，拥有较多成功的案例。

百森商学院敢于打破传统的创业教育方式，对于学生创业思维的塑造、创业能力的锻炼和强化发挥了积极的催化作用：首先，在理论知识传授方面，采用案例教学帮助学生在实践中领悟和巩固所学的理论知识；其次，在技能培训方面，采用课堂练习帮助学生提高其发现问题、评估问题、应对问题的能力；再次，在精神塑造方面，通过提供丰富的创业项目让学生亲身参与其中，充分了解企业创办的每一个过程，让学生在学院学习期间就拥有创业并实现自身价值的机会，帮助学生感受创业成功所带来的快感，激励学生不断进行自我超越，培育创业精神，为之后的创业之路奠定坚实的根基；最后，在实践引导方面，通过创业实践反复锤炼学生的问题解决能力和实际操作能力，丰富创业经验。要贯彻落实创业教育理念，不仅要设置系统化的课程体系、采取探索性的教育方法，还离不开高水平的专业教师团队。

四、具有专业性的创新创业师资队伍

百森商学院能够在创业教育方面占据领先地位，很大一部分原因在于拥有高水平的专注于创业教育的教师队伍。

（一）专职和兼职相结合的师资队伍

百森商学院拥有一支全球领先的优秀教师队伍，其中全职教师 180 余名，兼职教师 70 余名。这些教师既包括有丰富创业实践经验的企业家，也有业内专家、学者和艺术家。全职教师中超过 80% 的教师拥有博士学历。创业教育学院更是积累了一批创业教育方面的权威教师，50 余名教职工中超过一半为企业家兼职。

海蒂・内克（Heidi M.Neck）是创业教育学院的知名教授，教育经验丰富，在本科创业教育、MBA 及行政管理等多个部门有过从教经验，是创业教育专题研讨会的发起者，研讨会的宗旨是不断提升全球各国、各地区创业教育教师在教学技能和项目建设等方面的水平。海蒂的研究方向除创业教育外，还涉及企业内部创业等其他领域，为 40 多本书撰写了关于创业教育的章节，在国际知名期刊上发表了多篇有影响力的文章，并专门撰写了名为《创业：实践与观念》一书。这本书是在学院创业教育理念的基础上编制的，认为应通过创业思维与行动开展相关理论和技能的学习，主要观点如下：第一，采取有效的激励活动引导学生主动参与课堂之外的创业活动；第二，学校可以采取体验式教学使学生获得亲自参与实践的平台；第三，鼓励从失败中吸取经验教训并获得成长，学校应帮助学生正视创业可能遇到的挫折，树立克服一切挫折的勇气和信心，让学生正确认识到试验的意义；第四，对创业思维、创业模式、融资渠道等进行深入思考；第五，为学生明确经营理念并将其准确传达给投资者提供了特殊的模板。

百森商学院的教师不管是全职还是兼职，都拥有较高的学历、业界顶尖的实力与创业经验。马克・卡尔（J.Mark Carr）是学院的兼职教师，他的另一重身份是南街战略集团（South Street Strategy Group）的创始人之一，集团总部设立在波士顿。马克拥有长达二十年的管理咨询方面的工作经历，覆盖高科技、金融、保险等诸多不同的领域。

学院的教师在学校之外往往还扮演了企业领导者的角色，因此拥有非常丰富的创业实践经验，对创业的最新趋势与市场的最新变化拥有很强的洞察力，不同教师对创业拥有独到的理解和体会。学院在教师配置方面遵循以下原则：一名理论知识深厚的专家与一名实践经验丰富的企业家相互搭配，实现知识和经验的完美结合。

（二）立地与顶天相并重的素养

（1）学院教师在对待失败方面保持专业的态度。创业这种活动本身具有一定的风险，在瞬息万变的环境中发现机会并及时抓住，必然会伴随着种种可能导致失败的风险。如今，企业家需要在任意组织的各个层面上挖掘机会，制定解决方案，寻求合作者，实现自身的愿景，在这一过程中如果无法对失败树立客观的认识，想要在复杂多变的环境中获得百分百的成功无疑是不可能的。学院教师认为，失败代表了隐藏于预计风险之后的机会，快速、简单地失败而后随着时间的推移逐渐反弹，对创业过程而言这属于可接受范围内的损失。创业者负担了承受范围内的损失风险，注意从失败中吸取教训有助于成长和蜕变。尊重失败反映了学院教师的创业教育是基于现实的。

（2）百森商学院教师在创业教育方面具有很强的专业性。百森商学院虽然规模不大，但是学院教师高度认真地对待自己的工作，每一位教师都是积极献身于创业教育的、拥有渊博知识和丰富经验的专业人员，为能引导富有创业潜力和才华的学生感到骄傲。学院教师立足于全球视野发展创业教育，希望学生成长为对社会经济价值有益的先进领导者，而非谋求个人利益的“小老板”。

若将教导学生成为成功的创业者比喻为学院教师追求的“天”，将创业之路中遭遇的一个个失败比喻为学院教师落脚的“地”，则百森商学院的教师普遍具有顶天立地的超高素养的境界。

（三）教学与科研相统一的理念

科研是教学的源头，可以为教学注入新鲜的血液，脱离了科研的教学只能是僵化的知识陈列；教学是科研看不见的推手，如果缺少教学的驱动，科研将失去前进的目标。学院教师始终坚持科研与教学相互结合的基本原则，不但擅长教学，而且创造了很多优秀的科研成果。

（1）科研的专业性。与创业教育相似，百森商学院在研究方面同样注重理论与实践并重，将两者作为开展一切活动的基石，百森商学院希望所有教师都能找到一条适合自己的研究道路。学校利用研讨会不断强化师资力量。为了进一步提升教学效果，学院教师开展了大量有关创新创业的研究工作，比如：海蒂·内克（Heidi Neck）为 40 余篇企业管理著作撰写了有关创业教育的章节；丹尼尔·伊森伯格（Daniel Isenberg）对创业家应如何正确对待预期进行了大量研究；彼得·柯汉（Peter S.Cohan）通过研究指出创业是重启增长的重要力量；马丽·戈德温（Marry Godwyn）探讨了不同规模的公司在价值创造方面的影响。以上研究既有关注研究成果较多的创业教育内容，也有关注较少的潜力创造者等，比如马丽·戈德温在研究不同规模公司价值创造的过程中发现了一个有意思的现象：女性似乎可以提供更加完美的创业典范，特别是来自少数族裔的女性，这一点对很多人来说可能难以认同。马丽·戈德温认为，来自少数族裔的女性，受性别和民族影响，其思维可能更具创新性，其商业构想应用于实践可能带来显著的社会经济价值。

（2）实践引导的专业性。百森商学院的教师不但是创业理论的建立者，也是创业实践的发起者。凯莉·马瑞（Kelly D.J.Marram）是学院的一名创业教育教师，同时也是“地理中心”（Geo-Centers）的创始者之一，担任总裁和 CEO，这是一家定位于高科技领域的服务机构。凯莉执教近 20 年，而作为一名企业家的职业生涯则超过 35 年。雷蒙德·常（Raymond Change）不仅具有创业教育教师与企业家两重身份，而且还是一名专业的天使投资人，20 世纪 90 年代末创办了兖州地区首个宽带网络公司，21 世纪在我国创建了知名的电视购物公司——“乐拍”。

（四）知与行相协调的培训

百森商学院定期为教师提供培训以保证教学效果，培训追求知和行的相互协调，使教师在接受新的创业知识的同时参与更多实践，比如学院定期组织研讨会并建立了教学中心，其内容涵盖了各种创业理论，并提供了丰富的实践机会。

（1）创业教育者研讨会（SEE）。学院为了保证教育理念的及时更新，于 20 世纪 80 年代中期创建了面向创业教师的研讨会，由知名专家海蒂担任主任。海蒂认为，要实现创业教育观念的与时俱进，不仅要了解创业、交流创业，还必须将观念付诸行动。研讨会的主要内容包括创业思维和行动、创业教育生态体系、思维与观念培养、市场预测、商业模式选择、筹集资金、正确认识成功与挫折等。研讨会鼓励教师采取体验式教学、典型案例鼓励教学、浸入式教学等先进的教学方法。研讨会的目的是通过与时俱进的教育理念与行之有效的教育方法提高教师的教学水平，参与研讨会的所有教师都可以自由分享研讨会提供的各种资料，并享受免费的食宿服务。

（2）教师学习与教学中心（CELT）。学院建立 CELT 的初衷是进一步强化学院创业教师在全球范围内的影响力，教师可以利用学院提供的资源开展课程设计，可以通过合作企业收集实际的案例，丰富教学资料。CELT 通常从以下三个领域对教师进行培养：第一，设立创新基金。该基金用于鼓励教师发展具有前瞻性的相关案例与教学素材，这些案例和素材应充分体现企业家的领导力，保证学院的课程具有前沿性、交叉性和广泛性；通过这些案例和素材为学生提供创业体验式教学。第二，成立案例出版中心。主要负责制订学院的教育战略规划，同时对馆藏进行管理，对学院当前与未来的发展具有不可忽视的影响。出版中心的主要任务包括：保证学院设计或提供的案例都满足较高的标准；支持教师不断开发新的案例，对学院的案例库进行丰富；突出学院在创业教育领域方面的突出地位和独特优势；为教师提供理论和实践等教育资源；提高学院编制的教材的影响力与知名度。第三，教师发展。为了保证教师在日常工作的过程中采用卓越的教学方法、提高教师设计教学素材的能力，该项目为创业教师提供集中式的有针对性的程式化训练，每个学年选拔一批有突出潜力的教师及最前沿的教学方法予以投资，争取达到“少而精”的效果。一般每个学年选择两名教师提供丰富的资源，但需要满足以下三个方面要求：对已经成熟的创业教育理论进行创造性改造；掌握多个学科的知识，拥有跨学科教学的能力；可以带领学生开展融入式体验教学，将理论应用于实践。

（五）发展、维持、提升相融合的管理

作为百森商学院的教师，其第一任务是保持、发展和提高整体的智力和学术素养，对此学院实施具有共同治理特点的管理模式，由学院统一开展关于本科生与研究生课程内容、教学方法的基本策略、招生标准、毕业标准、教师工作方式培训等。2008 年，学院通过集体投票的方式成立了教员管理中心，负责对教师的工作进行监督、管理和考核。

教员管理中心的基本工作宗旨是发展、维持和提升，设置五名管理委员，分别为一名主席、一名副主席、一名秘书长及两名成员。委员会的主要作用是对管理中心的工作进行监督与指导。管理中心的基本宗旨与学院的管理原则一脉相承，追求发展、维系和提升：管理中心组织的各项活动不仅涉及创业知识，而且涉及其他学科，比如人文、艺术等，通过多个学科相互交叉促进教师的综

合发展；管理中心建立了公开、公正、透明的决策机制，任何一项决议都要征求所有教职工的意见，允许每一名教师尽情发表自己的观点和看法，保证民主和自由；管理中心组织的各种研讨活动原则上要求所有教职工到场，使所有教师都有所收获。管理中心的目的充分体现了学院在教师管理方面的专业性：第一，设计了教师评估与决策机制，任何信息都向所有教师公开，保证透明性和公平性，所有活动都要求全体教师主动参加，任何决议都需要征求所有教师的意见。第二，管理中心采取共同治理的机制，在这种机制下为了使领导角色发挥应有的作用，倡导教师加强自我组织，在制度修订方面采用灵活的形式。第三，在立法与监督方面强化教师的地位，明确教师应有的权利。第四，设计专门的交流论坛，为教师自由发表自己的观点和言论提供平台。第五，加强管理制度的透明性，将各项行为背后的原因一目了然地呈现给大家。第六，营造自由的学术氛围，支持智力创造和艺术创造。第七，提高对艺术、人文和科学的重视，将其与商业教育联系在一起，成为不可分割的一部分。第八，不断完善相关制度，加强制度记忆，提高决策制定效率，贯彻落实学院的根本使命。

百森商学院的每一名创业教师都是既有深厚的理论知识底蕴，又有丰富实践经验的佼佼者，集学术和实践于一体，这些教师对创业教育理论拥有充分的认识，都取得了创业教育领域的博士学位。同时，创业教师往往掌握着很强的实践技能，并且具备积极的创业教育精神。另外，这些教师拥有大量宝贵的创业实践经历。学院的创业教师掌握着领先的专业学术理论，拥有创业相关的丰富经验，对于复杂多变的市场环境具有很强的适应性，可以及时抓住一瞬而逝的机会，具有很强的敏锐洞察力。学院创业教育在师资力量方面既有突出的创业思维，又有优秀的创业技能，为创业教育的成功开展奠定了重要的基础，可以为学生提供全方位的培养。

五、具有产业链式的创新创业教育平台

百森商学院致力于打造完善的创新创业教育平台，为学生的理论学习和项目实践提供完善的软硬件设施。

（一）理论学习方面的平台建设

百森商学院为了激励学生主动锻炼自己的创业技能，经常组织各种类型的

创业比赛，并为比赛中表现优秀的学生提供可观的奖金，比如学生参加学院的创业思维与行动挑战杯，冠军可以得到两万美元的现金奖励，其他入围决赛的学生也可以得到 2500 美元的鼓励奖。学院赞助的“大挑战”创业比赛在全球范围内都拥有广泛的影响力，致力于为全球各国、各地区的创业者提供多种类型的创业资源，百森商学院的学生在该比赛中多次具有优秀表现，比如 2012 年学院在读学生和往届校友进入前 125 名的人数达到 9 个，共同角逐 100 万美元的最终奖励，并且入围者能够获得专业的创业指导与培训，学院为了鼓励学生参赛还专门为入围学生提供办公空间。

（二）项目实践方面的平台建设

研究结果显示，学生所在的环境创业氛围越浓厚，越容易取得较好的学习成就。创业本身所具有的实践性特征也决定了创业教学过程不能限制在教室之内，必须通过丰富多彩的实践活动，使学生在实践过程中不断锤炼其创业精神、强化其创业技能。所以，学院创业教育在注重理论平台建设的同时，还投入大量的时间和精力建设了具有完整产业链的实践平台，帮助学生积累创业经验，下面对学院比较典型的几个实践平台进行介绍。

（1）学院内部的实践平台——“创业强化路径”（EIT）项目。EIT 是专门面向 MBA 专业学生提供的具有综合性特点的实践培训，申请者一般是二年级学生，申请时需要给出比较详细的创业计划，成功申请的学生将得到数额不等的资金支持，作为创业的资本金。EIT 属于选修课程，主要考虑了毕业后希望独立创建属于自己的公司的学生，课程的主要目标是加强学生对风险的预测能力、分析能力及处理能力，若在校生想要创办企业，EIT 项目可以安排专门的指导老师，提供多种创业资源，并为学生创业提供指导建议。由此可见，EIT 使学生在学习期间就可以将课堂上学习的理论知识应用于实际的创业实践。学生不仅能够非常方便地获得来自教师和学校的资源支持，而且可以将理论知识与自身创意有机结合。EIT 为有志于创业的 MBA 学生提供了一个多种选择、综合性强的创业项目。MBA 学生想申请该项目需满足三项要求：第一，独立创业；第二，收购一个小规模的企业；第三，参与年度火箭比赛。该项目的主要目的是引导学生将创业付诸行动，掌握创业实践需要的各项技能。EIT 项目非常灵活，可以适应不同学生的个性化需求。学生参与 EIT 项目可以在次年获得 MBA 资金，利用这些资金创建企业。EIT 项目除了提供创业实践机会与启动资金外，还邀请专家对学生进行指导，使学生获得与专家直接交流的机会，引导学生更加顺利地将知识应用到实际创业过程中。学生可以与有意向的投资者、经验丰富的创业者等进行密切交流，后者可以为其提供有益的建议，在一定程度上可以视为创业顾问。参与 EIT 项目的学生还可以接触多姿多彩的团队活动，通过参与这些活动不断提高团队协作能力。

家庭创业所是学院创业实践平台的一大特色，属于阿瑟·布兰克创业中心的一部分，为学生相互学习创业知识、交流实践经验、展示创业成果提供了机会，家庭创业所提供的商业、投资、慈善等一系列活动甚至对全球经济发展具有一定的影响。家族创业所重点围绕家族企业，研究如何将家族企业一代代传承和发展，积累了一整套独特的理论与丰富的经验。

家庭创业所面向学院全部学生提供创业资源和相关课程，本科生和研究生都可以申请，该项目的教师既有全职也有兼职，这些教师都拥有家族企业的任职经验，并且学生参与该项目还可以加入家族企业俱乐部。

（2）校际之间的创业实践平台——全球创业观察（GEM）。GEM 成立于 20 世纪 90 年代末期，是与伦敦大学商学院共同组织的世界范围内最早、规模最大的创业研究平台。经过二十几年的成长，GEM 的覆盖范围从十几个国家拓展到近 70 个国家，是一个实力雄厚、体系架构成熟的创业实践项目。

GEM 的主要目标是了解各个国家的创业发展水平，分析可能影响创业水平的因素，探寻可能对创业水平产生促进作用的政策。GEM 不仅可以帮助学生了解国内、国外的最新创业情况与创业条件，而且可以帮助学生接触多个地区的创业资源，为毕业之后创业奠定有力的背景基础。2005 年，GEM 提出了跨代创业实践项目，聚焦于家族企业，对其内部创业过程进行探讨，分析家族企业传承对社会和经济的影响，可见该项目主要面向家族企业的继承者。该项目不仅非常重视创业者个人可以获得的成就，而且非常关注这部分创业者可能为社会创造的贡献，很好地展现了学院崇尚社会经济价值增长的创业教育观念。

与其他创业数据调研相比，GEM 表现出很多独特之处。GEM 的关注点并非新创办的企业或新成立的小公司，而是对创立和管理新的企业感兴趣的个人，GEM 对各个成员国进行观察时都会成立独立的小项目，这些小项目可以获得有关创业的一些详细数据，并且可以得到这些领域的杰出人士或代表性组织的帮助。在历史发展的过程中，个体创业活动在某种意义上可以视为全球经济转型的转折点，并且在市场机会比较稀缺的国家或地区可以消除牢固的经济差距。GEM 数据被很多国家作为制定经济政策的参考，其影响力与日俱增。

根据 GEM 调研数据，超过 50% 的企业家希望在五年时间内创造就业岗位。根据 2016 年的数据报告，世界各国普遍出现了创业热情上升的情况，人们渴望获得平等的创业机会，新闻报道对全球创业生态环境的优化发挥着非常关键的影响。全球超过一半的企业家希望在之后的五年最少创造一份新的工作。百森商学院著名学者唐娜是 GEM 项目的发起者，她指出，在创业精神的驱动下创造新的就业机会有助于促进全球经济的稳定发展和可持续增长，这对全球经济发挥着至关重要的影响。

全球创业观察报告的基本宗旨是帮助创业教师、创业教育的设计者、创业教育学习者掌握创业和经济发展之间的相互联系，具体包含以下内容：第一，找出对创业活动具有积极影响或消极影响的因素，尤其是社会价值观、个人特征、创业环境等方面的因素。第二，为有志于创业的人员提供参考平台，让这些创业者明白自身的行为对经济增长可能发挥的作用。第三，分析对创业能力的发展政策将产生哪些影响。

（3）工程创业教育者项目。面对 21 世纪的新时代，社会经济的健康发展离不开科技这一核心驱动力，必须做好科技与创业精神的相互结合。基于此，2004 年美国国家自然科学基金会为百森商学院提供专门的资金，设立了工程创业教育者项目，希望能够在工程教育和创业教育之间寻求完美的结合点，同样受到基金资助的还有欧林工程学院，两者可以说是强强联合。对两个高水平院校的优质资源进行有机整合，在工程教育中引入创业精神，打造一批富有创业精神的工程教育专家。该项目综合了两个学院在工程教育方面的优势，有望培养出全球领先的工程创业者。

（4）校友实践平台。学院拥有庞大的优秀校友群体，这些校友分布在全球各个国家，总规模接近 4 万名，为了与这些校友维持亲密的联系，学院成立了校友创业名人课堂、校友会等组织。校友会是学院创业教育非常关键的一项宝贵资源，对各项创业教育活动的开展、学生创业生涯的发展及创业目标的实践具有非常有力的帮助，比如学院经常邀请在某个领域取得优异成绩的校友开设讲座，与在读学生分享其创业经验。校友创业名人课堂的成员都是各个领域的佼佼者，与这些行业精英进行亲密交流可以有效拓展学生的事业，丰富其阅历，加强对企业界的认识，也为其迈入社会提供了更多的机会。学生毕业时制作个人简历、撰写创业计划书、说服投资者、进行创业生涯规划等都可以得到来自校友的协助，学生可以从校友那里获得“职业清单”。学生在创业或求职过程中可以通过多种渠道联系校友，后者能够帮助其了解更多的职位信息或创业机遇。

百森商学院的学生与校友保持密切的联系，不但可以拓宽公司产品的销售渠道，而且可以获得与知名企业发展业务联系的机会。校友会定期组织特色校友活动，所有学生都可以通过校友会官网上传产品样本并参与公开比选，在这一过程中，学生不仅可以推销自己的业务或产品，而且可以相互学习、相互交流，汲取他人的优点并化为己用，共同进步。

（5）校企——智囊团。百森商学院组织创业者、上市公司首席执行官、天使投资人、律师等多种身份的人员组成导师团队。智囊团的主要作用是为想要创业的学生提供建议与指导，包括创业方向、商业模式、实施策略等，智囊团的每一个成员都是连接学生与外界的桥梁，能够给学生提供丰富的创业资源，并且可以以智囊团成员为跳板接触更多的外界校友资源，使学生创业如虎添翼。

（6）校政。为了引导学生成长为对社会负责的合格公民，学院组建了社区标准办公室，与政府相互配合对学生进行教育，希望将所有学生培养为对社会经济有益的创业者，具体表现在以下几个方面：学生自发组织形成团体，锻炼自身创业能力的同时充分发挥团队精神；帮助学生更加客观、全面地认识自己，引导创业过程中遭遇挫折的同学顺利战胜挫折；引导所有学生健康、全面、积极地成长；引导学生在创业过程中学会尊重自己、主动提高自己、建立社会责任感，以社会和经济价值的增长为己任。

（三）百森商学院为女性创业搭建平台

除理论和实践创业平台外，百森商学院还专门面向女性创业者搭建了平台，该项目开展多样化的科研活动，经常组织学术交流，向表现优秀的学生提供奖学金，其主要特征是关注有志于创业的女性学生。考虑到全球范围内女性企业家为社会经济的增长、社会财富的积累做出了重要的贡献，百森商学院提出了戴安娜项目（The Diana Project），致力于为女性创业者提供开发、引导和分享的平台，这是一个国际性组织，其成员均为关注女性创业者及其创办企业的研究人员。戴安娜项目设有专业的组织与机构，为有意向创业或处于创业起始阶段的女性企业家就创业方向、企业运营模式、业务规模等提出建议，并且还设有专业的网络社区，为女性创业者的企业顺利运营提供帮助，同时还提供咨询和财务方面的帮助。百森商学院女性学生参与该项目不仅能够享受一系列优质的创业资源，而且可以与来自世界各国的女性企业领导进行直接交流，为明确自身方向、踏上创业之路奠定坚实的基础。

戴安娜项目最早开始于20世纪90年代末，经过二十几年的努力，项目延伸到多个国家和地区，其成员包含不同国家、不同民族、不同背景、不同领域的女性创业者，关注女性创业者的成长与发展。戴安娜国际网络拥有来自全球各国的四百余名高层次学者。2015年，学院负责组织举办了第八届戴安娜国际研究会议，出席会议的人员来自20余个国家。会议的主要内容包括：探讨女性创业者开发创业资源和获取资金的途径；探讨女性企业家如何做好投资股权的优化组合，如何对投资机会进行识别和判断；探讨全球各国的性别配额；对家族企业中的女性领导者进行研究。学院负责组织第八届国际会议一方面体现了百森商学院创业教育的影响力和广泛性；另一方面，通过戴安娜项目可以获取很多珍贵的女性创业信息，使学院更加充分地掌握女性创业的实际情况，为创业教育的优化提供参考和借鉴。

百森商学院通过研究指出，对风险投资者而言，女性企业家可以为其带来庞大、有潜力的投资机会。其研究成果表现为：自20世纪末开始，女性创业者在争取风险投资方面表现出明显的进步，但不可否认，与男性投资者相比依然存在较大差距；与男性创业者相比，女性创业者表现出更强的业务执行能力；风险投资领域的女性群体数量出现下滑趋势。结合以上研究结果，学院提出了以下几点建议：分析为何从事风投行业的女性数量较少，为何风投行业女性流失严重；收集女性创业者风投融资的成功案例，消除社会上对女性的歧视，打破只有男性才能顺利获得融资的偏见；分析性别因素和地理因素是否会对风险投资决策产生关键影响，并对女性创业者的企业进行早期调研。百森商学院与戴安娜项目保持密切的联系，一方面有助于提高女性学生创业能力教育的效果，另一方面可以更加有针对性地展开面向女性创业者的投资。

百森商学院构建了产业链式的创业教育平台，为学生创业能力的培育和锻炼提供了丰富的创业资源，具体体现为：在理论知识学习方面，创业教师均具备丰厚的理论知识与扎实的实践经验，学院还经常组织各种类型的创业比赛，为学生理论知识的学习提供完善的软硬件服务；在创业技能培训方面，学院针对家族企业、女性企业等比较特殊的创业领域设置了专门的项目，在帮助学生锻炼普遍创业技能的同时，还向一些专业领域进行了深入拓展，使学生可以结合自己的兴趣和实际情况灵活选择；在创业精神塑造方面，学院为一、二年级本科生提供创业所需资金，但一年后所得盈利需要全部回馈给社区，从而在帮助学生锻炼创业技能之余，使学生为社会和经济的发展创造价值，有利于创业精神的塑造；在实践引导方面，学院与不同领域、不同行业、不同地域的企业建立亲密的合作关系，为学生参观或实习提供丰富的选择，学生就读期间可以自由参加多种项目，独立创办公司，通过将所学知识应用于创业实践，不断提高自身的创业能力。

六、具有资源共享的创新创业教育中心

创新创业教育中心通常与课程和项目联系在一起共同发展，对创新创业教育而言发挥着非常关键的作用，可以为学生、校友提供共享的创业咨询，定期组织不同规模的创业大赛与研讨会，举办多姿多彩的外延拓展活动。创业中心的初衷是为教育活动的开展提供方便，可以为学生提供创业课程，打破学科界限，对宝贵的学术资源进行优化整合，为跨学科学生的创业教育创造条件。此外，创业中心可以非常灵活地与外界建立联系，成立于 1998 年的阿瑟 · 布兰克创业中心（The Arthur M. Blank Center for Entrepreneurship）是整个学院创业活动的中心枢纽。

（一）理论联系实际的使命

对于大部分创业教育学院而言，创新创业教育中心所承担的使命往往与学院的教育理念、教育目标相一致，百森商学院也不例外。创业中心的存在可以激发学生的主观能动性，挖掘学生的创造力，提高学生的敏锐性，增强学生敢于尝试和冒险的勇气，培养学生的抽象思维，帮助学生掌握从变化中寻找机会的能力。学院的创业研究会议在全球范围内占据着重要地位，其存在不仅为学院学生提供了充足的场所，而且也为踏入社会的创业者提供帮助。创业研讨会议为所有人提供了平等对话的舞台，有益于理论和实践的密切结合。创业研讨会议对创业前沿领域的相关论文和创业实践进行收集，每年都可以吸引三百多名创业者前来参加，举办超过 200 场高水平的学术演讲。创业中心之所以在全球创业领域占据重要地位，很大一部分原因在于它和学院的固有特征紧密结合，找准定位，坚持理论与实践并重。

（二）创业中心的大型项目

学院创业中心可以为学生提供多种类型的创业资源，百森商学院阿瑟·布兰克创业中心为学生提供各方面的创业资源，如面向新入学的本科生提供管理和创业基础项目，鼓励学生独立创办企业，并为此提供最高3000美元的创业资金。创业中心除了为学生提供可观的创业资金、高水平的创业课程、优秀的指导教师队伍之外，还设立了很多大规模的创业教育项目，这是其非常重要的一个特征。

（1）巴特勒风险加速器项目。该项目被誉为“空气中都洋溢着创业的项目”，学生参与该项目将体验从头到尾的创业感觉。巴特勒项目在学生与校友之间搭建沟通的纽带，通过两者的相互交流与讨论实现思维的碰撞，并且为学生提供针对性的教师指导，学生不仅可以获得量身定制的资源支持，而且可以实现创业能力的快速发展。

巴特勒项目不对学生的创业能力设置门槛，即使只有一个简单的创业构思，巴特勒项目也不会将其拒之门外，而是协助学生进一步明确创业机会、推进创业进度。

学生参与该项目需要完成好三项任务：第一，对机会进行探索和发现，首先要有自己的想法，然后对可能存在的挑战进行判断，明确客户需求的价值进而确定潜在客户，对潜在客户进行调研并分析市场是否可行。第二，延续创业激情，包括对特定市场、行业进行考察，根据考察结果设计企业的运营模型并提出执行计划，提出具有可操作性的产品设计，招募团队成员，寻找制造商等合作伙伴。第三，启动项目，包括寻找投资者，发展客户，不断完善团队，组织平等的咨询会议，做好服务工作，完善资金链。对学生的创业能力没有具体的要求，无论只是一个创业构想还是已经开始创办公司，巴特勒项目都会与之进行合作，以探索创业机会或促进其创业进度。

该项目在创业机会探索方面占64%，购买阶段占19%，实施阶段占17%，这体现了以下几点：创意对创业而言至关重要，巴特勒项目非常重视探索阶段，将其作为学生创业的第一步，认为创业思维非常关键，要参与该项目首先要有一个好的构思；重视从创意到创业的转换过程，包括前期的市场调研、创业计划的设计、管理模型的构建等，都要求学生提出具体可行、可操作的说明，这也从侧面反映了学院追求创业思维和行动保持一致的教育理念。实施阶段占比很小，表明该项目对创业是否启动关注较少。

参与巴特勒项目的学生中以研究生所占的比例最多，占比高达58%，说明研究生是该项目的参与主体，此外还有一定数量的本科生和校友，校友所占比例虽然最小，但也充分体现了学生毕业后依然与母校保持着密切的联系。该项目为学生提供的资源包含指导、咨询、自我评价、基金、场所、学术研讨会等。

（2）创业思维和行动挑战项目。该项目的主要目标是学院采取实际行动并获得突出成果的创业者，参与者可以是本科生、研究生，还可以是校友。该项目的获胜者将得到 2000 美元的现金奖励及多个赞助商的捐款。此外，2500 美元奖励给其他两个入围者。学生或校友申请该项目需要向评委展示其成果。挑战赛一般于每年的 4 月 13 日举行总决赛，2017 年挑战赛的赞助者也是金牌和银牌的赞助者，其中前者是校友会和塞缪尔德斯坦公司，后者是摩根刘易斯。

塞缪尔德斯坦是一个专业咨询公司，致力于帮助客户创建孵化所或中小规模的企业。公司可以协助年轻的创业者完善创业战略，涉及会计、现金管理、税收、财务等多个方面，还可以帮助创业者进行利润优化。公司利用丰富的经验协助创业者打造成功的企业，并在很大程度上可以帮助合理平衡工作与生活。摩根刘易斯是一家大型跨国集团，在北美、欧洲、亚洲、中东等多个国家和地区设立了 29 个办事处，每个办事处都设有律师、顾问、管理科学家等优秀人才担任的职位。公司的客户面覆盖非常广，既有全球性的行业领导者，也有初创阶段的企业，致力于为企业提供全方位的诉讼、监管、就业等法律服务。

（3）夏季风险项目。布雷登·鲁德（Braeden Ruud）是参与过该项目的创业者，他认为参与该项目是一段宝贵的经历，对其事业的发展和能力的提升都发挥了非常积极的作用，他可以通过该项目接触更多有价值的商业模式和管理方法。

现阶段，该项目设置在 Wellesley 校区，项目参与者需要接受为期 10 周、行程满满的训练，以获得风险投资能力的快速增长。该项目面向学院最具创业潜力的本科生和研究生。学生要参与该项目需要先递交书面申请报告，初审通过后还要参加面试，向该项目的负责人证明自己可以合理地利用项目提供的资源。每年参与该项目的团队数量一般有 15 个左右。在为期 10 周的时间内，参与者可以得到食宿、创业场所、专家咨询等多种创业资源，为企业的快速成长提供助力。当项目进行到一定阶段，参与者需要向投资人、学院及社区展示自己在该项目的收获与成绩。

参加该项目的要求为：第一，项目中的申请者首先需要是学院的学生。第二，需要严格遵循学院与社区的规章制度，创业中心的工作人员将对这一点进行核查，若出现违反纪律的情况，工作人员可以做出取消资格的处理。第三，参与者在为期 10 周的项目时间里需要全身心地投入到项目组织的各项活动中，比如周一至周四下午需要到创业中心参加活动。第四，参与者需要提交一个具有可操作性的构想，并在参与项目的 10 周时间里取得一定的进展。第五，参与者需要按时参加各项会议，比如团队交流、研讨会等。第六，参与者必须在项目结束后进行成果展示。第七，参与者成功申请后，需要与项目方签订约束协议，若拒绝签订或签订后不配合，项目方可以随时取消团队的参与资格。

（三）创业中心的合作伙伴

百森商学院的创业中心希望为学院的学生与校友提供一个综合性的创业平台，通过平台使学生建立更加富有战略性和创新性的创业思维。百森商学院和奥林工程学院、威尔斯利学院一直保持着密切的联系，三者充分发挥自身的优势，共同发展教育事业，百森在创业教育方面一直保持世界领先的地位，奥林是全美位居前列的工科院校，威尔斯利则是培养了总理的文科院校。三个学校从地理位置、课程体系等多个角度进行互补，共同承担起教育的重任。

三所院校建立合作关系，对当前的学术体系进行完善，并对学术、社会、商业之间的相互关系进行讨论，比如共同组织联合研究、设立专门的课题项目、共同分享教学资源等。并且每所院校都希望在跨学科领域有所突破。为此，三所院校为参与合作关系的学生、教职工等设置了丰厚的奖金，共计 12 项，总金额高达 5900 美元。三个有实力的高校建立合作关系，不仅可以为有想法的学生提供更加丰富的创业资源，而且可以催生出更多的创业机会，这也是百森商学院教育理念的重要体现。

（1）波士顿天使投资团体。该项目致力于引导创业者在日趋复杂的全球环境中占有一席之地，创建新的企业，是美国最受认可的三个经营投资团体之一，是诸多创业者的导航明灯。统计数据显示，现阶段有 70 余名活跃成员，自 2004 年开始所投资的初创企业超过 70 家，包含不同性质、不同领域的公司，有医疗设备制造、新材料、互联网等。百森商学院与该团体建立战略合作关系，不仅可以使学生在创业过程中能够获得更多的投资资源，而且可以帮助学生拓展人脉，使其在踏入社会之前就与之接触，更早地了解市场最新情况，发现市场中潜在的机会。

（2）核桃风险联营公司。该公司由若干创业经验丰富的企业家和投资人组建，致力于充分发挥成员的创业经验，帮助初创公司顺利发展和成长。核桃公司可以为初创企业提供多方面的帮助，比如企业管理、产品影响等方面的技能。目前，公司的成员已经为 20 多家初创企业服务并成为其创始人之一，担任 20

余家公司的 CEO，投资企业数量超过 220 家，并且在近一半公司中担任董事会成员。

百森商学院与该公司建立了合作关系，实现强强联合，核桃公司可以为学院学生新创建的企业提供业务、管理团队、融资渠道等方面的指导，并且核桃公司会派出一名成员担任该公司的董事并注入 25 万 ~100 万美元不等的单一融资。核桃公司可以为有创业潜力的学生成长为真正的企业家提供催化剂，并且可以引导其成为一名投资人。

学院的创业中心是一切创业活动的重要基地与关键枢纽，对创业教育发挥着举足轻重的作用，具体体现为：第一，从知识传授的角度来看，整合了一系列优质创业资源，很多重要课程都在这里开设，在创业中心学习可以大大丰富学生的理论基础。第二，从创业技能培养的角度来看，很多创业项目都集中在创业中心，比如管理和创业基础项目，这些项目可以从不同角度对学生的创业技能进行锻炼。第三，从创业精神塑造的角度来看，创业中心经常邀请知名校友、业内专家、企业领袖开设讲座或参加研讨会，使学生在开阔视野、丰富经验的同时受到激励，不断强化学生的创业精神，巩固创业信念。第四，从实践引导的角度来看，创业中心为符合条件的学生提供创业资金，使学生将创意付诸行动，为学生提供了丰富的创业机会，可以帮助学生将理论知识应用于实际，将自己的构思转化为实践。

七、具有多元化的创新创业教育评价主体

百森商学院认为，来自不同主体的评价可以帮助创业者更加清晰地明确自己的优势和不足，因此多元主体评价是其创业教育非常关键的一部分。学院在创业教育方面拥有近百年的历史，在长期的发展过程中积累了非常丰富的经验，聆听来自不同主体的评价和意见可以在一定程度上反映创业教育的效果，了解其对社会形成的影响。根据这些评价可以分析学院投入的资源是否得到了对等甚至超额的产出、资源的配置是否科学，这些问题对其他学院同样具有显著的参考价值。

（一）来自学生的评价

学院是创业教育的直接接受者，对其优点和缺陷具有最直观的了解，拥有

最大的发言权。百森商学院的本科生 Aliza 认为，尽管学院的规模不是很大，但是为学生提供的机会却非常丰富，平台非常广阔，不过这些机会和平台需要付出努力才能获取；研究生 Bhadan 认为，来百森商学院进行学习，感触最深的是学院教导的一句名言：不管你是否做到了，你都是正确的。他眼中的百森商学院是最佳的创业之地。

（二）来自校友的评论

学院的校友已经完成了学院的学习并踏入社会，对学校所学进行检验，对于学院培养的学生是否是社会需要的创业人才拥有较大的发言权，并且校友提供资助也是非常宝贵的教育资源，因此校友的评价也可以在一定程度上反映创业教育的得失。例如，皮特·弗莱明（Pete Fleming）毕业于 2010 年，结合 10 来年的创业生涯，他认为和普通的商学院相比较，百森商学院具有很强的独特性，在百森商学院学习最大的收获不是人脉关系的拓展，而是重新定义了创业的概念，使他真正意识到自己想要什么样的事业。在学院学习的第二年，皮特·弗莱明接触了 Facebook 的团队，后者给他提供了职位，他成为了该公司的市场研究人员。皮特·弗莱明认为，学院对他的职业生涯产生了很大的影响，可以妥善协调好工作与学习之间的关系，尤其是学院教授坚守诺言的优秀品格给他留下了非常深刻的印象，常常使他感到惊讶，让他觉得学院非常关注每一个学生的发展，并尽可能地帮助学生发现最适合自己的方向。

马戈林顿·科尔（Margo Layton Cole）是学院的一名女性校友，目前就职于学院的女性领导中心，主要负责风投方面的事务。马戈林顿·科尔表示，在学院工作的过程非常充实，她接触了几百个非常有创意的申请书，并且与很多优秀的企业家打交道，她有机会深入参与到创业的各个环节，从最开始的交流到签署合约及之后的所有工作。Cole 有一段创业经历，但是没有涉及风投领域，她对风投的认识曾经处于接近空白的状态，但是学院创业中心为她提供了机会，并且这份工作非常适合她。Cole 在她 16 岁时建立了一个女鞋公司，19 岁创办了皮带公司，完成本科阶段学习后到银行工作负责市场销售，百森是她创业之路的重要引领者，她非常享受学院浓厚的创业氛围。

杰米·西敏诺夫（Jamie Siminoff）是学院的校友，他认为学院可比喻为创业者的天堂，某任校长留下的校训对他的一生具有深刻的影响，内容如下：“诚信是生命中最珍贵的东西，没有任何人可以将它从你身上剥离，除了你自己。”

杰米·西敏诺夫认为，百森商学院帮助学生从一个天真的孩子成长为一名成熟的企业家，在这个成长的过程中有很多志同道合的人陪伴，对创业者而言学院就像一个温室，保证学生健康顺利地成长。

（三）来自企业的评价

百森商学院开展创业教育的最终目的是培养优秀的创业人才，因此企业对其教育成果具有发言权。学院希望学生毕业之后可以为企业创造价值，因此是否能获得企业的认可很大程度上决定了教育的成败。Aplioe 是一家专注于应用程序开发的软件公司，亚历克斯·莫泽德（Alex Moazed）是该公司的创始人，也是首席执行官。他认为，如果你身边围绕的都是适合你的人，那你必然会获得成功。Aplioe 能够从一个简单的构想成长为行业知名公司，很大一部分原因是身边的人理解他的想法并帮助他落实，这些人恰恰是百森的毕业生。亚历克斯·莫泽德认为，课堂是神圣的，但是在课外时间依然在谈论公司却并不常见，但这种现象在百森却是一种常态。亚历克斯·莫泽德认为，个体的力量是有限的，企业的成功离不开优秀的团队作为支撑，而他很幸运地拥有一个优秀的团队，团队成员大部分来自百森。他还指出，两个不同的个体很难同时看到相同的机会，这就需要你去说服别人同意你的观点并予以支持，这虽然非常困难，但说服别人是必需的，而百森恰恰为这一点提供了理想之所。

（四）来自媒体的评论

媒体是社会舆论的窗口，很多情况下反映了社会的普遍观点。百森商学院希望所培养的学生是能够为社会和经济价值的增长做出贡献的企业家，这些创业人才是否可以取得公众的认同、是否能为社会和经济的发展提供助力是衡量创业教育成败的关键指标。百森商学院在多个排名中都位居前列，收获了很多荣誉，比如“最佳创业基地”“最佳私立商学院”“最优秀的上课专业院校”“对国际学生最开放的大学”等，这些荣誉是对百森商学院的最大认可。

第二节　百森商学院的创新创业教育生态系统：经验与特色

一、百森商学院创新创业教育的经验

百森商学院自 1919 年创办以来，经历了 100 年的发展，在这一过程中逐渐形成了独具特色的教育特点，建立了独属于学院的创业文化，并且因这种独特的文化享誉全球。对百森商学院的教师和学生而言，创业已经成为其生活不可分割的一部分，从教师到学生，甚至行政后勤人员都已经将创业融入到生活的方方面面，注入自己的心血，因此创业是百森的已达标值。尽管百森在创业教育领域取得了令人赞叹的成果，但任何事物都不是绝对完美的，随着技术的更新换代和经济的快速发展，百森商学院也逐渐暴露出一定的问题，比如师资队伍需要及时补充新鲜血液、面对日新月异的内外环境如何找准创业教育的定位、如何确保创业教育沿着正确的道路前进等。下面对百森商学院的教育理论进行探讨。

（一）百森商学院创业教育核心理念——ET & A

和传统的商学院相比，百森在课程体系设计过程中非常重视思维支撑，认为教师、学生、创业者，不管在学院内扮演了哪种角色，都应具备以下思维：双元认知能力、可持续发展观、自我与社会意识。

（1）双元认知能力。双元认知能力要求学生的思维与行动可以在预测逻辑与创新逻辑之间进行灵活转换。为了帮助学生加强预测逻辑，需要结合现有数据与实际案例，对其进行详细分析以正确把握企业的未来发展。学生可以通过市场调研、数据挖掘等手段逐渐将风险控制在尽可能低的水平。从具体的创业过程来看，学生明确创业方向后，需要收集相关领域或行业的成功案例，根据这些案例分析初创企业可能面临的环境与经营目标，根据分析结果对企业进行评估和管理。预测逻辑培养可以采用案例教学等方法，在目标明确、条件清晰、因果关系明确并且数据来源可靠的前提下进行。如果创业者选择了新型的行业或面临复杂多变的环境，则难以通过简单的因果关系去判断，也无法通过收集历史数据或相关案例进行评估和预测，这就需要创业者采用创新逻辑进行分析。与预测逻辑相比，创新逻辑更加需要行动、发现和创造，希望挖掘学生创造未来的潜力而非简单地对未来进行预测。在行业信息模糊不清的条件下，学生可以通过敏锐的洞察力、发挥自己的远见，主动尝试进行学习和创造，对可能遇到的困难、问题进行分析和评估，并确定之后的行动。提高学生的创新逻辑有助于学生对创业所需资源、创业环境乃至学生本身进行重新审视和思考，并且尝试学会与其他利益主体建立联系，形成关系网，与之向着共同的目标努力。创新逻辑始于有计划的行动，得到全新的数据，用于指导下一步的行动。学院要培养学生的创新逻辑，首先应明确设计思路，并提倡体验式学习。一个合格的创业者需要兼具两种逻辑，当出现新的构思和计划时，可以结合实际情况灵活地选择两种逻辑进行创造和预测，增强环境适应力。学院不仅帮助学生掌握双元认知的能力，提高其理论基础，而且还提供了丰富的实践机会，使学生在实践过程中加以应用，使预测与创造思维得到进一步巩固。一般来说，由于预测逻辑是在目标、环境比较明确的条件下使用的，对学生而言学习和掌握的难度较低，但是对创业而言，往往面临着很多新的环境和场景，这就需要学生通过创造思维去分析和尝试，即使遇到失败和挫折也不应该灰心，可以总结经验教训再次行动，最终必然会找到正确的道路。传统的教育体系以正确的答案为基础，但对现有模式不断循环的预测和评估在一定程度上限制了创新逻辑的培养，知识经济时代对创造力的需求不断提升，要求创业者加强对创新逻辑的重视和联系。

（2）可持续发展理念。百森商学院要求学生掌握的双元认知能力包含预测与创造两种迥然不同的逻辑形式，两者来源于不同类型的商业环境与社会环境。随着技术的变革和经济的发展，创业者在创业过程中除了要考虑各方利益主体之间的相互关系，追求更高的利润和经济价值外，还必须正确认识和把握社会、环境、经济之间的相互关系，建立可持续发展观念，在创业的过程中实现社会、文化、环境的相互统一。学生不仅需要熟练掌握创业所需的各项基本技能，还需要了解社会伦理道德知识，致力于推动社会、经济、环境、文化的协同发展。

（3）自我与社会意识（SSA）。百森商学院认为，学生应正确认识自己、深入了解自己，增强自我意识，培养个体理性和主体性，并且对自身所在的社会、政治、历史背景建立正确的认识，确保创业者可以在各种复杂的环境中扮演恰当的角色。

ET & A 独特的思维模式不仅是为了获得更加多样的可能性，转变创业者传统的思考模式，而且是为了有目的地促进思维模式转换，使创业过程更加顺利。对创业者而言，思维模式已经形成，对其进行转换必须通过一系列有计划的行动，但这并不代表学院减少对双元认知能力的关注和重视，而是认为创业者应当在随机的环境中采取尽可能有效的行动。学院创业课程设置的重点也是“行胜于言”。“行动”具体体现为 ET & A 中的“Action”一词（见图 7-1）。

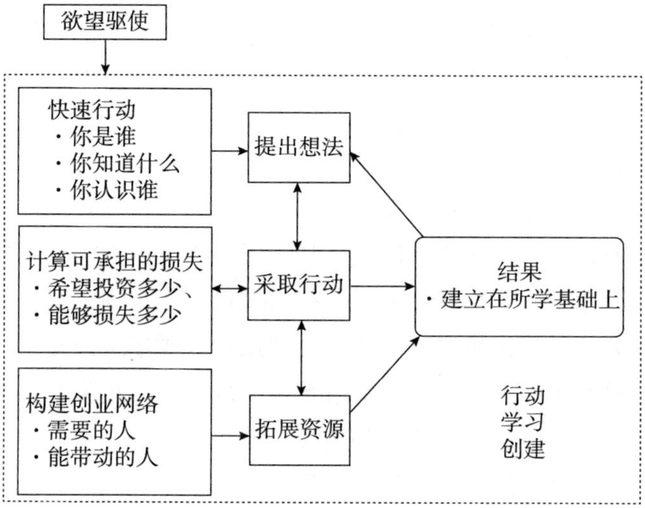

图 7-1　ET&A 行动方式

（1）欲望。作为一名创业者，应具备改变世界的欲望，这一欲望与好奇心、行为动机之间具有亲密的联系。比如，你对哪些事物产生好奇？哪些事物可以使你感到快乐并充满动力？ 你的长期行动目标是什么？ 新思路、新创意、新方向、新业务、新策略、新产品、新服务等，任何新的东西本质上都来自欲望的驱使，要求行为人有强烈要实现目标的诉求。虽然很多初创阶段的企业最迫切追求的是更多的财富，但是更多情况下的创业初衷并非为了获取财富或金钱，而是出于某些其他方面的原因，比如有人希望从事自己感兴趣的领域，有人希望在工作中占据主动地位，有人希望通过自己的努力改变人们的生活等。从整体来看，创业之路充满艰辛，仅靠利益进行驱动并非万能的，创业者源自内心深处的成就感和满足感才是为创业之路注入动力的重要基础。

（2）快速行动。创业者要经常思考几个问题：我是谁？我认识谁？我擅长什么？思考这些问题并给出正确的答案可以使创业者快速明确目标方向及可调用的资源，然后对最新的想法进行陈述，在当前可调用的资源与希望达成的目标之间寻找一个相互平衡、相互结合的点。

（3）计算可承担损失。创业绝非零风险，甚至在很多情况下需要面临很高的风险。放弃个人舒适的生活和工作而选择创业是一种风险。风险往往是相对的，同样的事件对甲来说可能是一种无法承担的风险，对乙而言却可能无关痛痒，因此风险计算不存在一个统一的标准，与其耗费心力对风险进行计算，不如思考一下自己愿意投入多少时间和精力来实现自己的创业构想。想清楚这一点，创业者可以更加得心应手地进行成本控制而非一味承担风险；然后开始行动，尝试一小步，计算可以承受的风险时应当无遗漏，考虑所有风险，不能急功近利。

（4）构建创业网络。创业实践是相互合作、共同创造、互惠共赢的过程，应避免恶性竞争。创业者可以与他人分享自己的观点并说服他人与自己合作，共享创业资源以提高成功的概率，这也是对自身观点是否正确的一种论证。

（5）行动—学习—创建。首先，根据自己所学的内容明确新的数据与经验，并对自身的行为表现加以评价，评价的目的不是消灭新的创意，而是通过评价找出不足并加以完善，使其更加成熟、更具可行性和可操作性。评估过程中要保持理性，学会正确认识缺陷和不足，不断学习和改进，不分对错，只求更好。其次，对自身进行反思，创业者在创业过程中需要反复审视自己，什么时候开始，什么时候结束，什么时候继续，简言之，如果创业者的欲望已经消失，或是创业面临的风险已经严重超出自己所能承受的范围，需要尽快按下暂停键并认真思考接下来该如何做。

（二）百森商学院创业教育课程体系

百森商学院在课程体系设置中融入了 ET & A 理念，将其落实到课堂教学、课下活动及学生生活的方方面面。任何教育理念都需要与之相适应的课程设置支撑。学院教育理念的中心内容是理论和实践的相互统一，各项课程、活动也都是围绕这一点设计的。创业中心是很多创业课程、创业项目、学术交流的场所。为了践行知行合一的教育理念，贯彻落实行动式创业教育，早在 20 世纪 70 年代，学院就已经形成了课堂学习—课外活动—研究三位一体的系统化课程体系。课堂、课外、研究三个不同的环节相互衔接、相互影响，实现资源的优化配置和最佳利用，形成具有百森特色的教育生态，培养了一批批优秀的创业人才，为全球社会和经济增长发挥了积极的作用（见图 7–2）。

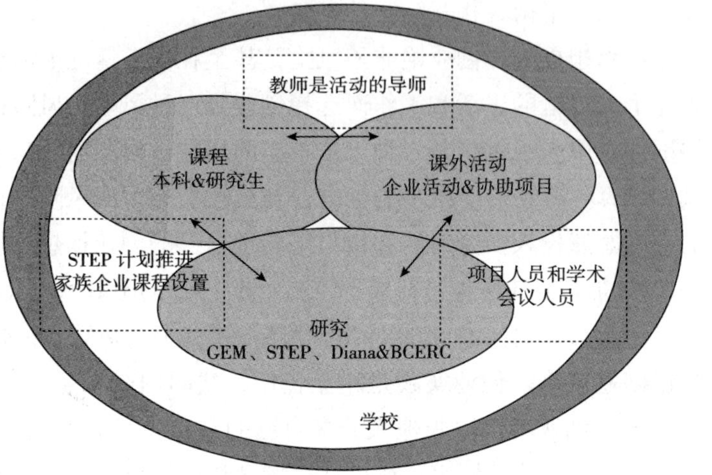

图 7-2　百森商学院创业教育课程体系的整合

1. 浸入式的创业课程

表 7-1 所示为百森商学院本科生创业课程，这些课程都是围绕 ET & A 这一理念进行设置的，具有跨学科的特点，消除了不同学科之间的界限，对管理、人文、科学等不同学科的课程进行整合，不仅可以提高学生的双元认知能力，而且可以强化可持续发展观念，提高学生的自我认同感。从整体来看，本科生课程设计可以分为三个阶段，循环渐进，逐渐提升：第一，发现阶段。包括管理与创业基础课程及创业类、人文类、科学类的通识课程，主要是开拓学生的视野，帮助学生寻找创业目标。第二，探索阶段。学生进入二、三年级后，开始接触中级层次的管理类课程，同时也有一定的通识课程，旨在帮助学生强化分析能力、锻炼沟通技巧，提高其探索创业决策的能力。第三，聚焦阶段。三、四年级的本科生除了通识课程外，还可以自由选择一些专业性较强的选修课，学习这些课程可以使学生树立自信心、提高创业品质、明确创业目标。这些选修课既有高级类型也有自由类型。此外，学院还为三、四年级的本科生提供了四个特殊的领域，分别面向初创企业及主体为家族、公司、社会的创业领域，同时提供了包含实际案例、女性创业、企业收购等比较有针对性的选修课程。

表 7-1　百森商学院本科创业课程（2018 年）

年级	课程设置

大一（32 学分）	·开设管理与创业基础课程（FEM）（7）； ·其他：财务会计（4）、商业分析定量研究方法 1 & 2（8）、修辞学 1 & 2（8）、人文艺术（4）、一年级研讨会（1）
大二（35 学分）	·开设中级综合管理类课程，该课程将管理会计（3）、技术运营管理（3）、微观经济学（3）、信息技术（3）、市场营销（3）、金融学原理（3）、综合课程（1）归为一个课程体系，进行系统的综合授课； ·其他：商业法（4）、自然科学技术 1 & 2（8）、历史与社会（4）
大三（32 学分）	·开设人文艺术类通识课程：文化和价值观（4）、文学及视觉艺术（4）、（中级）历史与社会 / 文化和价值观 / 文学及视觉艺术（4）、高级文学艺术课（4）； ·其他：高级选修课（4）、自由选修（4）、宏观经济学（4）、战略问题解决（4）
大四（32 学分）	·3 门高级选修课程（12）、3 门高级文学艺术选修课（12）、2 门自由选修（8）

资料来源：百森商学院网站本科生创业，http：/ /www. babson. edu /Academics /undergraduate / Pages /course — catalog. aspx ? Division = Entrepreneurship。

百森商学院在 MBA 课程方面，与普通商学院相比，其最大的特点是 ET & A 理念，帮助学生消除地域差异，将其独特的有助于社会经济价值增长的模式推广到全球各地。MBA 课程的主要目标是帮助学生掌握创业思维、社会意识、自我意识等多种能力，从课程设置来看，既有为期一到两年的全职课程，也有夜间上课的在职班，还有混合式在职课程。不论是哪种类型，都包含核心与选修两种课程分类,其中前者是百森创业教育的必选课程。核心课程包含基础理论、实际教学案例、模拟演练等多种形式，共分为四个不同的模块：模块一的重点是帮助学生树立创业精神和创新思维；模块二的重点是通过实际的教学案例及模拟练习使学生掌握为股东、客户等利益相关主体创造价值的能力；模块三则是希望学生面对瞬息万变的复杂环境可以更好地把握创业之路；模块四则是考虑了经济全球化的大环境，探讨如何实现企业的可持续发展。选修课程则分为课内与课外两种。一年制 MBA 学生需要修满 40.5 分，两年制 MBA 学生需要修满 55 分。

2.“做中学”的课外活动

创业中心是学院组织各项课外活动的中心和枢纽，为学生提供丰富多彩的课外活动资源，定期或不定期组织多种有关创业的活动，比如学生社团、孵化基地、创业大赛、研讨会、经验交流会、学术讲座等。丰富多彩的课外活动可以为准备创业的学生提供学以致用的发挥空间，帮助其将所学理论知识应用于实际，提高其业务知识能力，比如信息分析能力、目标判断力、市场调研能力、机会识别能力等，让学生亲身参与到企业经营过程中，在学校中就可以积累创业经验。

学院不仅为学生提供多种类型的课外活动，而且还投入了大量的资金支持与资源支撑。比如，创业强度跟踪项目采用较为严格的申请标准，为提出优秀创业构想并制作好详细创业计划的学生提供为期一年的定制化辅导，并提供办公场所与设备、指导教师、融资渠道支持、咨询服务等一系列帮助。再如，创业思想挑战赛的胜出者可以拿到2000美元奖金。又如，参与巴特勒项目的学生可以获得资金、人力、营销渠道、办公场所等资源支持。

3. 推广型的学术研究

学院在学术研究方面也投入了很多精力，崇尚通过专业的理论研究对创业实践进行指导和分析，为教育理念的更新与教学行动的改进奠定基础。这些学术研究是学院扩大在世界范围内的影响力的重要驱动力，也是诸多经典教育案例的重要产出渠道。学院拥有很多影响广泛的研究项目，比如全球创业观察（GEM）、家族传承计划（STEP）、戴安娜项目、创业学术研讨会（BCERC）等。

GEM项目成立于20世纪90年代末期，与伦敦大学商学院共同组织，是世界范围内成立最早、规模最大的创业研究平台，已经与70多个经济体建立合作关系，是一个实力雄厚、体系架构成熟的创业实践项目。该项目由学院专注于创业教育研究的教授发起，希望能够提出一套严谨、系统、行之有效的创业研究框架，利用这一框架，对全球各国不同创业者的行为进行分析，了解这些创业活动的内涵，分析创业活动与经济发展之间的联系。GEM由百森商学院和伦敦商学院于1999年联合发起，是最大且最具影响力的创业调查研究计划，全球目前有70个经济体参与调查。GEM提供的数据甚至被作为很多国家制定经济政策的参考。通过该项目学院可以更加全面地了解不同国家的创业情况，为学生和教职工提供丰富的背景知识。

STEP成立于2005年，由学院联合欧洲学术机构共同创建，旨在围绕家族企业，探讨其创业精神如何更好地一代代传承。家族企业在世界范围内发挥着不可忽视的影响力，且每一次传承都可能导致企业进一步成长或衰退。该计划希望在家族企业传承方面做出突破性研究，分析其代代传承的创业精神，寻求一套更加完善的应对策略。目前，该计划的影响力覆盖了北美、南美、西欧、亚洲等多个地区，每年在各地区组织多次学术研讨会或专业论坛，建立专门的合作研究平台，通过平台整合不同国家的案例进行资源共享，为学术研究提供更多的数据支持。学院仅40%的学生来自家族企业，该计划有助于加强学生之间的交流，促进创新精神与创业能力的有机结合，实现家族企业的可持续发展。

戴安娜项目与GEM成立于同一时期，主要面向女性创业者，尤其是来自少数族裔的女性，是一个综合性的国际组织，主要宗旨是聚焦于全球女企业家，分析其现状与增长原因，尤其是对女企业家创业具有决定性的因素及这些女企业家对全球经济的贡献。该项目每年组织两次国际论坛，数百名全球顶尖的学者参会并进行学术探讨和交流。学院加入该项目不仅可以利用其创业资源，而且可以为学生提供与有影响力的女企业家直接交流的机会。

BCERC项目成立较早，第一期会议的举办时间为1981年，每年组织的学术报告超过200场，为创业者提供信息互换与资源共享的平台。研讨会的内容往往围绕创业研究开展，每年都有来自全球各国的三百多名创业领域的专家和学者参会，并且会议期间还会组织专门的博士论坛，旨在为新进创业者提供表现和学习的舞台。

二、百森商学院创新创业教育的特色

创业教育的目的并非让学生学会怎样建立一个公司并进行管理，更重要的是培养学生的风险观念，提高其直面风险的勇气，增强对创业机会的判断力，培养学生在恰当的时间做出高效准确判断的执行力，面对突出成果或巨大挫折的心态调整能力等。创业是综合性的系统工程，创业教育更是充满艰辛和困难，与传统教育存在一定的共同点但又表现出明显的差异。创业教育追求的是知识和实践的相互统一、专业和通识的相互结合，百森商学院之所以在这一方面占据一席之地，是因为在百余年的发展过程中形成了独特的风格。

（一）以市场导向为发展动力

百森在创业教育领域取得的巨大成功很大一部分原因在于学院非常注意对市场最新动向的认识和把握。从历史发展来看，大企业成为美国经济的支柱，创业教育在这种情况下只能沦落为边缘学科，在商学院中很不起眼，这种创业教育被严重忽视的地位一直持续到1968年，百森在本科生课程体系中设立了创业方向，致力于向学生提供系统化的创业培养。随着经济环境的变化，小企业对经济的贡献不断增长，逐渐代替了大企业的支柱地位，学院不仅进一步加强对创业教育的重视，积极完善学科和课程建设，而且积极宣传创业精神，将创业课程与资源向所有学生开放，注意培养学生的创业思维与意识，尊重学生的创意并鼓励将其转化为行动。百森在创业教育方面的爆发式发展与市场环境的最新变化相适应，是在市场驱动下完成的。此外，从市场需求的角度出发，百森商学院始终强调紧跟市场最新动态，与市场保持紧密的联系。学院拥有强大的校友会，3700 多名校友是来自全球各地的精英，可以为学院提供最新的数据，使学院实时掌握市场的最新动态。学院教师除了教书育人外，还是成功的创业者，在很多企业担任董事、CEO 等重要职务，因此对市场动态拥有极高的洞察力。学院和很多知名企业建立了合作关系，学生可以结合自己的实际情况到企业实习，这些先天性的优势条件为学院掌握市场最新情况奠定了坚实的基础，在这种情况下，百森商学院在培养学生的过程中都是以市场需求为依据，向社会输送市场紧缺的创业型人才。

（二）以先进的创业教育理念和充足的创业教育资源为发展机制

尊重并积极总结创业教育的普遍规律，整合并充分利用一切创业资源是百森创业教育拥有广泛影响力的内在驱动力。首先，其创业教育理念具有很强的创业性，旨在通过遗传代码打造富有革命性和创新性的创业者。这种教育理念突破了传统商学院教育是为了培养企业创建和管理人才的狭隘思想。对任何高校而言，教育理念都决定了其发展方向。百森自始至终认为，创业教育是所有学生都应拥有的权利，而非仅限于商学院或管理学院，任何一名学生都有成长为合格创业者的潜力。百森拥有让人敬佩的“创业文化”，认为创业是一种独特的生活方式，每一个个体都具备创业这种品质。百森商学院充斥着浓厚的创业氛围，创业精神影响着每一个学生，创业已经从技能蜕变为习惯，从面向精英蜕变为面向大众。这种教育理念是其创业教育位居全球前列的重要秘诀。其次，百森拥有丰富的创业教育资源，比如多层次的课程设置、顶尖的教师团队、丰富的实践项目。百森的创业教育发展了一套独特的课程体系，其独创的模块化课程设置为其他学院提供了参考和借鉴；学院的创业教师都具有博士学位，理论知识雄厚，同时又有过创业经历，实践经验丰富，这些教师既是学者也是企业家；百森向学生提供了一系列形形色色的实践项目，虽然面向的群体、目标等有所差异，但都坚守同一个宗旨，即促进社会和经济价值的增长。学生通过参与这些项目可以将所学知识与实践结合起来，为之后的创业生涯打下基础。

（三）以创业中心建设为保障机制

创业中心汇集了各种形式的创业资源，并筹建了一系列独具特色的教育项目，是整个学院的中心和枢纽，对不同方向、不同背景的学生都拥有很强的吸引力。一方面，创业中心为所有学生提供基础性创业课程，所有对创业感兴趣的学生都可以自由参与，中心的指导教师都是理论知识雄厚、实践经验丰富的创业者，不仅可以向学生传递理论知识，还可以帮助学生积累经验，并将最新的市场信息传达给学生，帮助学生开阔视野；另一方面，创业教育离不开实践的帮助，学院提供了一系列独具特色的教育项目，为学生提供行动的舞台，并且为符合要求的学生提供启动资金，帮助其建立自己的企业并进行管理和经营，通过实践不断提高学生的创业能力。

第三节　美国百森商学院创业教育对我国的启示

百森商学院独创了“浸入式”的教育方式，在课程设置、实践活动、学术探讨等一系列不同的教育环节中融入了 ET & A 理念，构成知行结合的整体。总体来看，百森商学院在创业教育方面表现出以下五方面特点：

一是强调思维的培养和能力的锻炼。百森的课程既有如何建立新的企业，也有从财务、市场、技术等不同角度出发对创业进行讨论，并且通过实际的典型案例对理论知识进行巩固。比如，在创业营销的教学过程中，从初创企业的视角出发，对如何发展客户、如何开展市场营销、如何占领市场等进行探讨。在财务课程的教学过程中，则是重点讨论创业者应如何说服银行、投资人等进行投资，分析初创企业可能面临的一系列财务问题。百森商学院的各种创业实践项目帮助学生接触最新的创业方向。

二是强调“行动”。管理与创业基础课程是百森最著名的本科创业教育课程之一，突破了传统商业学院的局限，使学生深入企业经营的各个环节，了解企业的运作过程，课程周期为一年，兼顾理论和实践。理论方面包含经济、管理、统计等多种学科的知识，实践方面则由学院提供一定的启动资金由学生组成若干团队，利用学校提供的启动资金实际创建一个企业并进行管理。除本科生外，研究生也提供了类似的课程，并贯穿到MBA学习的始终，提倡学生投身于创业实践，充分发挥所学知识，在实践中提升领导力，塑造社会责任感，并帮助学生正确认识自我。

百森咨询联盟是面向研究生的经典实践项目，学院希望通过该课程引导学生基于问题解决来设计应对方案。此外，学院提倡学生积极参与课外活动，并为其提供资金、场所等多方面资源支持。

三是强调知行合一。学院的课程虽然很多都表现出明显的"行动"导向，但这些都是建立在一定的理论基础上的，并综合利用了GEM等多个国际性项目的成果，提出了一整套比较系统的创业架构。学院注重知识与实践的相互结合，设计了多种多样的课外活动方案，让学生在学中做、在做中学；定期组织的各种学术研讨会给学生提供分享与讨论创业议题、解决创业问题的机会，帮助学生完善创业构想；学校各种项目支持计划为学生提供创业资金等。

四是坚持可持续发展理念。百森商学院认为，教育的最终目的是重视回馈社会，通过创业教育使学生在运营过程中获取利润，通过服务学习回馈社会。比如，FEM课程要求学生利用学校提供的资金组建企业，并将所获利润捐献给当地社区，既锻炼了学生的创业能力，又可以使学生获得成就感。社会创业课程、相关学术研讨会专门探讨非营利组织相关的创业机会与活动，深化学生对于社会企业的理解，在这些活动中经常可以看到道德和利益之间的相互辩论。公司创业课程则是以已建立组织为场所，探讨组织该如何持续维持高度创业与创新精神，并能够有各种机会辨识、资源分配与组织管理来建立新事业的过程。

五是强调自我社会意识。创业者不是独立的个体，而是置身于一定的社会环境之中，在参与实践与学术会议的过程中将不断思考个体与社会的关系、各种实践项目与特殊课程的开展，结合特定的场所进行教学及研究。

百森商学院创业教育对我国创业教育课程设置有以下启示：第一，注意创业氛围的营造。明确教育理念，坚持以学生为中心进行课程设计，重视学生思维能力的培养，锻炼学生的团队领导能力，并提供与之相配套的软硬件设施，让学生置身于创业氛围浓厚的环境。第二，丰富创业教育理念。重视双元认知能力、可持续发展观念和自我社会认同意识的培养，将这些理念与各种实践活动、学术研究、研讨会结合起来。第三，坚持理论与实践相结合。创业不仅需要学习相关的理论知识，还需要将这些知识应用于实际，学校要引导学生走好第一步，充分利用学校、教师及自身的资源开展创业实践。第四，为学生提供到企业实习的机会，在实践或实习的过程中使学生更加清晰地认识自己的优势和不足，明确创业的方向。第五，在常规课程之外定期组织创业讲座、学术研讨会等活动，引入最新的创业理念，拓展学生的视野。

创新创业教育是综合性工程，并非创业者个人的事情，还要考虑政府、社会、学校等方方面面的影响，做好各方面的协调联动。

第一，政府应正确定位。国内在创业教育方面发展较晚，各方面都不够成熟，在这种条件下想要奋起直追，必须得到政府的大力支持。当然，从我国创业教育的历史发展来看，政府的鼓励和支持发挥了非常重要的作用，比如从税收角度给予大学生创业一定的免征税额、较低的贷款利息、降低行政收费、专项财政补贴等，国家制定了一系列鼓励大学生创业的政策，并从审批流程等方面提供便利，还组织举办了多种创业比赛。但是创业教育不能一直期待政府的帮助，最终要走向市场化，不能由政府作为主导。政府在制定支持政策的过程中必须明确定位，在优惠政策、财政补贴等方面做好服务工作，多在基础配套设施、税收政策、高校资金拨付等外部保障方面加强关注，需要给高校留出较多的自主发挥空间，不宜过多干预创业教育的发展。

第二，发挥好社会的后盾作用。从根本上来看，高校发展创业项目本身是一种特殊的创业，因此整合资源是其非常关键的一项内在诉求。社会可以为其提供多种资源支持，比如校友、家长、风投机构等都可以为创业教育的开展提供帮助。高校在发展创业教育的过程中应注意整合利用社会中的各种有利资源。

第三，加强校企合作。学习理论知识是创业教育的一个方面，在做好理论教学的同时还应加强创业实践。纸上得来终觉浅，要提高学生的创业能力，必须投身于创业实践，通过实践得到锻炼和提高。创业教育的实践特点决定了高校与企业要密切合作，加强两者之间的联系不但能够为学生提供丰富的实践机会，深入了解企业的运营过程，而且可以帮助学生开阔视野，更好地把握市场，捕捉创业机会，加强团队意识与协作能力。加强校企沟通而后进行产学合作，促进高校创业教育以市场为导向，真正提高学生的创业能力。

第四，学校应发挥好神经枢纽的作用。学校是创业教育的主导者和实施者，创业理念的确定、课程的设置、方法的选择、经费的筹集等各项要素都需要以学校为主体去明确和争取。学校应结合我国经济形势与地方经济情况，结合市场需求确定培养方案，以培养创新创业型人才为目标。学校不仅要确定长期目标，找准自身定位、理顺资金渠道，还要优化配置各项教育资源，必须发挥好枢纽作用，才能培养出社会需要的创业人才。

对于知识经济时代而言，创新和创业成为新的主题，创业的概念也从商业领域扩展到了学校、政府、医院和各种组织当中。随着国与国之间的相互竞争越来越激烈，更多的国家开始将目光投向创业教育，21 世纪人才的概念也增加了新的内涵，当前社会需求的不仅仅是理论知识雄厚的学术性人才，还需要能够快速适应高速变化的社会节奏，在变化中寻求机会、识别机会并牢牢抓住，面对风险保持冷静的头脑，在不同文化、不同价值观相互碰撞的复杂环境中找准自身定位、坚定自身信念，承担自己的社会责任和历史使命是当代大学生必须考虑的内容；日新月异的科技将全世界的人类链接起来，人们所处的生活环境空前复杂，如何适应和处理各种复杂的情况并在这种环境中创业是时代对大学生提出的新要求；必须学会整合各方面资源并加以有效利用，全球化过程中人们面临更多挑战的同时也迎来了更多机遇，怎样整合来自各个方面的资源并做到合理的优化配置是大学生必须掌握的能力。

百森商学院的宗旨是强化学生的创业意识、塑造创业思维、提升创业技能、强化对机会的洞察力与鉴别力、提高资源整合能力与创办和管理企业的执行能力、增强团队合作意识与领导能力。为了提高学生的创业能力，培养出能够创造社会价值和经济价值的新一代创业型人才，学院坚持“用创业精神浸泡学生”的创业教育理念，独创了模块化的课程体系，组建了知行合一的高水平师资队伍，在教学过程中大量采用实际案例并提供丰富的实践项目、搭建了综合性的创业教育平台，创建了汇集各项资源的创业教育中心。

国内的创业教育尽管得到了政府和社会的高度重视，但是起步较晚，很多方面还不够成熟，必须不断更新创业教育理念，完善课程体系，寻找新的教学方法，打造知行合一的高水平教师团队，构建综合性的创业教育平台，构建主体多元的评价体系。

高校在创业教育方面应该坚持以培养企业家精神为宗旨。现阶段，我国创业教育领域的功利化倾向比较严重，很多学校甚至将创业教育理解为培养能够创造工作岗位的人，没有向大部分学生开放。在错误的理念影响下，创业教育与其说是培养企业家，不如说是速成的技能教育，没有强化培养学生的创业意识，更无从提及塑造企业家精神。百森商学院注重培养学生的开拓精神，以造就“能创造巨大经济和社会价值的创业领袖”。百森商学院的创业教育蓬勃发展，与其创立之初明确的历史使命密切相关。

高校必须对当前的创业教育体系进行变革，提高教育质量，提高大学生创业水平。这不仅是解决大学生就业的需要，更关键的是促进知识价值的转化。大学生创业应充分发挥知识的生产力，进行创新型创业。合理的教育方法是提升创业教育质量的重要基础。百森商学院认为，ET & A 是解决商业问题、创造经济和社会价值的理想方法，不仅适用于企业创新，还可以应用于家族企业甚至解决全球问题，可以帮助学生实现创业知识与实践的相互结合。统计数据显示，在 2 万多名百森毕业生调查样本中，超过 45% 选择创业；2014 年百森 18% 的 MBA 全职学生选择创业，还有相当一部分学生进入家族企业。可见，百森的创业教育为学生进行创新型创业打下了良好的基础。

百森商学院在创业教育领域的成功表明，基于知识的创新型创业离不开高校的创业教育。大学生的创业水平从宏观层面来看取决于高校创业教育质量。现阶段，国内大学生创业往往集中于餐饮服务等技术含量较低的行业，缺乏创新性，与国内高校风风火火推进的创业教育形成鲜明对比。高校必须尽快革新创业教育方式，帮助大学生创业向高端产业链发展，为我国经济结构的转型升级贡献力量。

高校应从多维度立体构建创业教育生态系统。百森商学院利用独特的教育理念、模块化的课程设置、知行合一的教学方法、丰富多彩的实践活动及高水平的师资队伍构建了高效的创业教育生态系统。在这个生态系统内充满了浓厚的创业文化氛围，学生置身其中很容易激发创业意识，学生参与一系列实践项目不断强化其创业能力、发展优秀的创业品格。学生可以在接近真实的创业生态系统中真正了解创业的意义，掌握创业的方法，正确认识到自己的不足，为未来创业之路奠定坚实的基础。现阶段，国内创业教育还停留在各院系独立、零星作战的状态，没有构成综合性的创业教育生态系统，甚至有部分高校在创业教育方面没有形成完整的体系，严重缺乏合格的师资力量，教学过程浮于表面，以理论知识的生搬硬套为主，实践项目匮乏。高校需要发动整个学校的力量，制定系统化的指导方针，提出行之有效的教育激励政策，搭建创业教育活动平台，注重创业氛围的营造，打造课上课下相衔接的创业教育生态环境。

第八章

我国地方应用型高校创新创业教育生态系统的构建策略

目前，提高创新创业教育质量是我国地方应用型高校工作中的重中之重，提出以构建生态系统来突破创新创业教育的困境是我国地方应用型高校创新创业教育发展的正确选择。从我国地方应用型高校创新创业教育生态系统的构成指标来看，在生态系统构建过程中，应关注权重重要的指标，以便更好地确定工作的重点。从国外应用型大学创新创业教育生态系统的构建经验来看，一个运转良好的创新创业教育生态系统，必须达到供需、机制、环境三个层面的共同平衡，也就是说，需要达到教育教学生态、组织机制生态和环境生态三者的协调发展。结合我国地方应用型高校在创新创业教育方面面临的问题，基于指标权重和国外经验与启示，提出地方应用型高校创新创业教育生态系统的构建对策。

第一节　以教学改革为核心，构建创新创业教育的教育教学生态

从生态系统构成指标的权重分析可知，“教学模式”作为创新创业教育生态构成指标中最重要的一项，在生态系统建设中起着重要作用。创新创业教育是结合我国高等教育发展的实际情况，整合创新教育和创业教育内涵的一种新型教育。地方应用型高校创新创业教育的核心是培养服务地方社会经济发展、解决地方创新创业人才的问题，其实质在于教育模式和人才培养模式的改革。因此，创新创业教育必须嵌入到大学教育体系和整个社会创新创业生态中，而不是独立于现有的高等教育之外，这是地方应用型高校创新创业教育的定位。在这场教育改革过程中，关键是要改变教育教学的观念，改变落后的教学模式，

提倡将创新精神、创新思维、创业意识、创业技能和知识融入到现有的教育教学体系中，以教学模式改革、教学实践平台建设、师资队伍建设为重点，形成基于创新创业人才培养的教育教学生态。这是构建创新创业教育生态系统的核心和基础。

一、探究基于知识构建的教学模式改革

传统教学是以教师的课堂教学为中心的。虽然有利于学生对大量知识的接受，但不利于调动学生的积极性和学习热情。创新创业教育具有很强的实践性，嵌入到创新创业教育生态系统的“教育领域”中。面对创新创业教育缺乏意识和能力等“功能不足”的问题，探究基于知识构建的教学模式是培养创新创业人才的有效手段。建构主义的知识观认为，知识具有建构性、社会性、情境性、复杂性和默契性，主张以主动学习为基本学习方法，积极探索和掌握有关自然和社会的系统知识，在经验重组的过程中实现对原有认识的突破和创新，从而实现情感的升华。建构主义的观点认为：第一，教学应注重实践导向。教学活动不应局限于讲座、报告、分享会等知识的分享和交流，而应由单向传递向多维互动教学转变，从而加强创新创业活动的情境建设和团队训练。在活动中，我们要挖掘学生的创造潜能，让学生以自己的经历为背景，通过“做中学”的参与和基于现实世界有指定任务的学习，不断反思知识的构建。第二，注重学生创造力的发挥。每个学生都是独立的个体，每一次创新都是个性化的表现。学校要改变“理论第一、实践第二”的传统知识教学模式，从一开始就注重培养学生的学习经验、动手实践和创新意识，鼓励学生大胆想象和独立创造。创新创业教育的教学模式在地方应用型高校应该以项目完成和解决问题为逻辑，强调以学生为中心的位置，并专注于培养学生的创新精神、创新意识和创业能力。第三，注重学生团队合作能力的培养。学习者与周围环境的互动对学习内容的理解起着关键作用。在创新创业教育的过程中，允许学生在老师的组织和指导下进行讨论和交流，建立一个学习小组，成为小组成员中的一员。基于知识建构的教学理念，可以采用以下三种教学模式。

（一）推进项目式教学

项目式教学是打破学科和课程界限的一种方式，教师应以项目的形式引导

学生学习。这种方式注重知识、能力和专业知识的高度融合。学生通过深入的项目研究进行个性化学习，构建教与学共同发展的教学生态。创新创业教育教学中存在着多种形式的项目，可以是创新科研项目、真实创业孵化项目，也可以是企业委托的真实项目或工程培训项目。例如，加州大学圣地亚哥分校要求管理专业的学生学习 lab to market 项目，在教师和商业导师的指导下创造新产品或服务，并经历其商业化的整个过程。项目学习的实施一般包括以下三个方面：一是建立项目团队，明确团队成员的任务和分工。教师不仅是学生创新创业的引导者，更是整个项目的推动者。教师同样可以选择学生组成科研创新团队或创业团队，学生根据自己的兴趣选择项目。二是建立团队沟通与合作机制，加强不同团队之间创新方法的讨论和交流，从多个学科角度提出、分析和解决问题。一些地方应用型高校也开始借鉴国外的模式，比如定期举行教授午餐和头脑风暴会议。教师通过师生之间轻松愉快的交流，给予定向指导和同伴式启发学习，提高学生的知识学习能力和创新创造力。三是建立项目实施反馈机制。从项目的确定、实施到项目的结束，每个团队都要进行汇报，以促进团队之间的沟通和学习。同时，他们应该总结与反思，并与团队成员分享经验。指导教师对团队成员在一段时间内的创新创业成果进行反馈，并提出进一步的意见或建议。这种基于项目的学习方法也可以广泛应用于“师生共同创造”的创新成果转化和创业孵化新模式中。从一开始，学生就深入参与教师的创新研究项目。学生在取得科研成果后，可以根据师生的科研成果进行创业实践。教师无须忙于成果转化而忽视后续研究，而是继续关注专业领域的研发和成果的提升，为学生创业项目提供持续的智力支持。这种模式不仅促进了教师科研成果的转化，也提高了学生的创业实践水平。

（二）实施案例教学

案例教学不仅是一种基于案例的教学方法，而且是在真实情境中模拟知识建构的过程。通过启发式、讨论、参与式的研究和学习，注重培养学生的批判性思维和创造性思维。教师在教学中扮演着设计者和激励者的角色。通过思想和知识的碰撞，一步一步引导学生打开思维模式，提高学生创新创业意识，深入了解学生的知识结构、情感倾向和行为习惯。在实施案例教学的过程中，应把握以下两点：第一，鼓励学生独立思考。在案例教学中，教师只提出一些启发式问题，然后进行案例分析。在思考问题的时候，没有人会告诉学生该做什么，但是学生在有问题的情况下独立思考和创造。这种启发式教学与案例教学相结合的教学方法，使原本枯燥乏味的课程变得生动活泼。此外，在案例教学的后期，每个学生都要对自己的计划和他人的计划发表自己的意见，这样可以充分调动学生参与学习的积极性。第二，注重学生能力的培养。找方法的能力是创新创业的基础，通过系统的案例教学，对创新创业过程进行分解，找到相应的案例进行分析和解释。它引导学生思考如何分析和解决遇到的问题，以提高学生接收和处理信息的能力、捕捉市场机会的能力、分析和决策能力、发现和使用人才的能力，以及调整、控制和解决问题的能力等。

（三）探索导向型学习

以作品为导向的学习过程实质是典型的创新创业活动的模拟，可以激发学生的创作灵感,使学生从“消费者”变成“制造商”,其目的是发挥个人的才能、创造力和创业精神。教师在确定教学方法时，应从学生的学习情况出发，包括学生的学习兴趣、学习效率、学习方法等。对学生的评价应从学生的获得感出发，而不是从教师的教学点出发，包括学生创新思维的激发、创新意识的培养、创业能力的考察。“以作品为导向”的学习方式会给学生更多的主动分配的学习时间，尊重学生在学习过程中的自主学习与交流。在统一的教学模式下，为学生提供个性化的学习选择。在教学过程中，教师可以激发学生的创新能力和独立解决问题的能力，同时也鼓励学生创建有创意的作品，这不仅保护了学生的创作灵感，也允许学生发现和抓住机遇，充分挖掘和激发每个学生的天赋和兴趣。这种“以作品为导向”的学习，不仅可以是通过课程学习开发出新的作品，也可以是创业模式下生产出来的真实产品。由于学生需要制订详细的商业计划，包括项目文件、目标客户群体及其需求分析、可行性分析、营销策略等，因此创业产品的产生和形成需要较长的时间。所以，学校可以在毕业后把这个真实的产品作为成果汇报或者毕业设计。根据阶段性学习工作的形成效果和过程，开发能力培养平台和考核机制。同样，导向型的学习强调高层次的思维能力和创新能力，鼓励创作能够解决实际问题的作品。由于创业模式下完成的项目通常比较复杂，所以一般都是以团队合作的形式来解决问题。在这个过程中，教师的作用更多地体现在指导学生的学习过程中，激发学生的创造力，以及鼓励与必要的建议和帮助。

二、搭建创新创业教育多元化育人平台

创新来源于实践，又需要通过实践进行检验。实践教育是学生创新和实践能力建设的一个重要部分，学生在理论教育中获得的概念、理论和方法通过实践教育得到验证。公司是国家技术创新体系的主要实践者，地方应用型高校等教育机构是创业创新教育的主要行为者，两者都拥有丰富的创新创业资源。现在，我们国家的地方应用型高校与商业部门之间的合作比较独特，也比较薄弱，没有以创新创业教育为基础的技术合作。面对我们的国家创新创业教育方案在管理、绩效和其他方面的缺陷，地方应用型高校应把重点放在培养创新创业教育人才的目标上，并以此作为在学校和机构之间建立新伙伴关系的起点，和政府、行业协会 / 学会、企事业单位共同成立政府、学校、行业、企业合作办学理事会，构建多元化长效运行机制；共建多元化育人平台，将专业知识和创业理念结合到实际操作与训练中，并通过校企合作构建良性、互动发展的循环的创业生态系统，做好校内各部门之间、大学与大学之间、大学与企业之间资源的整合。通过要素之间的相互合作与交流，实现优势互补，从而构建起创意—创新—创业的生态链，使大学与企业形成协同育人的合力。

（一）共建创新创业教育实践基地

创新创业教育实践平台是加强学生创新创业能力的一个关键平台。地方应用型高校应在建设和管理过程中充分发挥商业作用，办法是交换老师，建立共同平台，并建立与商业机构长期和相互合作的有效机制。一方面，引进真正的公司生产流程，更新和调整现有的创新创业工程实践平台。大多数地方应用型高校建设有建筑工程实践培训中心，都有自己的实践培训基地，大学可以通过与公司合作，使其重新融入社会、适应环境，并向所有学生开放，从而加强其创新和实践能力，同时充分利用现有基地在创新创业教育中的作用。学校还可以根据创新创业教育实践课程，在企业导师的指导下，在构思、设计、实施等阶段结束后，与企业的生产和经营活动及企业营销、经营、融资和管理的各个方面直接联系，以比较和记录现有的知识和通信状况，并将理论知识转化为实际能力和技能。另一方面，与公司合作，建立多个创新创业试验基地，以满足以创新方式建设国家的需要。地方应用型高校可以利用公司授权的实际技术开

发和创新项目，在科学、技术和创新、学生实习、企业互动、技术合作等领域开展活动。鼓励地方应用型高校与企业、社区合作，共同建构创新和企业家精神教育平台。

（二）共建创新创业教育竞赛活动平台

现在，我们国家有许多种类的创新和企业家精神竞争系统，其中大部分由教育部门组织，竞争管理依然有行政倾向。根据外国领先大学的发展经验，创新创业竞赛应减少“奖励”结果的重要性，并引导学生改变对竞赛的看法，重点是创新创业竞赛的“前向”和“后端”支持，以及学生和老师在这些竞赛中的经验和获得。首先，企业在创新创业精神教育中的作用是提供完整的指导。地方应用型高校应该与企业合作，加强资源匹配，为竞赛进行分类指导。高等院校和企业以集训的形式向参加者提供统一的指导和研修，通过参加竞技来提高业务创新和其他能力。例如，在有创业方案的背景下进行市场分析，有助于了解市场动态和分析当前趋势，从而为企业的可持续发展和市场转型提供了更多的机会。越来越多的商业模式模仿和学习经验使学生更了解真正的社会环境，并坚持“商业”的价值观。创新创业竞赛的参与者可以根据企业发展面临的技术难题和真正的社会发展问题，从现实的角度提出切实可行的解决办法。其次，加强对竞争的后续行动和持续支持，使大学生创业者能够获得风险投资者的指导，使投资者或投资机构了解所投资学生创新创业成就的情况，从而促进老师和学生创新创业成就的转化。在这种“上游指导”和“下游支持”的框架内，公司可以与大学合作，作为一个竞争平台，促进大学、社区、学生和企业家之间的互动和联系，并建立新的合作形式，侧重于无形知识和人员的交流；鼓励地方应用型高校教师参与现有公司的创新做法，在市场机制的基础上筛选、组织和管理创新活动，从而为大学和公司有效和高效地分配创新资源；成功的创业者被邀请进入学校、平台和教室，为希望创业的学生提供指导，分享他们的创新创业经验和想法，并促进创业者与学生之间的沟通、交流与合作。

（三）推进创新创业教育专业课程平台建设

随着我们国家创新创业环境的不断变化和发展，越来越多的大学生选择并侧重于创业，地方应用型高校培养的学生是一群高素质的应用型人才，他们积极参与科学、技术和创新领域的创业活动，致力于创业。面对目前国家课程在创新创业教育普遍化、专业化等方面存在的结构性缺陷，地方应用型高校应制定创新创业课程，一方面需要为大部分学生开设创新创业课程，另一方面需要为具有创业创新能力的学生开设创新创业课程。对地方应用型高校而言，这些课程应侧重于财务、营销、管理和金融等方面的内容，符合新的教学模式，即“侧重于为当地的社会和经济发展服务”“侧重于创新创业活动”和“以学生为中心”，并应包括领导技能发展内容，重点是培养“领导力”创新创业技能；此外，有必要从理论教育转向实践教育，设计和实施以问题为导向的讨论和学习，将创业技能与创业实践联系起来，并通过实践课程培养学生的创新创业能力和企业家精神。

三、完善基于教师发展的师资队伍建设

随着地方应用型高校创新创业教育实践课程体系的不断改进，创新创业教育已成为一项有组织和有针对性的教育活动，创新创业教师队伍建设问题变得更加突出，创新创业教师短缺、创新创业教育缺乏专业化是我们国家现在面临的最大的一项挑战。所以，地方应用型高校做出更大的努力，促进教师的创新创业培训，以便在短期内解决教师短缺问题。然而，教师培训只能解决缺乏创新创业教育老师的问题，从长期来看，从教师教授创新创业课程的能力，以及引进和培养教师人才的机制的角度来看，地方应用型高校应打破解决教师问题的唯一传统的培训方法，通过“领导和指导”多层面的教师发展方案，建立组织良好、质量高和有活力的师资队伍。与此同时，教师必须深入研究和系统地理解创新创业教育的概念、模式和教学工具，这样才能真正在创新创业教育中发挥作用，指导和改进创新创业教育的质量。

（一）推进大学教师的多元选聘制度

第一，地方应用型高校要改变只注重学历的趋势，鼓励引进实践型教师，形成企业与高校之间的人才流动。首先，制定创新创业教师的招聘方式和标准，定期聘请企业家、企业高管和其他兼职教师，以他们丰富的创新创业经验，培养和加强学生的创新和创业实践能力。从市场竞争的角度培养业务创新，以使学生拥有必要的创业机会识别等实践技能，学会战略制定、资源获取、商业模

式设计技能等，为学生成功创业打下牢固的基础。其中，在培养学生创新技能和实践能力方面，具有工程实践背景的专任创新创业教育教师具有独特优势。地方应用型高校应深化校企合作，建立校企灵活就业机制。第二，打破学校之间的障碍，建立校外导师共享机制。目前，一些学校已经开始在聘请校外创业导师，当然就业的方式往往以人际关系为基础灵活处理。这种雇佣关系往往处于一种不稳定的合作关系中，可能会由于人员变动等原因而发生变化和调整。地方应用型高校应根据学科优势和人才需求在同一地区探索该地区政府或企业的合作，推荐专家和企业管理人员与行业有创新创业经验背景的实战家作为大学创业导师，或者加入学校创新创业教育教学团队共同开发创新创业教育项目和课程，同时开展跨学科的创新创业教育，加强创新创业教育与产业之间的互动交流，真正起到创新创业教育的人才保障作用。

（二）建立创新创业教育的教师教学团队

首先，建立跨学科的创新创业教师教学团队。越来越多的创新创业教育研究机构是由我们国家的地方应用型高校设立的，但迄今为止，还没有一个有影响力的创新创业教育学习小组。通过将合格教师的资源纳入学校财务管理、工业工程、教育研究和创新创业，其多学科团队将引导高校创新创业教育取得成果，从而建立一个持续的定期创新创业教育系统，并确保创新创业教育课程和教学的质量得到提高。为了满足对多学科创新的需求，大学应鼓励和支持专职教师和研究人员进行多学科分析，改革多学科研究机制，重点是建立创新创业教育的多学科教育小组,并为教师提供保障,以便在学校建立创新企业家的“特区”。其次，关注教育和科学研究之间的关系。我们国家的许多大学目前都有创业教育活动中心，其应当在研究课程和教学队伍之间分享资源方面发挥积极作用，重点放在现有的学校课程和培养人的能力的案例上，并对课程、教材和创新创业方法进行深入研究，以便培育创新型人才。通过促进以研究为基础的教学模式，促进教育与科学研究之间的相互作用，目的是在教师之间就科学与教育的互补性达成共识；在学校中使用各种创新性的课程，建立一个创新性的创业教育系统，并探索以创新性研究为基础的学习。关于创新创业教育的生态发展状况，各大学非常重视创新创业教育和建立科学组织或团队，由优秀的大学教授领导多学科团队，将他们的研究成果直接应用于创新创业教育课程，这些成果是研讨会和讲座的重要组成部分。

（三）探索创新创业教育专业学科平台

目前，缺乏培训教师创新创业教育能力的课程，以及缺乏职业发展的空间，这是阻碍教师发展和影响师资结构的关键原因。从长远的角度来看，大学创新创业教育应当是广泛的和专业的，学科发展平台既是地方应用型高校创新创业教育质量保证基础平台，也是一个培养教师职业发展的平台。随着创新创业教育的发展，地方应用型高校必须立足于未来，从专业和专业能力建设的角度发展我国的创新创业教育。地方应用型高校为了建立创新创业教育教师发展的长久机制，应积极探索建立优秀的创新创业专业，加强教师的归属感，促进教师职业的发展，并为有创造性的创业教师制订终身职业方案。首先，指导工程教育、创业技术和创新领域的所有工程学科的研究，并培养工程教育、创业技术和工程教育创新领域的专业老师；其次，将创新创业教育引导到比较好的教育领域的研究生或本科生中，促进创业、创新和实用研究教育，培养创新创业教育导师，重点是传播创业精神、创新思想和知识；最后，可以通过合并创新创业教育的内容和方向，将创新创业教育纳入管理或教育领域或建立管理领域的创新创业教育，从传统的企业管理转向创新创业管理。简言之，建立有纪律的创新创业教育将使创新创业教师有一种自律、专业、成就和身份感，并使创新创业教育和实际活动成为学校管理人员、教师和学生的理性意识和实际意识。

第二节　以协同合作为牵引，构建创新创业教育组织机制生态

从生态系统的共生观来看，系统中的各种因素在共生中相互联系、相互依赖、相互作用，使系统成为一个和谐的有机整体。核心层中的课程、教学、师资等生态资源和保障层的环境通过运行层的组织机构和运行机制联结起来，共同构成了生态系统的基本结构。对创新创业教育生态系统来说，以何种机制运行决定着创新创业教育生态所产生的功能。根据协同理论，在创新生态系统内，不同的创新子系统间及系统内各要素的耦合关联和非线性作用，会促进生态系统趋于自组织的有序演化，最终实现协同增效。因此，协同机制能促进创新创

业教育组织机构、运行机制之间的“协调合作”，促进地方应用型高校、企业和社会机构等全方位地融合，形成一种自组织的生态发展机制。从生态系统的构成指标权重可知，校企合作机制、成果转化机制、学校政策及鼓励评价机制在构建创新创业教育生态中属于重要指标，地方应用型高校应以这三个方面的协同合作为重点，构建创新创业教育的组织生态。

一、以校企合作推进创新创业教育发展

创新创业教育改革需要与学校人才培养体系相融合，在人才培养过程中要将创新创业教育与专业教育相结合，强调实践教学。通过实践教学培养学生的创新意识和创新能力，校企协作作为学生搭建双向交流活动平台，实现对学生进行创新创业指引。校企合作为一种科学的人才培养模式，能够全方位借助企业及院校优势培养优秀人才，促使学生整体素质提升。布设良好的创新创业培养气氛，组织学生创新创业，校企合作不只作用在学生全面成长上，还作用在应用型人才空缺的填补上。

（一）校企协同带来的价值创造

首先，校企合作便于培养学生实践能力。校企合作模式下的实践训练活动给学生的能力培养提供保障，目前一些地方应用型高校实践教学依旧将实践案例视作前提，缺少理论和实践结合的平台，无法全方位适应学生创新创业能力的培养需求。所以，校企合作给学生实践活动布设机会，为学生提供更多岗位，有助于提升学生的实践能力。其次，校企合作便于调动学生的创业思维。校企合作模式本质上是推动经济发展的举措，企业通过自身技术和实训设备等创造学生实习机会。并且地方应用型高校具备得天独厚的资源，即人才及教育，所以校企合作模式能够基于自身资源，完成资源和信息的共享，在院校和企业互动中，通过就业实训和产学研合作等，学生可以深入地了解岗位需求，实现自我价值。最后，校企合作便于校企优势互补。企业通过院校人才与技术等资源促进人才培养和科技成果转化，并且院校借助企业的项目和就业指导等内容帮助学生树立就业目标，起到培养学生创新创业能力的作用。

（二）校企合作培养机制与措施

第一，确定人才培养目标，建立人才培养教育教学体系。要想增强校企合作质量，就要有效地对学生创新创业能力进行培养。院校要设置科学的人才培养目标，结合企业岗位进行定位，校方及企业一起制订培养计划。院校要围绕学生综合实践能力与专业能力展开工作，注重学生社会适应能力与理论应用能力的培养，做好人才培养准备工作。一方面，建设专业化课程。安排专业的基础课，做好学生知识储备的准备。基础课程应强调学生专业素养和能力的培养，涉及理论内容和专业对口实习内容及专项实训内容。合理引进跨院校与跨专业的选修课程，引导学生自主参与多项课程，实现学生创新创业能力培养的目标。另一方面，企业要按照具体的需求明确专业课程，以行业进行课程调整，院校要以人才培养为出发点，把行业发展视作前提，和用人机构进行深层次的沟通，把教师及学生纳入体系中，围绕市场行情变动、院校人才培养情况和用人机构需求等综合调整课程，以免出现课程和具体需求相互脱节的现象。

第二，实践课程建设，强调学校和企业在发展过程中的合作。在机构之间的合作模式中，校企双方应该密切合作，充分寻找院校和企业有利的资源，对两者进行结合，设计创新创业实践课程。在实践基地范围内，院校可以模仿企业管理形式，组建创新创业团队，学生自主完成资金投入。企业人才使用标准要和学生成长特征相契合，把企业对人才的需求和学生具体成长融为一体，院校通过“教学做合一”模式对学生进行创新创业能力方面的培养，依托校企合作的平台，进行教学项目研究，专职与兼职教师结合指导，在课程实践期间增强学生发现问题与解决问题的能力。

第三，按需培养，校企合作共享资源。这种人才培养方式，即学生、院校与企业充当主体，三者各尽其责，企业给院校提出相关委托，按照订单式培养方案，设计目的性的校企合作方案，将院校和企业实际情况结合以确定目标，同时安排细致的教学计划，在院校内健全课程体系，确保学生积极面对就业安排。对于“订单式办学”项目，院校和企业要一起投资、一起运营，企业提供对应的实训基地，校企双方提供资金作用在学生日常培训活动中，这样校企合作模式下形成按需培养的“订单培训班”，企业主体与师生参与形成创新创业人才培养机制。除此之外，院校和企业可以通过“共创梦想平台”活动，支持、激励创新创业的学生，并提供相关持续化教育服务和咨询服务等，激发学生创新意识和创业热情，以展现创新创业精神的活力和生命力，达到互利目标。在学校共同努力开发新的创新创业技能的同时，应该强调校企互动平台的建设以保障院校可以时刻掌握市场对人才的需求，依托校企协同合作，达到资源共享，促使人才培养更加具备专业性与职业性。通过校企合作充分增强企业技术开发水平，促使高校深层次地加大创新技术产业的发展，在校企合作的作用下，企业给院校提供对应的实习机会，形成资源共享平台，致力于实践型人才的培养，彰显双赢价值。最后在校企合作背景下，对诸多的信息资源进行共享和传递，在满足复合型人才培养需求的同时健全地方应用型高校人才培养制度。因此，它继续受益于大学之间的合作，并在高等教育机构建立了创新企业发展的长久机制，带动企业持续发展。

总而言之，通过学校与企业之间的合作，对学生进行创新创业培训，有效地建设长效人才培养机制，校企两者进行紧密的沟通，围绕学生的主体地位，寻找学生创新创业能力培养的关键点，时刻关注大学生成长变化。能够采取的措施有确定人才培养目标、建立人才培养教育教学体系，以及校企合作资源共享等，全方位对学生进行能力培养，以彰显地方应用型高校在创新创业教育方面的教学效率与质量。

二、以机构协同推进创新创业教育发展

创新创业教育生态系统中所有的组织机构都并非只属于某一个子系统，而是各个功能不同的子系统相互交叉、相互作用形成的整个生态网络中的连接点。各个机构之间又通过机制的有效运行实现各类组织机构之间的能量、物质和信息的流动从而形成创新创业生态网络。在生态系统构建的初步阶段，一方面要健全相关的组织机构，同时还要加强机构与机构之间的协同，促进创新创业教育的有序发展。

（一）加强组织管理，建立创新创业教育协调机构

一是加强创新创业的战略协同。因为创新创业教育还处于不断发展的过程中，不同类型的学校会对创新创业教育有自己的见解。在这方面，学校应该做好创新创业教育的顶层设计，把创新创业教育纳入学校事业发展的总体规划，反映到人才培养模式的改革、科研体系、人事制度和内部治理等方面，以促进对创新创业教育的内涵有一个共同的理解，同时注重学校战略规划和相关政策

的协调。要推进以高校为主体的实施机制，通过多种方式调动各级教师参与创新创业教育活动。高校应颁布相关的政策和制度支持创新创业教育发展，鼓励大学建立独立的创新创业实验室，根据其特点探索创新创业人才的培养模式，真正实现创新创业与企业家精神方面的教育。从整个生态系统的角度设计组织目标，优化各部门的创新创业教育具体功能和职责，加强教学、科研、实践等多平台的互动，收集各种各样的资源，比如学校创新创业与企业家精神的课程建设、企业管理、课外活动、教师培训、成果转化和其他资源，促进创新创业教育各方面的协调通畅。二是设立专门的创新创业教育机构。地方应用型高校创新创业教育的发展尚处于起步阶段，仍需建立创新创业学院，实现统筹协调，推动现阶段工作。虽然大多数高校在创新创业教育上采取合作的方式，但有些工作只是停留在沟通和分工上，并没有真正整合学校各部门的资源。在早期阶段的系统建设中，大学可以建立一个整体协调的组织，进行创新创业教育设计和实施整个大学的创新创业教育工作，避免校内机构因职能分工协调不顺而互相推诿。当然，并不是所有的大学都需要设立专门的创新创业学院或中心，应根据各高校的基本条件和发展状况合理设置，关键在于形成创新创业教育有效支撑和分工的整体协调机制，有效整合课程、学科、人才、场所等内外部资源，以达到效益最大化。

（二）注重多方合作，建立科技成果转化机构

建立科技创新、创业与产业之间的转化机制对地方应用型高校具有重要意义。与其他类型的大学相比，地方应用型高校的创新创业教育不仅以培养高素质应用型人才为重点，也注重提高教师和学生的创新创业成就，特别是科技创新成果的转化能力。地方应用型高校通过知识产权评估和管理，与各方合作，整合校内外技术转移要素，构建资源积累、信息收集、服务收集的创新成果转移体系。首先，要建立多方知识产权管理机构。知识产权属于无形资产，科技成果转化的实质是无形资产的转移。因此，无形资产评估是一项需要协调各方利益的专业工作。对方应用型高校应设立专门的管理机构负责学校成果和知识产权的工作，并选择有实际工作经验的专业人员，了解市场和企业的实际情况，具有操作科技成果的专业知识，善于处理企业参与管理的事务。建立产权保护政策和管理流程，技术转移和科技成果的收入分配，制定一系列的管理系统和操作方法，并形成学校的知识产权管理和操作模式，包括选择和评价科技成果、

知识产权保护、市场推广的成就，通过技术许可、技术转让、技术定价、技术投资等方式向企业转让成果。其次，建立科技创新与服务的协同机制。目前，我国地方应用型高校有很多部门从事科技成果转化和社会服务工作。在合作研究方面，大多还停留在解决企业关键技术问题的层面，缺乏支持地方或区域产业创新创业深入发展的参与。创新创业教育不断需要依靠大学的内部组织，也需要与政府来协调执行企业、社会和学校需要发挥自己的优势，加强研究机构、科学和技术转化中心及当地企业合作办学，加强创新主体间的协调与合作。此外，每个主体都有自己的利益要求，各应协调组织的持作及核心利益，以便各自的创新资源有效流动和分配，然后形成创新创业教育的合力。

（三）明确功能定位，充分发挥大学科技园的作用

根据国际经验，在应用型或技术应用型方面处于领先地位的高等教育机构往往拥有大学科技园和创新创业专门讲师。它不仅为学生创办的企业提供财政和物质支持，而且还在创新创业教育的框架内提供真正的创业环境，解决理论与实践的结合问题，并培养了大量的企业家和技术创新者。科学技术园在大学教育中发挥创新创业作用的空间很大，原因是目前缺乏明确的工作定义，利益界定不明确,大学和高等教育机构的科学技术园之间缺乏协调。第一,鉴于科学、技术和创新园区与大学之间的自然联系，应充分利用科学、技术和创新园区在建设大学与企业之间的“科学和技术成果转化桥梁”方面的作用。第二，科技园区也应成为大学发展创新创业教育技能的重要基础，在这种基础上，大学可以让学生有机会密切了解从创新到创业的转变过程，包括通过对学生进行实践培训，在现实环境中培养学生的创新创业精神和创业能力；与此同时，还应及时向高等教育机构提供信息，说明对创业创新人才的需求，以便它们能够尽快调整自己的创新创业教育课程方案。第三，大学和社会应充分认识到地方应用型高校作为先进技术产业持续发展的来源和催化剂其具有的科学、技术和人才技能的优势，并应在大学建立科学和技术园区，作为促进科学和技术成果转化的平台，作为创新创业教育和学习的场所及科学和技术系统改革的试验区。

三、以学校政策鼓励创新创业教育发展

第一，鉴于国务院出台的鼓励创新创业的政策，地方应用型高校应对学

校教学管理制度进行相应改革，同时为进一步促进学校政策工具对在校大学生创新创业的正向影响作用，不能对各项扶持工作的动态完善和信息反馈工作只重形式，应加大对学校创新创业政策工具、辅助力量的推广力度，尤其是要采用层层贯彻、逐步实施的方法，推进学校学生认识和学习创新创业，让学生了解到创新创业对其综合素质发展的重要作用，进一步释放学校相关政策工具的影响力；继续加强对学生创新创业的政策支持，促进提升学生的创业精神，并在整个服务链中发挥杠杆作用；促进和推动建立一个大学创新创业服务平台，引导大学生将自有资源，如创新想法、科研基础设施等纳入共享平台，积极向学校开放，并鼓励学生积极利用外部相关资源支持其创新创业活动。

第二，改进学校创新项目融资政策支持系统。建立和管理一个创新创业教育基地，加强学校中的本科生培养中心并开发一个新的“工作卡”，以教育学生在学校中创业。在培养大学生创造性创业精神的环境中，大学不仅是教育者，也是方案的建设者。所谓的方案建设者，是指高等教育机构不仅向学生提供创新创业教育，而且还实施使学生能够发挥创新创业能力的方案。大学通常可以利用自己的网络与企业和政府进行协调，以确保学生在接受创新创业教育后有一个利用其才能的平台。充分利用学校的专业和学科，在大学建立“创业空间”和创新创业模式规则，吸引投资公司提供社会融资，利用广泛的毕业生资源和多样化的社会资源制订“创业融资方案”，以有效解决大学创业融资方面的“瓶颈”问题。促进“一站式”创业支助系统，在这一系统中，共同的社会资源为大学创业者在申请资金、商业登记、法律、商业、税收、财务、行政咨询、项目建议、项目融资等方面提供便利。整合校内外资源，确保优质创业项目“无缝对接”校外优质孵化器，助力学生成功创业。

第三，尽快完善学校创新创业政策的实施细则和配套政策，促进和保障创新创业政策的落实。目前，提高参加竞赛或创新项目的学生比例只是一个政策方向，实际上，在制定明确的支持政策和执行条例以激励大学生创业之前，在校学生在创业方面处于弱势地位。学校应持续建立或扩大孵化器、众创空间、创客群等，建立健全的制度，管理新出现的创新型企业孵化器。此外，学校应重点关注创新创业师资力量的综合配备，师生联动，教学相长，引导大学生走上创业道路。学校应根据往年经验修改相关政策来满足学生的创业需求，鼓励大学生的创业精神，积极寻求在大学的创业费用之外增加收入和奖励。

四、以评价协同激发师生创新创业活力

评价的作用不仅包括指导创新创业教育的改革和发展，而且还包括一系列广泛的职能，如激励、诊断和管理。目前，由于缺乏鼓励学生和教师创新创业的激励措施，创新创业教育的生态发展受到限制，这也影响到了整个生态系统的有效性。地方应用型高校应通过教育评估、教师评估和学生评估促进创新创业教育生态系统的有序发展，从整个生态系统的角度强调教师的“教”和学生的“学”，最终在创新创业教育方面取得更好的效益。

（一）改革创新创业教育评价

研究表明，评估创新创业教育的指标目前没有列入地方应用型高校的综合评估范围，教育部门实施创新创业教育的激励措施不足，改革高等教育创新创业教育的激励措施不足。应当探索各种机制，评估全国各地的地方应用型高校的创新创业教育，以便在创新创业教育战略和组织安排之间取得平衡，促进创新创业教育有更好的发展环境。首先，建立一个从科学的角度对创新创业教育进行健全评估的评估系统，以促进教育，从而促进创新创业精神，并将这一系统纳入大学一级的教育质量评估系统和高等教育机构二级的评估系统。设计一个实用的指标系统,以监测创新创业教育的质量,包括课程设置、教师培训、社会影响、大学毕业生成绩、创业创新等，并对创新创业教育的实施情况、质量监测、影响评估及高等教育改革的势头和动力进行健全的评估,以确保创新创业教育不是表面现象,而是高校实力发展的具体现实。其次，从政府评估转向与社会三方共同评估。教育部门目前有许多“规范”和“模式”，但没有社会影响评估。应制定创新创业教育制度的标准规则，建立必要的准入制度，避免任意或独立地制定指标制度。比如，探讨是否可能建立一个地方应用型高校的协会或组织，对地方应用型高校的创新创业教育进行评估，开展微观评估、沟通、咨询，在政府、高等教育机构和社会之间建立桥梁，并协调和管理政府、社会和大学之间的关系；建立一个多边评价，由独立的第三方审查组成，重点是评估创新创业教育的质量，从短期评价转向长期评价，并保持评价的连续性和长期性。最后，加强学生的关键作用，重点是学生自我评估，评估创新创业教育进程，重点是培养学生的能力。现在，虽然

评估创新创业教育的标准比较广泛，而且产生数据的标准因国家而异，但学生反馈仍然是评估的重要基础。不同国家和学校应在创新背景下制定自己的创业发展目标，对创新创业教育的评估不仅应包括竞争奖项、说明书、创业公司等，还应包括学生参与创新创业发展并从中受益、对创新创业教育的满意度等。通过对学生在创新创业教育方面的经验进行调查，并对毕业生采取后续行动，科学利用学生评估的结果帮助学校向具有不同特点的学生群体提供有意义的创新创业教育。

（二）改革教师评价体系

在创新创业教育实践中，激发学生的创造性思维，培养他们的创造力，指导创业实践，需要教师在课堂内外投入大量时间和精力。此外，教师对创新创业教育的兴趣及他们所表现出来的创新创业动力，对学生的创业精神和未来发展产生了深刻的影响。所以，改革现有的教育评估机制对于激发学生的创造力和改善学校创业教育的生态质量至关重要。地方应用型高校应当以创新的创业教育为指导，改革教师的教学评估制度，明确规定教师的责任和培养创新创业技能的任务。一方面，将教师的创业发展纳入教师评估系统，鼓励教师将重点放在跨学科创新上，将创新精神、素质培养纳入相关学科的教学过程，鼓励教师以创业竞争指导、企业学习、适当评估的形式加入其科学教师队伍，并加强教师投身于创新创业教育的积极性和举措。学校可设立一个创新创业教育教师发展基金，奖励在制定创新创业课程、创新创业做法、创新教学方法、创新创业研究、引导学生参加创新创业竞赛及为创新创业教师提供良好教育环境方面取得重大成就的教师。另一方面，改进教师评级制度，促进教师的职业发展。在创新创业教育的生态系统建设方面，评价机制的改革应鼓励教师积极参与创新的转化和创新人才的培养。地方应用型高校应根据专业和学科特点，建立一个科学健全的教师评级标准系统，并鼓励教师和研究生积极参与创新技术的开发和转让及创业。

（三）改革学生学业评价

在创新创业教育生态系统中，学生不仅为被组织者，也为组织者、生产者和消费者。从教育的生态角度来看，要鼓励学生参与创新创业教育，就必须充分发挥学生作为组织者和生产者的作用，确立一个以学生为中心的基本概念，加强对学生业绩评估的改革，更加重视学生在创新创业教育中的感受，并对学生的创新创业能力进行有效的评估。首先，创新创业精神应纳入对学生的全面评估。创新创业教育评估不仅仅是测试和评估学生参与创新创业教育的情况，还旨在将尊重学生个人发展的精神层面和创新创业教育所促进的独立思考纳入学生的总体评估。创新创业能力的发展基础是充分尊重学生的个性和实践，尊重学生的自主思考和控制自己的思维。这意味着教师不能通过权威性的标准答案来巩固学生的成果，而是根据地方应用型高校创新创业教育的目标，加强对学生创业能力和质量的评估。其次，改变以前的统一学校评价标准。现在，对学生的学术评估继续侧重于知识积累和技能培训的完成，学生更多地关注学习成果，而不是学习过程。大学应通过各种方法，如批准创新项目的进入、评估其实际活动等，改变学生以考试分数为基础的评价方式，将创新经验、文章、参与创新项目、获得专利和创业精神转化为毕业分数或设计；参加专题研究、项目经验等被界定为课堂学习，将创业意识和创造性思维纳入教育和学习评估，通过灵活利用定量、定性和实际评估等方法记录和评估学生的活动和创造性表现，客观地反映学生的创新创业文化，鼓励学生的创业精神和创造性活力，最终发展学生的创新创业能力。

第三节　以保障体系为重点，构建创新创业教育环境生态

创新创业教育是一个不断发展的生态系统，需要整个社会的参与，以及社会组织和个人之间的合作共存。只有当“太阳”“空气”和“水分”等生态系统满足生态行动者的需要时，才能实现健康和可持续的发展。关于创新创业教育目前面临的机制失调和功能不足的问题，在生态系统形成指标中出现了一些重要因素，如人才环境、金融服务和政策支持等，同时考虑在建设环境生态系统方面取得的经验，以及将创新创业教育置于国家和区域创新生态系统背景下，以便进行系统思考。通过创造一个有利于创新创业的环境，建立一个创新性的全社会创业教育支持网络，政府、学校和社会之间建立新的关系，是形成一种政府支持和社会广泛参与的模式的核心，以便更好地动员所有参与主体创新性

地利用创新创业教育，取得良好和有效的业绩。

一、完善创新创业教育服务平台

现在，我们国家地方应用型高校的创新成果转化链仍然存在差距，这主要表现在缺乏社会发展和中介服务方面的专门咨询服务及大学初期创新转移的健全渠道和方案。这些因素是目前创新创业教育环境的一个组成部分。政府应率先承担起创新创业公共服务的责任，提供“硬件”和“软件”方面的支持，重点是收集信息、汇集资源和提供服务，为创新创业教育创造有利的生态环境。

（一）构建创新创业中介服务平台

信息传播是生态系统的一个基本功能。在创新创业教育生态系统中，不对称或不可用的信息影响着教师和学生的创新创业态度和行为。可见，信息和咨询服务在创新创业教育中有着重要的作用。一方面，为教师、学生、企业家、投资者、管理人员和一般公众建立创新创业教育大学信息服务。在具体实施中，运用大数据和云计算等数字技术，提供创新创业教育的最新政策、相关创新创业教育建设竞争情况、创新创业成果竞争情况、创新创业教育培训，创新创业教育师资队伍、团队形成、企业等方面的信息。有效传播创新创业知识，如实践案例、项目工程孵化器，组织创新和创业活动，有效结合创新创业相关信息。另一方面，在政府的主持下，为创新创业提供在线创业咨询服务，以解决创新创业者在创业阶段面临的资金、技术联网、市场开发等问题。比如提供进入业务期的创业项目工程会场、资金、创业培训等，为新兴企业提供智力资本、物质资本、社会资本等多方面的帮助，帮助企业家、教师和学生找到合适的创业模式；应市场要求，向学生和教师提供营销方面的相关技术支持；提供相关信息渠道，帮助企业家将技术和商业结合起来；等等。另外，有经验的企业家和创新创业指导教师也可进入互联网平台，学生可通过该平台寻找与其工作领域相关的创业指导师，接受创业指导。根据“将职业任务分配给专业机构”这一实用的国外大学概念，我国的地方应用型高校应该与商业机构、第三方等合作，建立对话平台，以便将科学和技术成果转化为现实，并通过提供公认的科学和技术成果转化中介服务或专业团队，在研究人员、企业家和投资者之间架设桥梁，并在技术准备、法律咨询、财务咨询和科学成果转化培训等领域为学校教师和学生提供全面服务。目前，在不同地方积极建立的创新创业团体可以向企业家提供包括工业、贸易、税收、法律事务和专利在内的全面服务。大学应充分利用地方政府建立的创业服务平台，共同发展区域创新创业能力。

（二）健全创新成果转化服务平台

科学和技术成果的转化是一个复杂的系统项目，涉及从基础研究到产品开发的漫长而复杂的过程。在大学创新研究成果、技术应用和产品开发之间开辟一个“缝隙”，需要调动学校内外的资源，包括政府、社会和商业资源。首先，要积极利用政府在创新创业方面的战略领导作用，建立一些侧重于国家战略需要的创新创业中心。其次，加强科学和技术成果转化的实验基础。就资源消耗和能源分配而言，高等教育实验室的科学研究成果可能只占技术发展链中总工作量的40%，而最困难、耗时和费力的工作则在校外的实验阶段。所以，试点循环是创新创业和商业工业化之间最重要的一环。在进行技术转让之前，先确定新技术，预测市场渗透情况、实际发展和试验规模，然后向整个技术吸收机构提供技术转让服务，如“交钥匙项目”。在我国创新创业的大背景下，创新创业服务模式变得更加多样化，创新空间和企业园区可以成为科学和技术成果转化的主要实验基础。我们应在地方政府的大力支持下，与高等教育机构合作，使试验基地成为将大学先进研发机构与下游研发单位联系起来的中心，重点放在商业上，以加强地方应用型高校在创新创业方面的研究和变革能力。

二、健全创新创业教育保障体系

国外应用型高校开展的创新创业教育的生态发展经验表明，国家创新创业政策、支持创新创业教育和支持创业人员是创新创业教育社会保障体系的重要组成部分。多种筹资渠道和各种资助方式为创新创业教育的启动提供了必要的保障，从而对创新创业教育的环境建设产生了重大影响。

（一）多层面改进和支持创新创业教育政策

首先，在国家战略层面，有一个明确的发展创新创业教育的方向。我们应当将创新创业教育政策纳入我们的创新战略，确定创新创业教育的高质量发展和相关政策，并创造一个有利于发展创新创业教育的外部环境。根据“欧盟2020战略”，欧洲国家正在努力加强大学的研究能力，促进创新知识转让，并加强大学、研究机构和企业之间的跨国界合作。欧盟还通过一系列报告、行动计划等，指导成员国开展创新创业教育，在这些报告、行动计划等的基础上，每个国家都制定了连贯有序和综合的创业教育政策，并在社会的所有领域调动创新能力，以提供突破性的政策指导。其次，在地方政府一级提高创新创业教育政策的效力和相关性。第一，政府部门应加强对大学特别是地方应用型高校创新创业教育状况的研究和分析，并制定有利于创新创业教育发展的政策；国家和地方政府应加强调整，大力支持创新创业教育政策，有效改善相应的社会保障体系，避免政策冲突，确保政策调整和稳定，避免看似漂亮但不切实际的政策；强化政策的连续性，监督和管理政策的执行，确保政策得到贯彻和落实。第二，应当通过专门的渠道来阅读相关政策，比如建立政策咨询窗口、热线电话和与高等教育机构的部门联系；应及时制定关于影响学生和教师重要利益的政策的指导方针并执行，比如对创业服务政策的限制，以及科学和技术企业家执行知识产权所产生的利益的分配。最后，在高等教育相关院校，应尽快制定政策，支持大学开展创新创业教育。现在，各级政府都有广泛的创新创业政策，但还需要进一步落实，以指导高等教育机构开展创新创业教育的具体改革。教育部门应提供明确的指导和支持性政策，鼓励大学开展创新创业教育，如制定实施创新创业教育的标准、加强推进创新创业教育全球学校联盟、为海外大企业开展良好的项目培训等，推动发展创新创业教育。

（二）多渠道加大对创新创业教育经费支持

创新创业教育是一项实践性很强的教育活动，更具体地说，地方应用型高校应该以创新的方式提供创业教育，为当地的经济和社会发展服务，而充足的资金是成功的创新创业教育的关键保障。首先，政府应增加对创新创业可行性项目的财政支持。各级政府应加强努力，在经费、项目和资金方面优先考虑大学生的创新创业实验室和创新创业实践项目。政府应尊重大学的教学和研究方面的工作，在创新创业方面发挥指导和服务的作用，在地方应用型高校中注重企业发展、科学和技术，为可持续投入创造条件，并避免短期影响。其次，为多渠道筹集资金提供社会性的保障机制。地方应用型高校实施创新创业教育的资金目前来自教育基金，特别是政府基金、项目基金和校友捐赠基金，此外还有政府的专项拨款。在政府的指导下，地方应用型高校应改变以前以国家投入为重点的资源分配模式，改善大学的内部管理结构，建立一个包括公司、地方政府、慈善机构和毕业生奖学金在内的多种渠道筹资的系统，并建立长期的多种来源支助。最后，为创新创业教育建立理想的投资和金融服务。尽管在各级政府的科技园区、工业园区等设立了创新基金和创业补贴，但总的来说，我们国家的创业筹资渠道是相同的，相对有利可图，但还没有一个健全的创新创业投资筹资系统。政府应加强与大学创业团队的互动，充分利用公共政策资金、创业投资和风险投资，并开放大学创新创业项目的筹资渠道。根据国外经验，可以在政府一级设立特别基金，以促进大学机构之间的合作，并支持在大学周围建立各种科学和技术网络。地方应用型高校在创新创业教育方面，在筹资阶段，应提供财政、金融和税收方面的激励机制，鼓励建立赞助机构，为大学新创办的项目提供资金的担保制度，以大幅提高其供资能力，以及为大学创业者提供资金的制度，以帮助大学生在创业的早期阶段开始工作。与此同时，还应向学生提供技术咨询、风险指导和职业道德教育，这对于大学生的创业至关重要，有助于企业的发展，增加创业的成功机会。

三、培育创新创业教育文化氛围

文化是变革的内在价值观念。“文化”不是“口号”的同义词，而是根深蒂固的价值观念的核心。麦肯锡全球研究院（McKinsey Global Institute，MGI）研究报告表明，其强大的创新创业文化是建设创新创业教育环境的关键支柱。从生态可持续性的角度来看，建立一个能够应对最大的创新环境挑战的创新创业教育体系需要做出重大努力，以加强其创业教育促进创新的文化，激发大学创业教育的内在活力，将地方应用型高校的创新创业教育从基于政策的办法转变为基于文化的办法，从基于权力的办法转变为基于自我发展的办法。

（一）创新创业融入地方应用型高校文化

由于我国大学的创业教育起步缓慢，而且受传统的大学观念影响，部分研究人员认为，创业教育所创造的商业文化与大学的学术文化不相容，影响到大学的基本功能。然而，创新创业教育作为一个教育概念和做法的主流化，在不断促进有利于创新和学术自由发展的包容性文化，由此产生的创业文化继续为学术文化而不是学校的价值取向服务。在地方应用型高校中，以培养高品质应用型人才为目标的创新创业文化体现了新时代的文化。实施创新创业教育，将其整合到国家创新主导的发展中，为经济发展服务成为时代的要求，创新创业教育应该成为高等院校文化的一部分。首先，将创新创业思维纳入大学教育科学，并通过文化改变思想。创新不仅仅是对风险、创新和挑战的一种回应，它实质上是一种基于问题的“创新思维”和一种从 0 到 1 的“创业思维”。在知识和信息快速增长的时代，许多伟大的产品、公司甚至工业都遇到了问题，比如谷歌解决了搜索和使用信息的问题，阿里巴巴解决了中小企业的发展问题，而微信则及时解决了通信问题。所以，在学校教育中，教师必须改变学生过去解决问题的方式，大力发展自己解决问题的方式，鼓励学生找到有吸引力的问题，同时引导学生利用知识解决有价值的问题，以实现更高的价值。在科学研究领域，高校教师应就未来人类社会发展的关键问题进行前瞻性的基础研究，并在开发突破性创新方面取得突破，打破海外技术封锁，解决技术难点问题。其次，将责任意识纳入创新思维的培养中。地方应用型高校的目标是培养富有创新思维和创业勇气的社会应用型人才，应引导大学生将创新视为一种生活方式，将创业视为自己的生活经历，对自己、周围的人和整个社会产生积极的影响，将其视为知识分子的任务和责任，并在不断的研究和创新中保持生命的张力和活力。作为知识创造和传播的发祥地，地方应用型高校应该改变标语和口号的文化宣传方式，通过相关的企业家讲课、创新创业教育讲座、创新创业教育沙龙等，在校园里传播创新创业文化；利用媒体，如学校广播和学校网站宣传国家创新创业教育政策，分享学生和教师创新创业的榜样，使学生能够在创业环境中生活，并通过视觉和文化教育提高学生对创新创业和创业精神的认识。最后，在机构文化层面提供足够的空间，使学生和教师能够发挥关键作用。例如，通过灵活的系统，通过担任公司顾问或参与技术项目等方式，使教师能够充分利用其创新创业能力，并对其教育和科研工作做出适当调整。改进创新创业导师制度，支持教师根据研究和项目的结果组建学生创新创业队伍，提供适当的激励措施和现场设备支持，激励学生创新创业，并建立一个创新创业文化社区，其中包括学校、学院、教师和学生等。

（二）创建特色鲜明的创新创业教育文化氛围

具有创新性和包容性的创业文化在培养大学生的创业意识和创新创业教育

方面发挥着关键作用。这种潜在的转变影响到大学生的创业思维和行为。首先，培养一种支持创新创业的文化。目前，现代社会充满了各种“成功的研究”。赞扬企业家成功的“英雄主义”是不允许失败的。创新创业本质上是“创造性破坏”，是一个反复尝试错误的过程，将不可避免地造成危机和失败。整个社会必须培养一种鼓励创新和容忍失败的文化，这种文化不但能鼓励成功者，也能鼓励失败者，让尊重创造创新成为人们的价值取向，让创新创业成为人们的意识和行动。其次，全社会应广泛弘扬优秀文化中包含的创新创业精神，提倡敢于挑战、坚持不懈、注重合作、诚实守信等，并大力弘扬不怕失败的精神，勇敢地面对失败，坚持创新创业和企业家精神的培养过程。在中国的传统文化中，越来越多的毕业生倾向于选择安定下来，而不是探索与创新创业相关的风险和困难。在这方面，政府应该通过舆论和政策发挥引导作用。再次，让家庭成为大学生创新创业的重要支撑力量。在中国，家庭是一个非常重要的社会支持系统。家庭支助将对企业家产生重要和持久的影响。在家庭帮助中，对大学生创业最重要的是经济上的帮助和情感上的支持。最后，通过创新创业文化氛围的培养，大学生不仅可以得到课程教师、导师、成功企业家、家人和朋友的帮助，还可以得到银行、律师等专业人员和机构的帮助。这种全社会支持创新创业的氛围，为高校创新创业教育的发展提供了不竭的动力。

四、落实创新创业教育国家政策

最近，国务院办公厅印发了《关于深化高等学校创新创业教育改革的实施意见》（以下简称《实施意见》）。教育部有关负责人就《实施意见》出台背景表示，近年来，我国高校创新创业教育不断加强，取得了积极进展，但也存在一些地方和高校重视不够，创新创业教育理念滞后，与专业教育结合不紧，与实践脱节；教师开展创新创业教育的意识和能力欠缺，教学方式方法单一，针对性、实效性不强；实践平台短缺，指导帮扶不到位，创新创业教育体系亟待健全等问题。

为此，教育部同有关部门认真落实党中央、国务院的部署和要求，突出问题导向，把握改革重点，在深入总结经验、广泛听取意见的基础上，反复修改完善，形成了《实施意见》。《实施意见》提出了九项改革任务：

第一，地方应用型高校应深化高校创新创业教育改革，要着重把握好三点：一是坚持育人为本，提高培养质量。面向全体、分类施教、结合专业、强化实践，促进学生全面发展，提升人力资本素质，努力造就大众创业、万众创新的生力军。二是坚持问题导向，补齐培养短板。丰富课程、创新教法、强化师资、改进帮扶，推进教学、科研、实践紧密结合，突破人才培养薄弱环节，增强学生的创新精神、创业意识和创新创业能力。三是坚持协同推进，汇聚培养合力。统一领导、齐抓共管、开放合作、全员参与，形成全社会关心支持创新创业教育和学生创新创业的良好生态环境。

第二，《实施意见》提出，到 2020 年建立健全课堂教学、自主学习、结合实践、指导帮扶、文化引领融为一体的高校创新创业教育体系，人才培养质量显著提升，学生的创新精神、创业意识和创新创业能力明显增强，投身创业实践的学生显著增加。对于完善人才培养质量标准：一是制定实施本科专业类教学质量国家标准，修订实施高职高专专业教学标准和博士、硕士学位基本要求，明确本科、高职高专、研究生创新创业教育目标要求。二是相关部门、科研院所、行业企业制定修订专业人才评价标准。三是高校制定专业教学质量标准，修订人才培养方案。

第三，创新人才的培养主要探索建立三个新机制：一是实施高校毕业生就业和重点产业人才供需年度报告制度，完善学科专业预警、退出管理办法，探索建立需求导向的学科专业结构和创业就业导向的人才培养类型结构调整新机制。二是实施系列“卓越计划”、科教结合协同育人行动计划，多形式举办创新创业教育实验班，探索建立校校、校企、校地、校所及国际合作的协同育人新机制。三是打通一级学科或专业类下相近学科专业的基础课程，开设跨学科专业的交叉课程，探索建立跨院系、跨学科、跨专业交叉培养创新创业人才的新机制。

第四，课程是高校开展创新创业教育的基本载体：一是要根据人才培养定位和创新创业教育目标要求，促进专业教育与创新创业教育有机融合，调整专业课程设置，挖掘和充实各类专业课程的创新创业教育资源，在传授专业知识过程中加强创新创业教育。二是要面向全体学生开设研究方法、学科前沿、创业基础、就业创业指导等方面的必修课和选修课，纳入学分管理，建设依次递进、有机衔接、科学合理的创新创业教育专门课程群。三是要加快创新创业教育优质课程信息化建设，推出慕课、视频公开课等在线开放课程，建立在线开放课程学习认证和学分认定制度。

第五，改革教学方法和考核方式。要做到：一是开展启发式、讨论式、参与式教学，扩大小班化教学覆盖面，推动教师把国际前沿学术发展、最新研究成果和实践经验融入课堂教学，注重培养学生的批判性和创造性思维，激发创新创业灵感。二是运用“大数据”，掌握不同学生学习需求和规律，为学生自主学习提供丰富多样的教育资源。三是改革考试考核内容和方式，注重考查学生分析、解决问题的能力，探索非标准答案考试。

第六，针对创新创业教育与实践脱节的问题，提出：一是促进高校实验教学平台共享。二是各地区、各高校科技创新资源原则上向全体在校学生开放。三是鼓励各地区、各高校利用各种资源建设大学科技园、大学生创业园、创业孵化基地和小微企业创业基地，同时建好一批大学生校外创新创业实践基地。四是深入实施大学生创新创业训练计划，举办全国大学生创新创业大赛，办好全国职业院校技能大赛，支持举办各类科技创新、创意设计、创业计划等专题竞赛。五是支持高校学生成立相关社团，开展创新创业实践。

第七，针对改革教学和学籍管理制度，规定：一是高校要设置合理的创新创业学分，建立创新创业学分积累与转换制度。二是高校要为有意愿、有潜质的学生制订创新创业能力培养计划，建立创新创业档案和成绩单。三是优先支持参与创新创业的学生转入相关专业学习。四是实施弹性学制，放宽学生修业年限，允许调整学业进程，保留学籍休学创新创业。五是高校要设立创新创业奖学金。

第八，针对加强教师创新创业教育教学能力建设，强调：一是各地区、各高校要明确全体教师创新创业教育责任，完善专业技术职务评聘标准，加强创新创业教育的考核评价。二是配齐配强创新创业教育与创业就业指导专职教师队伍，并建立定期考核、淘汰制度。三是聘请各行业优秀人才担任专业课、创新创业课授课或指导教师，形成全国万名优秀创新创业导师人才库。四是加强高校教师创新创业教育意识和能力培训，建立相关专业教师、创新创业教育专职教师到行业企业挂职锻炼制度。五是完善高校科技成果处置和收益分配机制，鼓励教师带领学生创新创业。

第九，改进学生创业指导服务，要做到：一是各地区、各高校要建立健全学生创业指导服务专门机构。二是健全持续化信息服务制度，完善全国大学生创业服务网功能，建立地方、高校两级信息服务平台。三是各地区、各有关部门要积极落实创业培训政策，建设网络培训平台，鼓励高校编制培训计划、联合开发创业培训项目。四是各地区和具备条件的行业协会要发布创业项目指南。

此外，对于创新创业资金支持和政策保障体系：一是各地区、各有关部门要整合发展财政和社会资金，支持高校学生创新创业活动。二是高校要优化经费支出结构，多渠道统筹安排资金，支持创新创业教育教学，资助学生创新创业项目。部委属高校按规定使用中央高校基本科研业务费，支持在校学生开展创新科研工作。三是中国教育发展基金会设立大学生创新创业教育奖励基金。四是鼓励社会组织、公益团体、企事业单位和个人设立大学生创业风险基金。五是落实各项扶持政策和服务措施，重点支持大学生到新兴产业创业。六是有关部门要加快制定有利于互联网创业的扶持政策。

对于贯彻落实《实施意见》：一是健全体制机制。各地区、各高校要把深化高校创新创业教育改革作为“培养什么人，怎样培养人”的重要任务、作为推进高等教育综合改革的重要抓手和突破口，摆在突出位置，切实加强指导管理与监督评价。各高校要落实创新创业教育主体责任，成立由校长任组长、分管校领导任副组长、有关部门负责人参加的创新创业教育工作领导小组，建立教务部门牵头，学工、团委等部门齐抓共管的创新创业教育工作机制。二是细化实施方案。各地区、各高校要结合实际制订深化本地本校创新创业教育改革的实施方案，明确责任分工。三是强化督导落实。要把创新创业教育质量作为衡量办学水平、考核领导班子的重要指标，纳入高校教育教学评估指标体系和学科评估指标体系，引入第三方评估。

最后，全世界工作场所的变革步伐正在加快，包括高等教育在内的每个行业都在受到干扰。颠覆与变革为创业创造了新的机会，培育多维创业生态系统的大学和学院可以在充满挑战和瞬息万变的市场中茁壮成长。今天，世界比以往任何时候都更需要创业精神。创业领袖具有很强的敏锐性，他们是以机会为导向，是创新问题的解决者，是以增长为导向的人。随着工作性质的迅速和持续变化，他们拥有使他们变得特别有价值的素质和技能，需要开发出一个创业生态系统来提高企业在颠覆性时代生存和成功的概率。地方应用型高校应该借鉴百森商学院在建立有效的创业生态系统方面的一些关键经验：一是实验。实验的流程是尝试—快速失败—学习—调整，创业教育的迭代性和行动导向的本质告诉我们，失败既不是永久的，也不是一成不变的，要引入新的体验和学习机会来体验你的课程，与行业互动来激发它们，通过持续的学习机会、大使计划或招募和辅导学生参与活动来探索与校友的新的连接点。实验是创业过程的基本组成部分，通常会产生最丰硕和最意想不到的结果，这也是领导者崭露头角的途径。了解行业动态的受托人和教员可以为你提供支持。二是支持创业领袖。当组织努力满足学生的需求并转变其商业模式时，他们必须拥抱变化，并放眼未来进行创新，创业思维和领导力在所有层面都是必不可少的；要提倡一种具有求知欲、实验精神和批判性思维的文化，通过奖励实验和支持失败来规范转换思维；用可操作的策略和适当的资源来部署这些想法，以提升这些领导者和思想家的能力。三是合作。创新创业本质上就是合作。在内部，合作可以提高效率、建立关系及优化教师和学生的学习环境。在外部，学院和大学通过与个人和机构，无论是学术领域、工业领域、非营利组织、社区还是政府，确定并寻求战略合作伙伴关系，从而创建一个多维度的教育生态系统，以更低的成本支持一系列增强型的教育产品。选择具有互补优势的项目或服务，以及具有共同的总体价值观和核心原则的合作伙伴。合作组织之间的多样性可以提高合作的整体价值。四是建立终身联系。生态系统内的协作和领导力相结合，产生了强大的终身联系点，它将会维系机构、股东和社会之间的利益。教育经历将不再是线性的，它不再限于四年的经验，而是有明确的开始和结束。相反，学生们寻求一种与教育的长期、持续的关系，这种关系将会在他们的一生中有许多联系点。一个强大的创业生态系统融合了参与和学习的机会，而这些不仅限于课堂和校园内，它可以通过学位和非学位方式进行传递。五是以市场为导向。创业者的思维与机会识别有关。尽管学院和大学面临着严重的困难，但人们仍然存有学习知识的渴望和必要性。持续的变化总是意味着新的知识，这就扩大了市场需求。对学生和雇主的需求保持一种敏锐的理解力，并通过各种方法来改变你现有的或可以得到的资源来满足他们的需求，而你的生态系统合作伙伴将是重要的数据来源。“创业思考与行动”是百森商学院学术经验的中心宗旨，它是一种思考、推理和行动的方式，是一种机会至上、全局性的思维方式，是一种为了创造和获取价值而平衡的领导方式。上面列述的生态系统因素体现了设计思想和机械学、构思和操作的混合，它代表着思考和行动。通过创造条件来支持一个强大的创新创业生态系统，高校可以为股东创造价值，并为持续的创新和成功奠定基础。

参考文献

鲍春生，肯尼思·格兰特 . 加拿大瑞尔森大学创业教育生态系统的架构及路径 [J]. 比较教育研究，2018，40（2）：13-18，25.

蔡艳杰 . 高校创新创业教育评价指标体系构建 [J]. 科技创业月刊，2019（12）：134-136.

常思亮，黄瑶 . 创业教育实践标准：美国创业教育的实施指南 [J]. 现代大学教育，2017（5）：49-55.

陈帆，张鹏 . 研究型高校创新创业质量管理体系研究 [J]. 创新与创业教育，2015（4）：41-43.

陈洪敏，刘持标，邱锦明 . 众创背景下地方应用型高校创新创业教育发展的困境与出路 [J]. 辽宁科技学院学报，2018，20（6）：87-89.

陈厚丰 . 中国高等学校分类与定位问题研究 [M]. 长沙：湖南大学出版社，2004.

陈静 . 高校主导型创业教育生态系统构建研究 [D]. 东北师范大学博士学位论文，2017.

陈培杰 . 治理视野下大学创业教育管理的问题及对策 [D]. 南京理工大学硕士学位论文，2013.

陈少雄 . 大学创业教育生态系统培育策略研究——基于广东省高校的调查分析 [J]. 教育发展研究，2014，34（11）：64-69.

陈新亮 . 大学生创业教育研究 [M]. 长沙：湖南人民出版社，2015.

储昭辉，刘沛平 . 应用型高校创新创业教育体系研究与实践 [J]. 重庆科技学院学报（社会科学版），2019，255（2）：96-99.

邓汉慧，刘帆，赵纹纹 . 美国创业教育的兴起发展与挑战 [J]. 中国青年研究，2007（9）：10-15.

丁蕙，陈风华，肖云龙 . 美国百森商学院创业教育的特点 [J]. 教育评论，2004（4）：98-100.

董晓光，李成龙 . 美国高校创业教育生态系统建设的经验与启示 [J]. 思想理论教育，2018（2）：86–89.

董旖旎，徐阳 . 高校创业教育生态发展体系的构建 [J]. 中国大学生就业，2013（2）：44–48.

杜辉，朱晓妹 . 创新创业教育与专业教育的深度融合——基于北京地区高校的数据分析 [J]. 中国高校科技，2017（5）：91–94.

杜云英 . 欧洲应用技术大学的发展——商兰应用技术大学：国家竞争力的助推器 [J]. 大学（学术版），2013（9）.

冯艳飞，童晓玲 . 研究型大学创新创业教育质量评价模型与方法 [J]. 华中农业大学学报（社会科学版），2013（1）：122–128.

高益民 . 日本创新人才培养战略中的实践取向——以研究生教育改革政策为例 [J]. 比较教育研究，2012（12）：81–85.

龚兵丽，赖祥亮，张君诚，肖爱清 . 应用型本科高校创新创业教育体系的重构与实践——以三明学院为例 [J]. 鸡西大学学报（综合版），2016，16（3）：12–15.

韩永剑 . 比较学视野下的高校创业教育管理运行机制创新 [J]. 中国成人教育，2012（15）：12–15.

何郁冰，丁佳敏 . 创业型大学如何构建创业教育生态系统？ [J]. 科学学研究，2015（7）：1043–1051.

侯慧君 . 中国大学创业教育蓝皮书：大学生创业教育实践研究 [M]. 北京：经济科学出版社，2011.

胡光中 . 论高校科技创新创业人才的培养与发展 [R]. 创新教育国际学术会议，2012.

胡晓风 . 关于更新教育思想进行创业教育的探讨 [A]. 创业教育论集 [C]. 成都：四川教育出版社，1995：75–80 .

黄兆信，郭丽莹 . 高校创业教育课程体系构建的核心问题 [J]. 教育发展研究，2012（19）：81–84.

黄兆信，王志强 . 高校创业教育生态系统构建路径研究 [J]. 教育研究，2017，38（4）：37–42.

黄兆信，李炎炎，刘明阳 . 中国创业教育研究 20 年：热点，趋势与演化路径——基于 37 种教育学 CSSCI 来源期刊的文献计量分析 [J]. 教育研究，2018，39（1）：64–73.

冀宏，费志勇，张根华，钱忆平，周步昆．地方应用型高校创新创业教育实践与思考 [J]. 实验室研究与探索，2016，35（8）：185–189.

贾栗．珠三角产业转型升级期科技创新人才培养模式研究 [J]. 科技进步与对策，2012（24）：180–182.

贾彦峰，李月云，刘来霞．当前创新创业人才培养模式的内在不足及其改进——基于安徽省 6 所高校调研 [J]. 创新与创业教育，2013（2）：58–59.

姜慧，殷惠光，徐孝昶．高校个性化创新创业人才培养模式研究 [J]. 国家教育行政学院学报，2015（3）：27–31.

蒋璐璐．基于创造力价值链的大学生创业教育管理研究 [D]. 沈阳理工大学硕士学位论文，2013.

居占杰，刘洛彤．创新创业教育背景下大学生创新能力培养问题研究——基于 g 大学经济学专业本科生调查的分析 [J]. 湖南师范大学教育科学学报，2016，15（2）：71–75.

康重庆，董嘉佳，董鸿，孙劲松．电气工程学科本科拔尖创新人才培养的探索 [J]. 高等工程教育研究，2010（5）：138–143.

柯燕华．“创意—创新—创业”三段进阶式双创教育教学模式的构建与实施 [J]. 吉林农业科技学院学报，2019,28（4）：82–97.

李宏荣，王小力，田蓬勃，徐忠锋，张孝林．以创新人才培养为目标的大学物理教学改革 [J]. 中国大学教学，2013（8）：19–21.

李俊龙，徐翔，胡锋，王恬，林江辉．农科拔尖创新人才培养模式的探索与实践 [J]. 中国大学教学，2011（1）：26–28.

李凌．创业教育能否让学生满意 [N]．中国教育报，2010–05–24.

李亚员，王瑞雪，李娜．创新人才研究：三十多年学术史的梳理与前瞻 [J]. 高校教育管理，2018（3）：116–124.

李炎炎，黄兆信．知识型创业生态系统构建及运行机制研究 [J]. 高等工程教育研究，2017（6）：173–177.

李一中．国内外创业教育研究综述 [J]. 商校社科动态，2009（2）：31–36.

李永山，陆克斌，卞振平．大学生创新创业教育发展与保障研究 [M]. 北京：中国建材工业出版社，2016.

李云芳，朱涛，盛宝莲．构建本科“多层次，多学科融合”的创新创业人才培养模式研究——以华东理工大学商学院为例 [J]. 化工高等教育，2017，34（3）：1–6.

李长熙，张伟伟，李建楠．工科院校大学生创新创业教育平台构建与实践[J]. 黑龙江高教研究，2014（4）：102–104.

林红珍，马嘉敏．大学生创业教育“三位一体”生态系统构建[J]. 科技创业月刊，2018，31（2）：101–104.

林雪治．应用型高校创新创业教育课程体系构建研究——国外高校成功经验的借鉴与启示[J]. 河北农业大学学报（农林教育版），2015（5）：52–54.

刘凡丰，董金华．技术创新：产生经济成果——美国培养技术创新人才的跨学科项目[J]. 学位与研究生教育，2012（2）：69–72.

刘海滨．高校创业教育生态系统构建策略研究[J]. 中国高教研究，2018（2）：42–47.

刘海春，谢秀兰，娄会东．中外住院病人创业理论与实践[M]. 广州：广东高等教育出版社，2016：20–22.

刘海峰，顾永安．我国应用技术大学战略改革与人才培养要素转型[J]. 职业技术教育，2014，35（10）：11–16.

刘丽君．知识创业教育导论：理工科研究生创新创业型人才的有效培养模式研究[M]. 北京：北京理工大学出版社，2010.

刘林青，夏清华，周潞．创业型大学的创业生态系统初探——以麻省理工学院为例[J]. 高等教育研究，2009（3）：23–30.

刘树春．基于第二课堂建设推动创新创业教育有效开展[J]. 江苏高教，2015（3）：119–120，135.

刘伟，邓志超．我国大学创新创业教育的现状调查与政策建议——基于8所大学的抽样分析[J]. 教育科学，2014，30（6）：79–84.

刘彦军．中国特色应用技术大学：内涵，外延，路径与展望[J]. 职业技术教育，2014（31）：20–25.

刘艳，闫国栋，孟威，权宇彤，逯家辉，滕利荣等．创新创业教育与专业教育的深度融合[J]. 中国大学教学，2014（11）：35–37.

刘扬，孔繁士．高校创新人才评价机制探索[J]. 科技管理研究，2013（15）：76–79.

刘月秀．生态系统视域下美国高校创业教育探析[J]. 中国高等教育，2012（10）：61–63.

刘智运．创新人才的培养目标、培养模式和实施要点探究[J]. 成才之路，2014（31）.

罗洁．高中阶段创新人才培养模式的探索——北京市“翱翔计划”的思考与实践 [J]. 教育研究，2013（7）：56-62.

吕晨飞．创新创业教育三大断层与教育闭环的构建研究 [J]．中国青年研究，2016（2）：108-114.

马楠，曾玲晖，刘叶．基于协同创新的应用型本科高校创业教育模式研究 [J]. 高等工程教育研究，2017（4）：151-155.

马永斌，柏喆．创新创业教育课程生态系统的构建途径——基于清华大学创业教育的案例分析 [J]. 高等工程教育研究，2016（5）：137-140.

梅伟惠．美国高校创业教育模式研究 [J]. 比较教育研究，2008，30（5）：52-56.

梅伟惠．美国百森商学院的创业教育哲学 [J]. 高等农业教育，2009（2）：94-97.

梅伟惠．美国高校创业教育 [M]. 杭州：浙江教育出版社，2010.

孟雪，林艺茹．会计学专业应用型本科创新人才素质培养体系的设计与实践——以中央财经大学会计学院为例 [J]. 中国大学教学，2012（4）：31-34.

潘懋元 .21 世纪国家的核心竞争力——“教育一人才”的合理结构 [J]. 中国高教研究，2005（3）：1-2.

乔臣．高校创业教育教学生态系统的层级管理与互动机制研究 [J]. 科教文汇，2018（12）：1-3.

曲婷．韩国创新人才培养经验及其对中国的启示 [J]. 中国科技论坛，2012（3）：158-162.

任良玉，张吉维．实施大学生创新性实验计划探索——基于课题的本科创新人才培养模式 [J]. 中国大学教学，2011（4）：26-27.

任永力．高校创业教育与专业教育的融合路径研究 [J]. 中国教育学刊，2016（2）：53- 54.

石火学．产学研结合的典型模式述评 [J]. 高等教育研究，2000（3）：65-68.

孙惠敏等．全球创新创业教育研究报告 [M]. 北京：经济管理出版社，2016：90 -92 .

唐德淼．高校创新创业教育现状与“双创”人才培养模式创新 [J]. 当代教育实践与教学研究，2017（5）：119-121.

田京京，李欣雨，王艺勋，张忠伟，谭新喜．促进就业视角下的陕西应用型高校创新创业教育调研与对策 [J]. 创新创业理论研究与实践，2019，2（7）.

童晓玲．研究型大学创新创业教育体系研究 [D]. 武汉理工大学博士学位论文，2012.

王辉，刘海军．研究型大学创业教育目标的思考 [J]. 创新与创业教育，2010，1（1）：62-65.

王景．地方应用型高校创新创业教育改革与发展路径 [J]. 经营与管理，2015（6）：148-151.

王珉．创业教育管理概论 [M]. 杭州：浙江工商大学出版社，2014.

王树生．创业教育研究 [D]. 东北师范大学博士学位论文，2003.

王焰新．高校创新创业教育的反思与模式构建 [J]. 中国大学教学，2015（4）：6-9，26.

王占仁．"广谱式"创新创业教育体系建设论析 [J]. 教育发展研究，2012（3）：54-58.

王占仁．中国创新创业教育史 [M]. 北京：社会科学文献出版社，2016：155-158.

翁史烈．工程教育中的产学研合作 [J]. 高等工程教育研究，2007（5）：7-9.

徐小洲，倪好．面向 2050：创新创业教育生态系统建设的愿景与策略 [J]. 中国高教研究，2018（1）：53-56.

薛慧．关于高校创新创业教育体系构建的思考 [J]. 江苏高教，2014，175（3）：65-66.

杨晓慧．高校创业教育生态系统建设的国际比较和中国特色 [J]. 中国高教研究，2018（1）：48-52.

易树平，郭艳丽，米正伟，何梅，鄢秋奕．契合社会需求培养机械类专业创新人才 [J]. 中国大学教学，2012（10）：27-29.

殷朝晖．研究型大学创业教育研究 [J]. 研究生教育研究，2009（4）：43-47.

尹万昀，刘旭．高校创业教育课程体系构建探索 [J]. 教育探索，2011（10）：36-37.

印桂生，董宇欣．高校研究生创新人才培养模式的研究与实践 [J]. 教育理论与实践，2007（S1）：258-260.

余潇潇，刘源浩．基于三螺旋的研究型大学创新创业教育模式探索与实践 [J]. 清华大学教育研究，2016（5）：111-115.

张宝君．"精准供给"视域下高校创新创业教育的现实反思与应对策略 [J].

高校教育管理，2017（1）：33-39.

张冰，白华．“高校创新创业教育”概念之辨 [J]. 高教探索，2014（3）：48-52.

张鹤．高校创新创业教育研究：机制、路径、模式 [J]. 国家教育行政学院学报，2014（10）：28-32.

张秀荣．博士生创新性人才素质及培养 [J]. 中国高等教育，2013（22）：46-48.

赵琳，常振云，张楠．基于多塔结构的“专业 + 创新创业”教育体系改革与研究 [J]. 当代教育实践与教学研究，2019（24）.

郑刚．世界一流大学如何打造创业教育生态系统——斯坦福大学的经验与启示 [J]. 比较教育研究，2014（9）.

郑石明．大数据驱动创新创业教育变革：理论与实践 [J]．清华大学教育研究，2016，37（3）：65-73.

朱晓蓉，王仙锦．美国大学的经典创业教育模式“活在创业精神中”——以百森商学院为例 [J]. 教育教学论坛，2011（27）：136-138.

张昊民，蒋凌玲，马君．美国著名高校创业教育课程体系的跨案例研究 [J]. 创新与创业教育，2012（6）：95-100.

张笑岩．斯坦福大学创业教育课程的目标研究 [D]. 西南大学硕士学位论文，2011.

马章良．美国、日本、中国大学生创业教育的比较与启示 [J]. 职业技术教育，2011，32（23）：92-95.

常思亮，黄瑶．创业教育实践标准：美国创业教育的实施指南 [J]. 现代大学教育，2017（5）：49-55.

任永力．高校创业教育与专业教育的融合路径研究 [J]. 中国教育学刊，2015（S2）.

李卫朝．创业教育要有机融入专业教育 [N]. 光明日报，2015，23（13）.

储昭辉，刘沛平．应用型高校创新创业教育体系研究与实践 [J]. 重庆科技学院学报（社会科学版），2019，255（2）：96-99.

Arora V.K.，Faraone L.21st century engineer-entrepreneur[J].IEEE Antennas & Propagation Magazine，2003，45（5）：106-114.

Bhat S，Khan R.（2014）. Entrepreneurship education ecosystem：An assessment study of j&k state[M]. Social sience Electronic Publishing，2014.

Brush C.G.Exploring the concept of an entrepreneurship education ecosystem. Innovative pathways for university entrepreneurship in the 21st century[M].Emerald Group Publishing Limited，2014.

Dunn Francis X.Thrust modulated multivariable control of the GE21 engine using the LQG/LTR method[M].Massachusetts Institute of Technology，2005.

GeraldE.Hills.Variations in University entrepreneurship education：An empirical study of an evolving field[J].Journal of Business Venturing，1988，3（2）：109–122.

Hoskinson S.，Kuratko D. F.[advances in the study of entrepreneurship，innovation & economic growth] innovative pathways for university entrepreneurship in the 21st century volume 24 // addressing the challenges of future entrepreneurship education：An assessment of textbooks for teaching entrepreneurship，2014，10.1108/S1048–4736201424：41–64.

Karl H.Vesper，William B.Gartner.Measuring progress in entrepreneurship education[J].Journal of Business Venturing，1997，12（5）：403–421.

Larso D.，Saphiranti D.，Wulansari A.Educating technology–based entrepreneurs：The development of an MBA Program in Creative and Cultural Entrepreneurship [J]. Technology Management for Emerging Technologies. IEEE，2012.

Laukkanen，Mauri.Exploring alternative approaches in high–level entrepreneurship education：Creating micromechanisms for endogenous regional growth[J]. Entrepreneurship & Regional Development，2000，12（1）：25–47.